国家社科基金项目结项成果

新闻报道亲和力

亲和力

XINWEN BAODAO QINHELI

杨秀国　张筱筠 / 著

人民出版社

目录 CONTENTS

第一章

亲和力决定影响力

新闻报道的亲和力，决定着新闻传媒的影响力。

亲和力，原指人与人相处时，交际主体所散发出来的让交际对象钦佩、赞赏、认同的高尚品德和人格魅力。我们常说，某某人很有亲和力，意思就是说，这个人的人缘很好，沟通能力很强，大家都愿意与之相处，愿意接受其影响，并且，这种愿意，是发自内心的，是由衷的。

亲和力，通常和感染力、吸引力联系在一起。有了亲和力，就能感染人、吸引人，就能在不知不觉中影响人。具有亲和力的人，往往能振臂一呼便群起响应，而不具有亲和力的人，不管其多么富有，多么权威，人们表面上可能对其俯首帖耳，唯唯诺诺，但内心却是鄙视和排斥的，当其不再富有、不再具有权威的时候，人们便迅速将其抛弃。历史总是按照它自身的规律发展，真的假不了，假的也真不了。

新闻报道，是专门用来影响人的。毫无疑问，新闻报道应该也必须具有亲和力。

新闻报道的亲和力，是指媒体所传播的新闻报道，具有吸引受众，让受众产生亲近、亲切和认同感，并由此带来精神满足和愉悦的魅力。

有亲和力才有影响力，而现在是一个格外注重并追求影响力的年代。

影响力，代表着话语权，代表着信任度，代表着社会和经济效益。在某种程度上甚至可以说，有无影响力和影响力的大小，决定着新闻传媒的生存与发展。

为什么要提出亲和力决定影响力这个问题？新闻传媒的亲和力从何而来又向何处而去？如何把影响力发挥到极致？这些，与新闻传媒的兴衰密切相关，是新闻传媒必须面对、无法绕过的"坎"。

第一节　媒体竞争呼唤亲和力

新闻报道的亲和力，源于新闻传媒之间的相互竞争，既是竞争的结果，也是竞争的必然。我国新闻传媒之间的竞争，与我国实行社会主义市场经济体制相伴相随，是我国政治体制、经济体制改革的产物。

一、传媒格局演变促进竞争

计划经济时期，与统购统销，有计划、按比例地生产与分配相适应，我国的新闻传媒之间基本不存在竞争。其一，是媒体数量少，人们选择的余地小（改革开放初期，全国的报纸仅有170多种，电台、电视台的数量也只有几百家），并且，报纸的版面只有4个，电视台的频道、电台的频率则只有一个。由于供给量太少，且地域分明、报道内容少有交叉，所以，新闻传媒的报道处于卖方市场，不需要竞争；其二，作为宣传工具，新闻传媒的一切支出由财政负担，财政供给制度使新闻传媒衣食无忧。报纸是否有人读，广播电视节目是否有人听、有人看，新闻传媒无须担心，竞争的机制难以形成。因为，报纸和广播电视的功能就是宣传。不管有没有人读，有没有人听和看，报纸总是要出版，广播

电视节目总是要播出。天下本无事，"庸人"何自扰？如果有谁为新闻传媒的生存与发展担心，就纯粹有点多此一举。

"官办、官订、官看"的计划经济体制，使新闻传媒长期"养尊处优"。无压力，则无动力；无动力，则无活力。此时的新闻报道，面对的是各级官员，宣传的是方针政策，发挥的是喉舌作用。虽然报道远离实际、远离群众、远离生活，几乎没有感染力、吸引力和亲和力可言，但由于经营上"旱涝保收"，发行上"摊派征订"，所以，太平日子依旧过，并且过得很滋润。

新闻传媒之间的竞争，始于我国"一个中心，两个基本点"国策的确立。以经济建设为中心和改革开放，催生了一批经济类和行业类报纸，这两类报纸，大体集中在 20 世纪 80 和 90 年代创刊。当时，全党、全国的工作重心开始转向经济建设，中央一些部委日益感到需要一份专业性报纸来宣传行业政策，贯彻行业部署，因而出现了一股部委办机关报的热潮：《中国机电报》、《中国化工报》、《中国石油报》、《中国建设报》、《中国交通报》、《中国汽车报》、《中国船舶报》等等，都是在这一时期办起来的。据统计，到 20 世纪 90 年代中期，各种行业报已有近 200 家，仅中央一级的行业报就有 80 多家。[①]

在中央部委纷纷创办行业报的同时，各省市区也相继办起一批经济类报纸。

经济、行业类报纸的创办和崛起，改变了传统的报业格局。历来高枕无忧的党报，开始感到了压力和危机。不但新闻报道，就连发行和广告，经济、专业类报纸与党报的竞争也开始显现。"不怕不识货，就怕货比货"，党报的采编人员，常常把本报和有关的经济报或专业报摆放在一起进行比较。一比较，便发现了差

---

①　杨秀国：《新闻采访学通论》，人民出版社 2007 年 5 月第 1 版，第 173 页。

距，发现了不足。"知耻而后勇"，不甘落后的党报人，立志改革图强，喊了多年却一直收效甚微的新闻改革，开始有了实质性的进展。

20世纪90年代中期，都市报的迅速崛起，加速了报业结构调整，以党报为龙头，以经济报、行业报、晚报和都市报为龙身的多层次、多类型的报业结构，使原来党报一统天下的局面得到彻底改观。

最早以都市报命名的城市综合性报纸，是1993年8月和1994年1月分别由贵州日报社和陕西日报社创办的《贵州都市报》和《三秦都市报》，但最早赋予都市报典型特征并办得特别红火的都市报，当属1995年1月由四川日报社创办的《华西都市报》。

以"采缤纷天下事，入寻常百姓家"为办报宗旨的都市报，创办之初，就立足城市，面向市场，贴近读者，具有强烈的市民化、城市化色彩。他们以市民读者的需求为报道的第一出发点，市民需要什么就报道什么，力求全心全意为市民服务，贴近市民生活。都市报的读者定位与办报宗旨，与同级党委的机关报有着明显的区别。党委机关报，肩负着党和政府的耳目喉舌功能，以传播政策、经验性信息为主，讲究指导性和权威性。在报道形式上，以比较庄重、严肃的硬新闻为主。都市报作为党报的子报，则侧重于对市民读者的强势覆盖，以贴近生活、生动活泼、颇具可读性的软新闻争取城市中的普通市民读者。在新闻资源的利用上，虽也有某些交叉和融合，但由于各自的定位不同，侧重点不同，因而可以起到相互补充，有效整合新闻资源的作用。

尽管如此，都市报的新闻改革冲击波还是非常大的。敲门征订，面向读者的发行策略，使都市报必须把受众的喜好和需求放在极其重要的地位；自收自支、盈亏自担的财政体制，使都市报时刻感受到办不好就关门的巨大压力。"如履薄冰"的心态，使

他们不得不集中心智，一门心思地把报道搞好，把报纸办好。以新闻立报，按新闻规律采编，按市场规律经营，在都市报得到了真正的体现。因为，如果像过去的党报那样，不是会议就是文件，不是"必须"就是"要求"，完全不考虑受众的需求，那么，都市报就一天也办不下去。

此时，从西方引入的大众传播学理论，借助新闻改革的春风，借助都市报的创新实践，在我国迅速得到推介。"传播效果"、"受众为本"、"沉默螺旋"、"意见领袖"等新名词、新概念，如入无人之境般被接受并被移植到新闻报道活动中。无论是报纸、广播还是电视，所有的传统媒体，都史无前例地开始由既往的"传者为本"向"受者为本"转变。

都市报发行量的飙升、广告额成倍数的增长，使人们看到了创办新型报纸所带来的巨大利益。于是，在一些大城市，旧报纸改型或新报纸创办形成一股热潮。这些报纸，名称虽各不相同，但定位却大体一样，即都以城市居民为读者对象，以本埠新闻、埠外新闻为报道重点，以自办发行为发行策略。内容上的雷同，不但使相互之间的市场份额争夺更加激烈，而且逐渐形成趋同现象：你报道什么我也报道什么，你如何报道我也如何报道。一个城市虽然有十几份甚至几十份报纸，但彼此之间的差距较小，同质化严重。

为了整合新闻资源，避免恶性竞争，各地开始成立报业集团和广电集团。与此同时，报纸改版、扩版一浪高过一浪：党报由原来的 4 个版增加到 8 个或 12 个，都市报、晚报一般则增加到 24、32 个版或更多。电台、电视台的频道、频率也大幅增加。中央电视台的频道由一个扩展到十几个，省台则至少扩展到 6 个，就连地市级电视台，一般也扩展到 3 个。报纸版面和电视、广播频道、频率的增加，使报道领域大大拓宽，报道内容大大增加。

专业化、精细化的报道特色逐步形成。

传媒数量的增加和版面、时段的扩充，使新闻信息需求量达到了前所未有的程度。那么多的版面，那么多的频道和频率，总要有内容给人读、给人听和看。因此，媒体之间的相互竞争、相互比拼便成为一种常态。就拿新创刊的都市类报纸来说，开始，大家在价格上比拼，你低我更低，有时，一份24或32个版的报纸，零售价格只有2毛钱，连成本都收不回。价格大战，带来的直接后果是两败俱伤或多败俱伤。后来，相互竞争的报纸逐渐形成共识：统一报价，争取双赢或者多赢。这样，拼得你死我活的价格大战，才逐渐平息下来。

报价大战的硝烟虽然散去，但竞争并未停止。此时，竞争的焦点又转向报道内容，"内容为王"成为一种标志性观点。也就是说，传媒之间相互竞争的，是谁的报道更快捷，谁的观点更新颖，谁的解读更深刻。这种内容竞争，使传媒的受众观念、时效观念得到空前强化。新闻的宣传味道、说教味道被淡化，寓观点于事实之中，变单向灌输为双向互动，此时的新闻报道，开始向新闻的本义回归。

20世纪90年代后期，手机和互联网这种崭新的传播媒介，以超乎寻常的发展速度，迅速占领了信息传播的制高点。尤其是互联网，因其具有传播时间的自由性、传播空间的无限性和传播方式的多样性，而被称为继报纸、广播、电视之后的"第四媒体"。有的更是把报纸、广播、电视称为传统媒体，而把互联网称为新型媒体。

互联网所带来的变化，令人始料不及。1995年10月，《中国贸易报》率先将自己的新闻信息搬上了国际互联网，1997年1月，中国第一大报《人民日报》推出了网络版，同年11月，国家通讯社新华社主办的网站正式开通。1999年年底，具有历史突破

意义的商业网站新浪网诞生。在短短的几年中，中国的网络新闻传播业从无到有，并以几何级数快速增长。到2013年，中国网民总数已达到6.18亿（手机用户则达到了10亿），网站的数量更是难以计数。可以说，一个"人人都有麦克风"的时代已经来临。

互联网以"强势"加入到新闻传播中来，使传统的报纸、广播和电视"三足鼎立"的传播格局发生了根本性变革。不但报纸，就连电视和广播，也感到互联网的挑战。长期以来，以文字见长的报纸，以音响见长的广播和以图像见长的电视，在兼具文、声、图像的网络面前，优势顿失。何况，网络的互动性、匿名性，更使网络成为人人可以掌握、可以运用的传播工具。真是地不分东南西北，人不分男女老幼，只要会打字，就可以自由地获得和发布信息。网络的崛起，令传统媒体压力空前巨大，不但报人发出了"报纸的冬天已来临"的慨叹，广播和电视对收听收视率的重视也达到了从未有过的程度。

二、竞争的核心——影响力

在传统媒体和网络媒体并存，传播渠道日益多元，分众化、小众化趋势日益明显的情况下，传媒影响力的问题便自然而然地提上议事日程。

何为影响力？简言之，影响力就是左右或控制他人思想和行为的能力。当然，这种左右或控制，不是硬性和强迫的，而是软性的和潜移默化的，是在影响力的收受者通过接触、认同的基础上形成的。试举例分析之：

雷锋，在我国是家喻户晓、人人皆知的模范人物。他的先人后己、无私奉献、"做好事不留名"的高尚品德，曾经感动了一代又一代人；他"对待同志像春天般温暖，对待工作像夏天般火热"的人生信念，也影响了一代又一代人，即使是在将近半个世纪后的今天，雷锋的感召力、影响力都是非常巨大的。

那么，雷锋以及雷锋精神的影响力又是怎样产生的呢？

首先是接触。接触，就是通过各种信息渠道进行了解。雷锋的事迹，是通过《人民日报》的报道首先传播开来的。1963年2月7日，《人民日报》在头版刊发消息，第二版以通栏标题近整版篇幅，刊登了原新华社辽宁分社记者雷润明采写的长篇通讯《毛主席的好战士——雷锋》并配发评论员文章《伟大的普通一兵》，第五版刊发了整版的《雷锋日记摘抄》。作为党中央机关报的《人民日报》，以两个多版的篇幅推介一个典型人物，这本身的政治意义就非常重大。嗣后，全国的报纸都转载了《人民日报》的报道和评论，雷锋这个名字，迅速在神州大地上被知晓、被传诵。

当时，我国刚刚经历过三年自然灾害，百废待兴，亟需一个人物、一种精神来凝聚人心，统一意志，而雷锋的助人为乐、艰苦奋斗精神，契合了当时的社会主流价值观，体现了真、善、美的伦理道德观，是人们所追求的理想的化身。所以，人们对雷锋的精神和思想，是认同、肯定和赞赏的。特别是1963年3月5日毛泽东发出"向雷锋同志学习"的号召之后，雷锋事迹的传播力度和密度进一步加大，以至于人们言必称"雷锋"。雷锋，成了那个时代的标志性人物。

雷锋的影响力，还不仅仅在于其极高的知名度和美誉度，更在于其对人们认识事物、判断是非、规范和调整自己的行为等方面起着重要甚至决定性的作用。"榜样的力量是无穷的"。自上个世纪60年代以来，无数的人以雷锋为自己的人生坐标，时时处处以雷锋为标准要求自己，从而涌现出一批又一批的"活雷锋"、"新雷锋"。

时代在变，雷锋的影响力也在衰减，这是正常的、不足为奇的。没有一成不变的事物，"总把新桃换旧符"是社会发展的规

律，但不管怎么变化，人们只要一提起雷锋，仍然会充满敬佩之感。这说明，影响力一旦形成，就会留下或深或浅的历史痕迹。当这种印痕经过岁月的磨砺和冲刷后，会逐步淡出人们的视线。

新闻传媒的影响力也是这样。

关于新闻传媒的影响力，素有"传媒军师"之称的中国人民大学新闻学院教授、博士生导师喻国明曾有过专文论述。他认为，传媒影响力是通过信息传播过程实现的，其影响力的发生势必建立在收受者关注、接触的基础上，所以，传媒影响力从内涵上看，是由"吸引注意（媒介及媒介内容接触）"和"引起合目的性的变化（认知、情感、意志行为等的变动性改变）"两大基本的部分构成的。至于传媒影响力的本质，喻国明认为，就是它作为资讯传播渠道而对其受众的社会认知、社会判断、社会决策及相关的社会行为所打上的属于自己的那种"渠道烙印"。①

新闻传媒是新闻传播媒介的简称。所谓媒介，"就是传播活动赖以进行的方式方法或工具手段。"② 那么，新闻传媒传播什么呢？毫无疑问，传播的是新闻信息，因为人类传播活动是个信息流动的过程，如同物质的流动一样，信息流动也得借助一定的媒介才能进行。新闻传媒所传播的是具有新闻价值的信息，或者说，新闻传媒是专门传播新闻信息的媒介。

现代社会，可谓之信息社会。"海量信息"甚至"天量信息"等词汇的频繁使用，说明了信息的无所不在和无孔不入。人们为什么要了解信息、接触信息？就因为信息与现代意义上的人的关系，犹如空气之于飞翔中的鸟一样须臾不可缺少。倘若某人被完全封闭起来，不能获知任何关于世界变动的信息，虽然其生命依

---

① 喻国明：《传媒影响力》，南方日报出版社2003年6月第1版，第4页。
② 李彬：《传播学引论》（增补版），新华出版社2003年8月第2版。

然存在，但失魂落魄、与世隔绝的孤独感、空虚感，必然会紧紧地围裹着他，使其顿生被遗弃以至"生不如死"的恐惧感。之所以如此，就因为随着商品经济的发展，社会分工的细化，科学技术的进步等，人们已日益紧密地联系在一起，你中有我，我中有你，谁也离不开谁，从而，使地球变得狭小了，距离感逐步消失了。在此情况下，人们必须随时、随地了解外部世界变动的信息，并根据这种信息，根据他人对这些信息的情感、态度、反应，来调整、规范自己的思想与行动，以与周围的环境、与这个变动的世界相适应。显而易见的道理在于，一个与现代社会隔绝或不能融入现代社会的人，会处处碰壁乃至无法生存。

那么，人们从哪些新闻传媒来获得自己所需要了解的信息呢？

在新闻传媒数量极少，信息供应渠道寥寥无几的时候，人们是无从选择的。"独此一家，别无分店"，信息供应被垄断，不管其传播渠道有没有影响力，人们都只能被动接受。但当新闻传媒数量庞大、信息供应渠道多种多样时，人们的自由选择权便被凸显出来。此时，那些影响力较大的媒体，便往往成为人们的首选。

什么样的媒体影响力较大呢？这样的影响力又是如何形成的呢？

就目前而言，影响力最大的媒体莫过于网络。6个多亿的网民，是何其庞大的受众群体？过去，人们对网络心存疑忌，认为它把关不严，什么稀奇古怪、乌七八糟的内容都能在网络上看到、查到。现在，鄙视网络、抵制网络的现象已越来越少了。特别是胡锦涛同志2008年视察人民网之后，网络问政、网络舆论监督使普通百姓拥有了话语权、知晓权、参与权和监督权。网络的传播方式、传播力量，使任何传统媒体都不敢、不能小视。相反，传统媒体只能利用、借助网络，来扩大自己的影响力。

在传统媒体中，哪一家最有影响力，似乎是个很难回答的问

题。《人民日报》是党中央机关报，其政治优势使其最具权威性，应该说最有影响力。然而，《人民日报》的最高发行数字为600万份，远远低于《参考消息》的上千万份。当然，发行数量并不绝对说明影响力的大小，但发行数量也在一定程度上可以印证其影响力。2009年7月1日，《人民日报》改版，增加了社会建设、就业健康和民生新闻等专版专栏，这说明，《人民日报》已开始意识到，仅在各级领导干部中具有强大影响力还不够，还应该在普通受众中具有较大影响力。

地方纸质媒体，由于地域的限制，影响力一般不如中央媒体。然而，广东省的报纸如《南方日报》、《南方周末》和《羊城晚报》等，却突破了由行政区划造成的地域限制，在全国都有着较大的影响力。在各地，本地的报纸那么多，人们却对这几家广东的报纸情有独钟，认为这几家报纸思想解放、观点新锐、敢于揭露事实真相、敢于为民代言。可以说，广东省的几家报纸，其影响力远不止于省内，而是扩展到了全国甚至世界的部分区域。

都市报是历史较短的市民类报纸，也都受到发行范围的限制。有些都市报，其影响力也仅仅局限于某个区域，并不为或少为人所知，而有些都市报，如四川的《华西都市报》、河南的《大河报》、河北的《燕赵都市报》等等，其影响力要相对大些。至今，人们对《华西都市报》的"接民工回家过年"、"救女婴回家"等报道，对《大河报》的"白色皇冠拖着被撞伤者狂逃，众出租车怀着满腔义愤猛追"和对山西黑砖窑的报道等等，都记忆犹新。

对电视报道来说，中央电视台的影响力无疑最大。但在某种情况下，地方电视台的首创性节目，也会具有极大的影响力。2002年1月1日，江苏广电总台城市频道开播《南京零距离》，使民生新闻成为最独特的景观和最热门的话题。此后各地各类媒体群起仿效，至今热度不减。《南京零距离》的开播，使江苏广电总台影响力大增。2004 年 5 月，湖南卫视的一个歌手选拔节目《超级女声》，将亿万观众牢牢锁定在电视机前。据 2005 年 5 月 6 日的调查数据显示，全国约有 30%、大约 2.1 亿的电视观众在同时收看这个节目。该电视台总编室的一位同志说："我们所有栏目的推广都是一般手段，是由栏目本身的东西去吸引人，不会特别设计什么。《超级女声》与其他的节目是不具可比性的，因为它本身就是来自对电视节目的创新。创新节目的活力，没有门槛，让许多爱唱歌的女孩有机会展示自己，是《超级女声》吸引大众的最重要理由。"此后，全国各地的电视台竞相克隆《超级女声》，各类"选秀"节目如雨后春笋般冒了出来，但终究未能超出湖南卫视的影响。

新闻传媒的竞争，表面上是发行量和收听收视率的竞争，实质上，是传媒影响力的竞争，而影响力的竞争，说到底，是传媒受众缘、亲和力之争，没有亲和力就没有影响力，理所当然，也就没有了竞争力。

三、亲和力决定影响力

在传播学上，有一个著名的"使用与满足"理论。该理论把受众对新闻信息的选择比喻成食客在自助餐厅就餐：由新闻传媒提供的各种各样的信息，好比自助餐厅供应的五花八门的饭菜，受众对这些信息的选择，犹如端着餐盘挑拣自己所喜欢的食物一样。"使用和满足"理论的核心，是强调受众的主体地位，认为受众通过对传媒信息的积极使用，从而在实际上制约着整个传播过程。"使用与满足"理论深刻揭示了传播者与接受传播者之间的关系，颠覆了传统的"枪弹论"和"靶子论"（即传播者发出的信息就像射出的枪弹，而信息接收者就像靶子，只能被动地接受信息），改变了传播者想传播什么就传播什么、想怎样传播就怎

样传播的"传者为本"状况，使那些不见面的受众（接受传播者）得到了从未有过的重视。因为，传媒所发出的信息如果不被受众选择和接受，就等于无效传播，等于放了空枪。而总处于无效或低效传播的传媒，又岂能影响受众的认知和情感，岂能取得话语权？

在自助餐厅里，食客挑选食物的动因，一是需求，二是口味。也就是说，食物首先要有用，要能满足自己解除饥渴的需要。其次，要适合自己的喜好。大鱼大肉固然营养丰富，但对减肥的人、患有高血压、糖尿病、脂肪肝等病症的人却不适合。这些人只能选择相对清淡一些的食物或荤素搭配、每一样都选择一点。当然，这个比喻并不完全贴切，因为自助餐厅所供应的饭菜，总体上都是有用的，而新闻传媒所提供的信息，却未必如此。但无论如何，那些能满足受众需要、为受众所喜爱的传媒，被选择的概率要比一般传媒大得多。这样的传媒，把受众的需求放在第一位，尊重受众，理解受众，设身处地为受众着想，千方百计满足受众对重大事件的知晓欲、对社会发展趋势的探求欲和对新鲜事物的追逐欲。因而，这样的传媒，便能与受众同呼吸、共命运，便具有了赢得受众、为受众所喜欢、所追捧的亲和力。

影响力来自亲和力，亲和力决定影响力。亲和力和影响力相伴相随、互为因果。在新闻传媒激烈竞争的今天，要想拥有影响力，追根溯源，必须增强亲和力。

传媒亲和力表现在诸多方面。就新闻报道而言，最重要的莫过于内容，即报道什么。在这方面，传媒的定位和分工不同，报道内容自然各有侧重。比如，各级党报侧重于时政新闻、经济新闻报道。配合党委、政府的中心工作，搞好宣传是其题中应有之义。因而，会议报道、领导调研活动报道、典型人物、典型经验报道是不可缺少的。都市报、晚报则侧重于社会新闻、民生新闻等的报道，就亲和力来说，党报似乎天然不如都市报和晚报。然而，这并不代表党报就一定缺少亲和力，也不表示时政报道、经济报道等就一定不如社会新闻有亲和力。

事实上，时政报道和经济报道与广大人民群众的根本利益、长远利益密切相关，与人的生存与发展、社会的稳定与繁荣密切相关。炒股票的人都知道，股票的涨跌和形势、政策的变化休戚与共。在某种程度上甚至可以说，股市就是政策市。领导人的更迭、新政策、新规定的出台，都可能引起股市的激烈震荡。有时，某位领导人的某次谈话，都可能在股市引起不小的波动。特别是在利益格局不断调整、社会矛盾不断出现的情况下，人们对形势、政策的关注度超过了以往任何时候。就拿我国投资4万亿扩大内需以应对国际金融危机来说，这4万亿投向哪里、投入多少，就关系到若干行业、若干部门、若干人群的生存与发展。抓住机遇搞投资的企业家自不必说，就连普通百姓，能说和自己毫无关系？人人都需要住房，都需要看病，都需要教育和就业，而房价的涨落和土地资源的供给量，和钢铁、玻璃、木材等建筑材料的价格息息相关，看病则和医疗制度、保险制度改革密不可分。至于教育、就业等问题，也无不牵涉到教育就业体制、机制的改革。所有这些，都是在国家做出决策、调整后，由时政新闻、经济新闻来进行报道的。党报的报道，有许多决策信息、政策信息、法律信息来自于党委和政府，而这些信息，直接关乎着人们的投资理财，关乎着人们的生产和生活。打个比方来说，人们出门远行，要听听天气预报，同样的道理，人们要有所行动，有所作为，也要首先看看政治、政策这个"风向标"。从这一点上说，党报的报道是非常有用的，而有用的东西，往往能产生亲和力。

长期以来，人们对党报有一种不太好的看法，认为党报官话、套话多，面孔太严肃，太呆板。这确是事实，也是党报给人以亲

和力较少的症结所在。不过，这并不是党报时政新闻、经济新闻的过错，而是"官本位"思想束缚了党报新闻人的手脚。在新闻界，有一句内部流行的"行话"叫做"自立菩萨自拜佛"。意思是说，党委政府的多数领导是比较开明的，并没有要求、也不希望新闻报道写得像公文，充满"必须"、"强调"之类的官话和套话，是媒体人自以为领导同志喜欢这样，认为这样才体现了领导同志的意图，才是尊重领导的表现。

这实在是个天大的误会。笔者在某省级媒体工作时，一位省长与随行采访记者的聊天谈话，让笔者感触颇深。这位省长半开玩笑半认真地对电视台的记者说："你们拍片时，不要光拍我念稿子的镜头，那多没劲。好多时候，我脱开稿子讲，会场的气氛也很活跃，这样的镜头多好。开会是让人听的，光念稿子，就把人念睡着了。"这位省长的话，实际上说出了一个很普通的道理：领导同志也不喜欢那些"官样"报道，也希望报道能够鲜活一些、精彩一些、更有亲和力一些。

近两年，我们常常看到某地整饬纪律、严格会风、处理开会时打瞌睡、开小差等问题的报道。一个很重要的会，有人竟然打起呼噜，确实很不像话。但是，主持会议的人，在会上念讲话稿的人就没有责任吗？为什么把会开成这样？为什么你讲的东西不吸引人？这不也需要自我反省、自我检讨一番吗？

新闻报道的亲和力，和上述列举的开会是同一个道理：你讲的内容我没兴趣听，或者，你总板着面孔教训人我不喜欢听，这样，无论你认为多么重要，我没有听进去，就是拳头打在棉花上——没有动静、没有效果。没有动静、没有效果，就没有影响力。因此，要形成并扩大影响力，就要让人愿意接受，就得琢磨和研究一番，如何以最生动活泼、最让人喜闻乐见的形式，把人家最关心、最想知道的东西告诉给人家。一句话，新闻报道要有

亲和力。

"你不理财，财不'理'你"，这是投资理财者的一句箴言。套用这句颇有哲理的话，我们可以说：你不亲和受众，受众就不亲和你。

第二节 "以人为本"需要亲和力

2009 年 8 月 29 日，《京华时报》转发《云南信息报》一条消息称：云南要求媒体慎用"不明真相"字眼。

2009 年 8 月 26 日，云南省陆良县发生一起在建煤矿与当地村民因施工引发的纠纷：百余群众与维持秩序的民警发生冲突。当地个别媒体在采写新闻报道时，按照惯性思维在稿件中称"不明真相的群众在一小撮别有用心的农村恶势力煽动下，围攻煤矿施工人员和公安干警"、"村民阻挠施工影响工程进度"等等。云南省委宣传部及时发现了新闻报道中这些"刺眼"的用语，当即提请有关媒体予以纠正，并下发紧急通知要求新闻媒体在报道和评价突发公共事件时，不得随意给群众乱扣"刁民"、"恶势力"等帽子，禁用、慎用"不明真相的群众"和"别有用心"、"一小撮"等形容词。

通知指出，各种公共突发事件和群体性事件虽然诱因复杂，但矛盾的焦点绝大多数都集中在党委、政府和群众的关系上，往往与党委、政府决策不当，工作不利，作风不实等问题有关。实践证明，人民内部矛盾中大多数群众的共同诉求都有合理的地方，绝大多数群众是讲道理的。各级党委政府一定要多从自己身上找原因，不能一味指责群众，甚至给上访群众乱扣帽子。对于没有充分事实依据就给群众乱扣帽子、乱贴标签的行为，即使是一些地方和部门提供的新闻稿或召开新闻发布会的说法，新闻媒体也

应该拒绝报道。

云南省委宣传部副部长伍皓就此对记者说，新闻媒体是社会公器，应重视改造新闻报道的话语方式。在突发公共事件特别是群体性事件的新闻报道中，居高临下、判官断案，"官字两张口，说啥就是啥"的官话式表达，不仅无助于疏导公众情绪，无助于公共事件解决，反而时常起到激化社会矛盾、加剧事态发展的反作用。不仅不能密切党群干群关系，反而把群众与党委的距离越拉越远，甚至推到对立面。给群众乱扣帽子、乱贴标签的话语方式，不仅新闻媒体要坚决摒弃，也需要从文件、会议、报告、讲话等官方话语体系中努力清除。

云南省委宣传部的通知和有关负责人的谈话，透露出一个重要信息：要改变新闻报道的思维方式和话语表达方式。在以人为本的和谐社会建设中，如果依然停留在"官""民"对立，"官"比"民"高明、"官"是"民"父母的封建观念上，不仅党和政府与群众的距离被越拉越远，就连新闻媒体的报道，也毫无亲和力可言。

一、"以人为本"是"受众本位"的前提

2007年10月15日，胡锦涛同志在党的十七大报告中指出：科学发展观的第一要义是发展，核心是以人为本。要做到发展为人民，发展依靠人民，发展成果由人民共享。

2009年8月14日，温家宝同志在接见第七届人民满意的公务员代表时，也深刻地指出："以人为本"的科学发展观，贯穿着一条红线，就是人民的利益高于一切。群众心里有杆秤，我们把群众的利益放在心上，群众就欢迎我们坐在台上。群众在我们心中有多重的分量，我们在群众心中就有多重的分量。只有我们做的让群众满意，群众才会对我们满意。

党中央所提出并付诸实践的"以人为本"的科学发展观,使传媒亲和力成为必然。

所谓"以人为本",是同"以神为本"和"以物为本"相对应的。它是一种对人在社会历史发展中的主体地位的肯定。作为一种价值取向,它强调尊重人、解放人、依靠人和为了人。作为一种思维方式,它要求在分析和解决一切问题时,既要坚持历史的尺度,也要坚持人的尺度。

"以人为本",是借鉴国际经验教训,针对我国经济和社会发展中存在的突出问题而提出来的。它是以实现人的全面发展为目标,从人民群众的根本利益出发谋发展、促发展,不断满足人民群众日益增长的物质、文化需要,切实保障人民群众的经济、政治和文化权益。"以人为本",就是以人民群众的根本利益为本,以服务人民,让人民满意为本。一句话,"以人为本"就是以民为本,权为民所用,利为民所谋,情为民所系。

这个"以人为本"或"以民为本"的战略思想,为我国新闻传媒实现由"传者为本"向"受众为本"的转变提供了坚实的理论基础。没有"以人为本"的科学发展观的确立,新闻传媒就没有今天的诸多变化,新闻传媒的亲和力问题就成了无源之水、无本之木。

重大事情让人民知道,切实保障人民群众的知情权、参与权、批评权和监督权,是我国社会主义民主政治的基本内容。新闻报道的基本功能,也是及时、准确地传播各种信息,让人民群众充分了解周围世界的最新变化,特别是事关发展的各种政务信息、决策信息。众所周知,在信息严重不对称的情况下,人民群众要参政议政、行使自己当家作主的权利是不可能的。然而,一个不容回避的问题是:多年以来,"以官为本"、"以传者为本"的思维观念,却没能使人民群众掌握这些信息。最典型的例证,就是

发生在 2003 年春天的"非典型性肺炎"。当时,"非典"已在全国部分地区蔓延,严重危及人民群众的生命安全。然而,全国媒体却基本处于失语状态:不是沉默不语,基本不予报道,就是轻描淡写,作简单化处理。直至 2003 年 4 月下旬,中央果断采取组织措施,撤换了卫生部和北京市政府主要负责人之后,媒体才铺天盖地、连篇累牍地报道"非典"事件。

诸如此类的封锁信息、掩盖事实的例证俯拾即是。当时,最为冠冕堂皇的理由就是怕影响社会稳定,怕信息公开带来负面效应。怕,就是不信任,由于不信任人民群众具有分辨是非的能力,所以才总是"犹抱琵琶半遮面",即使报道一些突发事件,也总是"丧事当成喜事办",只说如何救援,不说灾难带来的惨重损失;只说英雄如何赴死,不说灾难形成的深层原因。这样一来,自然是"到处莺歌燕舞",形势一片大好。

然而,事实就是事实。事实一旦发生,掩盖、封锁只能遮蔽一时,不能遮蔽长远。大道不通,"小道"消息则满天飞。流言甚至谣言之所以广为传播,就是因为信息渠道被人为堵塞,人们无法从新闻传媒、从政府部门获得真实、全面信息的缘故。

2009 年 6 月 7 日,河南省开封市杞县利民辐照厂完成辐照辣椒粉作业后进行降源时,发现放射源无法降入放射源井内,造成卡源故障。放射源未能降入放射源井内的原因,是因被辐照的货物倒塌,造成放射源架倾斜,这就是轰动一时的"卡源"事件。

从 2009 年 7 月 10 日开始,一则题为《开封杞县钴 60 泄漏》的帖子在网上流传,称钴 60 是一种穿透力极强的核辐射元素,但"到目前为止,杞县人民政府仍未向周边居民说明任何关于此次钴 60 泄漏事件的情况"。帖子随即引起网民关注,并引发了各种猜测和争议。到了 7 月 17 日,杞县部分群众开始离家到郑州等地,称是为躲避辐射,"卡源故障造成爆炸"等谣言在群众中传开。

一时间，汽车、拖拉机、三轮车等各种车辆堵满了杞县通往周边县市的道路，一些店铺也关门停业，上演了一幕现代版的"杞人忧天"。

虽然从 7 月 12 日开始，开封市政府已就此召开新闻发布会，17 日，再次召开新闻发布会称，国家环保部门已指派有关负责人带领专家及机器人赶赴杞县利民辐照厂。经遥控机器人进入辐照室探查情况，证明辐照源并没有泄漏。此后，开封市环保局联合杞县政府发布辟谣消息，表示"杞县钴 60 辐射源处在控制状态，没有危险，请大家不要相信谣言，要保持稳定"。尽管如此，但大批群众逃离的事实却已经形成。

这个事件的发生，就是信息不公开、不透明造成的恶果。事情发生在 6 月 7 日，在长达一个月的时间内，当地政府既没有采取措施解决"卡源"问题，也没有及时通报有关情况。尽管当地政府认为放射源被卡住并没有造成泄漏，也不会发生爆炸，但这个情况老百姓并不知道。所以，当《开封杞县钴 60 泄漏》的帖子在网上流传时，处于恐慌状态的老百姓便四处逃离。遗憾的是，有关媒体在报道这一事件时，同样使用了"不明真相的群众"这样的用语。

时至 2009 年，仍然出现云南陆良，河南杞县等由于信息不公开、不透明而引发群体性事件，有关媒体在报道时却居高临下、判官断案，把板子打在群众身上的情况。这说明，"以人为本"或称"以民为本"的科学理念，并没有在某些官员以及媒体工作者那里真正树立起来并落实在行动上。同时也深刻佐证了这样一个道理：没有"以人为本"这个前提，新闻媒体所宣称、所崇尚的"受众为本"，就不可能得到真正的贯彻和实施。

毋庸讳言，政治环境、舆论环境的日渐宽松，使人们的思想进一步解放，相对自由地表达观点、发表意见的渠道越来越多。

目前，不少报纸媒体开设的"时评"、"民声"等专栏，不少网站开设的"论坛"、"网友之声"等栏目，都为群众提供了表达观点、发表意见的平台。假如没有政治、舆论环境的宽松，这种言论的相对自由是不可想象的。尤其是我党提出"执政为民"、"以人为本"的科学理念以来，人民满意不满意、高兴不高兴，已成为衡量党和政府执政能力和水平的重要标准。

2008 年 4 月 12 日我国汶川大地震发生后，党和国家领导人在第一时间赶赴灾难现场，鲜明地作出"救人第一"，要不惜代价抢救人的生命的指示，并动员全国的力量支援灾区。同时，每天报道死难、受伤和失踪人数，让人深刻感受到信息的公开、透明和充分。假如没有"以人为本"的科学观念的确立，这种情况的出现几乎是不可能的。

"以人为本"促进了新闻传媒的"受众为本"。或者说，"受众为本"是"以人为本"在新闻传播过程中的具体表现。

从"传者为本"到"受众为本"，是新闻传播理念的一次革命。"传者为本"，指的是在新闻传播过程中，传播信息的人处于主导地位。具体来说，就是新闻媒体的编辑、记者等"把关人"掌握和控制着新闻报道的主动权。报道什么，不报道什么以及如何报道，都由传媒说了算。受众（接受信息的人，包括读者、观众、听众等）喜欢不喜欢、满意不满意基本不在考虑范围之内。"传者为本"的典型表现，就是"灌输"、"教育"和"宣传"。

"受众本位"，指的是信息接受者处于新闻传播的主导地位。报道什么、不报道什么以及如何报道，要以受众喜欢不喜欢、满意不满意为重要标准。虽然从表面看来，新闻传媒依旧掌握着新闻报道的控制权（新闻传媒是专门的传输机构，受众不可能直接参与所有报道），但实质上，这种控制权是受到受众的影响和制约的。因此，新闻传媒要通过各种调查，了解受众的需求，并以受

众的喜好决定报道什么、不报道什么以及如何报道。"受众本位"的特征，是"服务"、"告知"和"引导"。

从上述分析中可以看出："受众为本"的传播理念，和"以人为本"的科学发展观是一脉相承、互相联系的。没有"以人为本"的科学发展观，就不可能有真正的"受众为本"。"以人为本"是前提，是基础，是关键。只有牢固地确立了"以人为本"思想，才能在新闻传播实践中，信任受众，尊重受众，设身处地为受众着想，千方百计为受众服务，才不会在新闻报道中，动辄给群众（受众）扣上"不明真相"和"刁民"、"恶势力"等帽子，使群众（受众）与新闻媒体离心离德，产生强烈的逆反和排斥心理。

二、"受众本位"要求传媒具有亲和力

在"传者为本"的情况下，传播者居于新闻传播的主导、主体地位，有没有亲和力以及亲和力的大小，几乎影响不到媒体的生存与发展。在"受众本位"的情况下，新闻传媒有没有亲和力以及亲和力的大小，则直接关涉到传媒的生存与发展。

更为重要的，是在传媒格局发生变化，受众有了更多选择自由的时候，主流媒体若不具有亲和力，将失去舆论引导能力，直至失去话语权。这不是危言耸听，而是严酷的事实。2009年6月11日，外交学院原院长吴建民到人民日报社和编辑记者谈"改造我们的文风"时，对一些领导进行了尖锐批评。他先指出这样一种普遍存在的现象："我任驻法大使的时候，副部级以上的代表团每年要接待200多个。接触多了，发现不少国内去的官员喜欢大嗓门讲话，念稿子念得满脸通红，长篇大论。有的代表团，万里迢迢到国外招商，请了很多人，介绍自己的省份或者城市，结果一上台先说天气，'在这个春暖花开的季节，我来到美丽的巴黎，

巴黎人民有光荣的革命传统……'，好不容易讲到正题了，又是一大堆让人云里雾里的话语，把大量的时间浪费在充满套话、空话和废话的无效交流上。一些官员喜欢一上台就是'尊敬的××、尊敬的××'，8个'尊敬的'下来，3分钟就没有了。"

吴建民把一些领导干部在写文章和讲话中存在的"八股调"的表现概括为两个方面："一是开起会来讲话拖沓，写的文章冗长、空洞，言之无物。说了上句，就知道下句。听众则听完了后句，就忘了前句，不仅让人觉得味同嚼蜡，还让人抓不到重点。二是文章和讲话没有对象感，脱离实际，'目中无人'。不同的对象，采取一样的口吻，甚至居高临下，颐指气使，完全不理会听众的心理。"

吴建民把上述文风问题提升到党风的高度来认识。他说："文风问题，也是党风问题，是工作作风问题。清新简洁的文风，不仅能有效地传递信息，而且还能反映出人的精神面貌。相反，'八股'文风不绝，套话、废话和空话充斥，则不仅阻碍信息交流，而且也反映出工作敷衍，缺乏活力与创新力"。

资深外交家吴建民对领导干部在写文章和讲话中存在的"八股调"的批评，实际上也是对新闻报道中存在的不看对象、不研究受众心理和需求的"官样报道"的批评。我们的某些时政报道、会议报道之所以缺少亲和力和感染力，往往就是把领导干部的讲话直接摘抄在报道里，媒体工作者连自己都没有理解和消化，就"照葫芦画瓢"，生搬硬套地照搬照抄。这样的报道，怎能打动读者？怎能春风化雨般地浸润受众的心田？

没有受众，就没有媒体，更没有媒体报道。受众，既是大众媒体所报道信息的接受者，更是媒体所赖以生存的基础。表面上看，媒体是社会的信息传输机构，有些更是党委或某个团体、组织的舆论宣传阵地，似乎可以脱离受众而存在。尤其是媒体每天、每时都在传播信息，输出自己的意见和观点，给人以非常强势的印象，而受众则是分散和庞杂的，其观点和意见往往得不到集中的反映和表达。然而，由受众口口相传或其他方式所形成的民间舆论力量又是非常巨大的。他不喜欢你的报纸，便不予订阅或者虽然用公费订阅了却不去读。他不喜欢你的节目，便不去收听收看。这样，报纸的订阅率和广播、电视节目的收听收视率就要下降。没有一定的订阅率和收听收视率，媒体的覆盖域就必然缩减（覆盖域指印刷媒体发行范围或电子媒体的传播范围，是衡量一个媒体影响力的标准之一。覆盖域越大，媒体的影响力也越大。覆盖域可指地理范围上的覆盖面，也可指人口范围上的覆盖面）。即使是订阅报纸和收听收看广播电视节目的人，也因为不能从阅读和收听收看中获得满足，而形成一种印象：这张报纸（或这个节目）不怎么样。此种印象累积起来，便形成思维定式，而思维定式一旦形成，要予以改变就非常困难了。

在思想多元化、传播分众化的背景下，作为主流媒体，肩负着舆论引导责任。一个世界、多种声音是事实，但在这多种声音中，必定要有代表社会主流价值趋向的声音。不然，各唱各的调，各吹各的号，社会就乱成了一锅粥。这个代表社会主流价值趋向的声音，理所当然地应该由党报、电台、电视台和政府网站发出。但发出声音，不一定就像从前那样被无条件接收，这就要求主流媒体要掌握传播艺术，把握受众心理，用受众喜闻乐见的形式，巧妙地、合理地发出声音。一句话，主流媒体要增强与受众的亲和力，让受众自觉自愿、心甘情愿地把主流媒体作为获得信息的首选渠道。否则，舆论引导就是一句空话。

应该看到，主流媒体的地位、作用与以前相比确实有些辉煌不再的味道。2009 年 8 月 3 日，《人民日报》社长张研农作客人民网强国论坛，就"舆论引导新格局中人民日报新追求"与网友

在线交流时，有一位叫"穿越麦田"的记者网友就提出这样一个问题："以前出去采访，人民日报、光明日报、经济日报等大报记者，被奉若上宾，现在有些采访，网站的频道主编成为焦点，你了解这个情况吗？你知道以后，心里有什么感想？"，还有一个叫"青青草"的网友，更是直率地说："现在网民们很多新语言，被称为'火星文'，对于'80后'、'90后'来讲，人民日报很多文章就像'土星文'、'木星文'，他的意思是说人民日报的文章超土气、超古板、超复杂。你不怕用'火星文'说话的人看不懂'土星文'、'木星文'？"

仅从这两位网友的问题就可以看出：主流媒体确实遇到许多前所未有的新问题、新挑战。就亲和力而言，传统主流媒体不但面临着改变旧有思维模式，切实落实"三贴近"（贴近实际、贴近群众、贴近生活）的问题，而且还有一个如何和青年一代交流，如何借鉴网络语言的问题。当然，传媒报道要有亲和力，也并不是完全迎合受众，连受众的某些低级趣味也要满足，而是说，再像以前那样不顾及受众的感受，"我说什么，你就听什么"，"我怎样说，你就怎样信"，已经时过境迁，完全行不通了。在新的历史时期，新闻传媒要能有所作为，必须痛下决心，从增强亲和力抓起，缩小与受众的心理距离，真正让自己的报道融进受众心中，否则，将失去话语权，尤其是舆论引导权。

第二章

多重视域下的新闻报道亲和力

亲和力，让人一闻之下就觉亲切欢喜的词语。亲和二字从古至今，都是中华民族吉祥和睦的象征，被千千万万中国人赋予了诸多美好的寓意与企盼。

亲即"親"，在清代段玉裁《说文解字注》中解析："亲者，从见，至也。到其地曰至，情意恳到曰至。父母者，情之最至者也，故谓之亲。"① 意思是親字以亲为声旁，见为形旁，如想相见必先至，到达某地可称之为至，情意恳切到某种程度也可称其为至。情最深、意最切者乃为父母至亲。我们今天之所以把关系最密切、情感最真挚的亲属称为至亲就是这个缘故。

谈到亲字，人们总会联想到亲切、亲密、亲近、亲昵、亲爱等美好词汇，而说起和字，在中国数千年的文化传承中更是大名鼎鼎，寓意丰富。观看过 2008 年北京奥运会开幕式的人，可能都会对开幕式上的这样一幕印象深刻：数百名表演者高举活字印刷字模，通过不断地变阵组合，展示出古老中国三种历史悠久的书法字体：大篆、小篆及楷书，这三种字体虽然风格迥异、特色鲜明，但却同为一个汉字——"和"。为何在奥运开幕式上，会长时间多形式的展示"和"字呢？这源自中国传统文化对"和"的认同与追求。

---

① 出自清代段玉裁《说文解字注》。

《说文解字》中批注："和，相应也，又和调也"①，显示出"和"的本义及精髓就在于协调配合、协和统一。由"和"字组成的词语如和谐、和蔼、和睦、和善、和平、和合、和气、调和、祥和等往往蕴含积极的正面意义，体现出人们对某种理想状态或美好品质的向往，天地人和、政通人和更是自古以来中国传统文化所追求的最高理念和治世宗旨。

"和"字在 2010 年被中华书局、中国国家地理杂志社、中国华夏文化遗产基金会共同主办的《中华遗产》杂志评选为"100个最具中华文化意义的汉字"之一，这一评选结果是专家评审与网络投票相结合最终选定的。评选中票数较高并最终入选的汉字包括"天、和、礼、道、德、仁、义、忠、信"等等，《中华遗产》主编黄秀芳评价这些被称为"最中国"的汉字排列起来，几乎就是儒家文化的关键词。② 在 100 个"最中国"汉字中，"和"是得票数最多的汉字，充分体现出中国人对"和"的推崇与认可。

对"和"的赞美与渴望，使中国发展出所谓的"和道"文化。新闻报道中强调的亲和力，其实与"和道"思想一脉相承，都是一种对和谐亲近、相应相合关系的憧憬与追求，只不过这种关系作用的主体由不同事物或人物天地之间转移到人与报道、人与媒体之间，其实质并未发生根本变化。

亲代表着有血缘关系的人之间至深至高、至真至纯之情，和则象征着人与天、人与地、人与事、人与物、人与人之间的调和融洽状态。总之，亲与人分不开，和也与人分不开。人与人之间的亲近和谐，是人际亲和力作用的结果，人与报道之间的亲近和

---

① 出自东汉许慎《说文解字》。

② 李寒芳:《百个"最中国"汉字在京选出》，新华网 2010 年 10 月 15 日北京电。

谐，则是新闻亲和力作用的结果。

今天说到新闻亲和，人们总会不由自主地想到那些聚焦热点、反映民生、传递民情、体现民意、内容充实、形式灵活、语言生动的优秀报道。这些报道总会让人心头一暖，眼前一亮，会心一笑，令受众产生畅快阅读的动力与快感，进而在轻松自然愉快的心绪氛围中接受领悟报道的信息与观点。

新闻亲和意味着报道与受众亲睦接近、和谐契合，它体现的是受众对报道的亲切亲近之感、满足赞许之情。一条新闻报道是否具有亲和力，不是媒体说了算，也绝非记者能断言，而是由受众来评判、来体会。因此，报道亲和力实际是在强调报道与人的贴近，满足人的需要，获得人的认同，它是长达数千年的儒家"民本"、"亲民"思想发展下，融合了传播学、心理学，最终在新闻传播中得以实现的"以人为本"新闻报道观的体现。因此从人文伦理、传播视角、心理需求等多种层面都可追溯到亲和思想的产生与延续、发展与实现。

第一节　亲和力的伦理学观照

一、新闻亲和的根本在于体现"人"的主体地位

我们说新闻具有亲和力，往往指受众感受到报道的亲和魅力，认为新闻贴心生动，阅读吸引力强，报道感染力大。新闻亲和的实质是受众对报道、受众与媒体之间关注、认同、欣赏等良性关系的体现。这种新闻传播良性关系的主体与客体——受众与报道，均与"人"密不可分：受众是人，新闻报道的撰写者、发布者是人，报道传播的内容是人的活动或由人的活动所引发的某种现象、某种状态、某种变化等。新闻传播本身就是一种复杂特殊的高级

人类活动，也就是说，新闻亲和由人（媒体人）创造实现，由人（受众）体会感受，描述人类生活，展示人类世界。因此，若要研究新闻亲和，探求实现报道亲和力的有效方法，就不得不先对新闻亲和实现过程中"人"的主体地位有明确的认识与精准的定位：新闻传播必须坚持"以人为本"。

"以人为本"的新闻观，是"以人为本"科学发展观在新闻传播活动中的具体体现，它脱胎于中国传统哲学伦理文化中的"民本"、"亲民"思想，融合了西方人本主义精髓，在批判继承的基础上，吸收传统思想与西方文化的精华，摒弃其中的糟粕，结合新闻实践需要与传播活动特点，经过长时间的锤炼与应用，在中国逐渐建构并日趋完善。

第一，"以人为本"的新闻观是传统"民本"、"人贵"思想的传承与改良。

民本思想最早出现于夏商之际，《尚书·五子之歌》中记载大禹的告诫："皇祖有训：民可近，不可下。民惟邦本，本固邦宁"①，意思是大禹认为不能轻视民众，而应该亲近民众。民为国家之本，只有本固，国家才能安宁。"民惟邦本"的提法，即是"民本"思想的最早萌芽。《尚书》中的观点仅仅涉及了民本的雏形，春秋时期齐国思想家管仲则明确提出"以人为本"的概念。《管子·霸言》中记录了管仲对人本的理解和阐述："夫霸王之所始也，以人为本。本治则国固，本乱则国危"②，因此"民之所欲，天必从之"。③"民欲天从"的原始朴素观点与今天新闻传播中提倡的报道满足受众需求这一主张有异曲同工之妙，其本质同

---

① 《尚书·五子之歌》出现年代有一定争议，有学者认为其为魏晋时期出现的伪古文尚书。
② 《管子·霸言》为《诸子百家之法家：管子》第23篇。
③ 出自《尚书·泰誓》。

样是在强调人的力量十分强大，人的意愿和需求应得到满足。西汉贾谊进一步确立了国家、君王、官吏都需以民为本的治世理念："闻之于政也，民无不以为本也，国以为本，君以为本，吏以为本。故国以民为安危，君以民为威侮，吏以民为贵贱，此之谓民无不为本也。"① 这一理念点明了"以民为本"，是政、国、君、吏之根本，总结出"夫民者，万世之本也，不可欺"② 的道理，高度评价了人民在历史中的作用和地位。"民本"思想的兴盛，带动了"人贵"理论的产生。既然"民为万世之本"，自然"人之超然万物之上，而最为天下贵也"③，而人之所以最贵的原因则是"人有气有生有知，亦且有义，故最为天下贵也"④

有一点值得一提，尽管"民"与"人"两个概念在内涵和外延上的界定并不完全相同，但在这些关于"民本"的阐述中，"民"与"人"两字却经常交替使用。唐太宗李世民时期，魏征为避君主名讳，在上本议及"民本"问题时，就会以"人"代"民"，他曾提出一个颇为形象的"民水君舟"理论："怨不在大，可畏惟人，载舟覆舟，所肩深慎，奔车朽索，其可忽乎？"⑤ 这里所提的"人"其实是传统概念中的"民"。中国古代所定义的"民"往往指统治阶级以外的劳动人民，这从贾谊将"君"、"吏"等置于"民"之外的做法即可看出，而"人"则是所有自然人与社会人的总代称。

我们今天将新闻报道中"以人为本"的观念固定下来，是在传承传统"民本"伦理思想的基础上，对其进行了一定程度上的

---

① 出自贾谊《新书·大政上》。
② 出自贾谊《新书·大政上》。
③ 出自董仲舒《春秋繁露·天地阴阳》。
④ 出自《荀子·王制》。
⑤ 出自魏征《谏太宗十思疏》。

本质改良。一方面，"以人为本"的新闻观融合吸收了传统思想中强调民众力量，重视民众作用，满足民众需求的积极成分，并结合新闻工作实际，将其发挥实现于信息传播流程之中，因其对受众的高度重视及合理满足，再加上传播手段形式上的创新变换，最终达成新闻具有亲和力、吸引力、感染力的良好传播效果。另一方面，"以人为本"的新闻观摈弃了传统"民本"思想中"官"、"民"的对立，采用"人"这一集合概念，表明新闻传播活动"一切为了人，为了一切人"的根本立场。不同于传统思想强调"民本"最终是为了"本固邦宁"，"以民为本"只是实现目的的一种手段，新闻传播中的"以人为本"既是手段，也是目的。实现"以人为本"，是吸引受众，达到传播效果最佳化，新闻具有亲和力的有效手段，也是信息传播的根本宗旨与最终目的。

第二，"以人为本"的新闻观是对西方人本主义的扬弃与发展。

人本主义（humanism）也被称为人文主义，在西方哲学史上，其萌芽可以追溯到古希腊时期。古希腊智者派代表人物普罗泰戈拉曾宣称"人是万物的尺度，是存在的事物存在的尺度，也是不存在的事物不存在的尺度。"[①] 这充分肯定了人是衡量一切的标准和尺度。文艺复兴时期，莎士比亚更在其代表作《哈姆雷特》中用华丽的辞藻赞美道："人是一件多么了不起的杰作，多么高贵的理性，多么伟大的力量，多么优美的仪表，多么文雅的举动……宇宙之精华，万物之灵长。"因为人有如此重要的作用，如此美好的品质，如此强大的力量，因此"人永远是目的，而不是手段。"[②]

---

① 全增嘏：《西方哲学史》（上册），上海人民出版社1983年版，第113页。
② ［德］康德：《道德形而上学探本》，商务印书馆1959年版，第43页。

　　人本主义思想精髓在于通过对人的高度赞美与肯定，强调人的价值、人的创造能力、人的地位和人格尊严。人本主义认为人的理性是衡量事物的标准，主张要关注人、重视人、尊重人，为了满足人的需要，去实现价值和创造万物。这一点为"以人为本"的新闻观所汲取。"以人为本"的新闻观中，我们依靠媒体人与受众双方的主观能动性和创造力，呈现还原事实的本来面目，用人的理性去分析判断是非黑白，在传播过程中重视人的感受，传递人的心声，尊重人的尊严，捍卫人的权利，满足人的需求，从而有效实现新闻价值，促使社会有序发展。

　　但另一方面，人本主义过分着重于个人价值的实现，并将推动、创造历史的功劳归结到思想家、智者身上，忽略了人民群众在其中的重要作用。相反，"以人为本"的新闻观则是在传播个人价值的同时，更注重对科学社会价值观的弘扬与展示，它所强调尊重的人，不是某一个人或某一类人，而是作为社会组成部分的实践人，是广大人民群众。因此"以人为本"的新闻观不是为孤立的"个体人"服务，而是以全体人的幸福满足为奋斗目标。

　　总而言之，"以人为本"的新闻观选择性地发扬完善了人本主义的精华部分，是中西人本哲学在新闻传播中的亮点集成。只有坚守"以人为本"的新闻观，新闻从业者才能创造出有人味、体人情、察人意、展民声、得人心的优秀报道，而这样的报道才真正具有亲和力、吸引力和感染力。

　　第三，"以人为本"的新闻观是"以人为本"科学发展观的重要组成部分。

　　在2003年10月召开的十六届三中全会上，党中央提出科学发展观，即"坚持以人为本，树立全面、协调、可持续的发展观，促进经济社会和人的全面发展"。而"坚持以人为本，是科学发展观的本质和核心。以人为本，就是要把人民的利益作为一切工

作的出发点和落脚点，不断满足人们的多方面需求和促进人的全面发展。"① 从对"以人为本"科学发展观的分析解释中，我们可以看出，"以人为本"的新闻观正是源自科学发展观，从本质来看，它是科学发展观在新闻传播事业中的体现与落实，是科学发展观投射到信息传播环节的有机组成部分。

最后，新闻"人本"理念带来亲和效应。

新闻传播的传受双方——媒体从业者与受众均为人。新闻"人本"理念一方面重视强调媒体人的突出作用：在新闻的编码过程中，媒体人以事实为准绳，理性为尺度，充分发挥能动性和创造力，并考虑受众意愿，结合受众需求，制作出科学健康、生动新鲜的新闻报道成品，充分展现丰富多彩、复杂多变的人类社会。另一方面，新闻"人本"理念致力于受众的理性认可与高度满足。因此，报道需要"贴近生活、贴近群众、贴近实际"，暖人心、动人情，为受众带来期待和惊喜，能达到这样效果的报道必然是为受众所欣赏、所喜爱的具有亲和魅力的新闻。

新闻亲和力要靠媒体人来创造，要由受众来体味，并最终赢得受众亲近和赞赏。由此可见，媒体人的努力和创新是实现新闻亲和的必备条件，受众的满意和认同是完成新闻亲和的本质基础。只有在新闻传播各个环节坚持"人本"理念，才能真正实现新闻亲和的目标。

二、新闻亲和是"和道"思想的传承与延续

中国的"和"文化源远流长，博大精深。早在三千多年前，"和"字在甲骨文和金文中就已出现。历经数千年的传承和发展，

---

① 引自2004年2月21日温家宝在省部级领导干部"树立和落实科学发展观"专题研究班结业式上的讲话。

"和"已经融入中国人的血液之中,成为一种普适文化和人文境界。可以说,"中国传统文化的内在精神和显著特征就是'和','和'贯穿整个中国传统文化发展的全过程,体现着中国传统文化的首要价值和精髓。"[①]

"以和为贵"、"和和美美"、"和气生财"、"和衷共济"、"家和万事兴"……与"和"有关的词语往往富有活力与生机,体现了人们以"和"为美的精神向往和追求。"和"文化凝聚着中华民族的智慧和东方思维的灵魂,在数千年的历史长河中,发挥着促进社会进步,维护民族团结,推动文化发展的积极作用。

古老的"和"文化往往在不知不觉中影响现今社会生活的方方面面,它也渗透到了新闻传播环节之中。今天我们所提倡的新闻亲和,其实质就是实现人与报道、人与媒体的亲近和合,从这一点来说,新闻亲和传承并延续了传统"和"文化的精髓和本质。

1. 传统"和"文化与新闻亲和:从万物之"和"到人与媒介之"和"

据史料记载,最早涉及"和"文化本源的应属西周时期的周太史史伯。《国语·郑语》中写到,郑桓公向史伯询问周王室命运,史伯表示周幽王"去和取同"最终会导致覆灭,因为"和实生物,同则不继。以他平他谓之和,故能丰长而物归之。"史伯在这里所论述的"和实生物"实际是一种原始朴素的辩证法,他认为只有和谐才能生发万物,而在这里的"和"是与"同"严格区别开来的。"和"是一种动态统一的平衡状态,是由不同元素以一定方式有序组合而成。规律性的整合,将不同元素有机融汇在一起,达成一种和谐自然的效果。在整合协调的过程中,如果操

---

① 王淑梅,王艳华:《传统文化对构建社会主义和谐社会的价值》,河北大学学报,2005(5).57-61。

作得当，往往会创造出新的事物，就像画家将不同色彩运用到同一幅画面上，只要用心搭配、合理调和，就能创造出令人赏心悦目的优秀画作一样，这就是"和实生物"的实质。而"同"则是同种元素的静态呈现，没有调和变化过程，无法产生新事物、新性质，所以，只有"和"才能令万物丰长，"和而不同"才是理想状态。

现代著名社会学家费孝通先生认为，中国文化的核心就是追求"和而不同"，这体现着中国人的大智慧。① 新闻亲和的实现也需要达到这种"和而不同"的状态。若想制作出受众喜闻乐见、满意欣赏的新闻，必须融汇不同领域的报道内容、采用多种形式的传播手法、运用丰富多彩的特色语言，并协调配合、有序组织，使之成为和谐统一、互相依存、相辅相成的有机整体，这正是"和而不同"、"和实生物"理念在新闻传播过程中的实践和验证：通过对传播异质元素的兼容并蓄、合理调和，创造完成具有亲和力的新闻报道。

"和"文化的意蕴十分丰富，诸子百家都曾经阐述提及过"和"的概念或理论，除了"和而不同"的辩证观念之外，关于"和"的重要观点还包括天和、人和、太和、中和等"和道"思想，如大家熟知的"天时不如地利，地利不如人和"②、"礼之用，和为贵"③、"与人和者，谓之人乐，与天和者，谓之天乐"④、"致中和，天地位焉，万物育焉"⑤、"万物负阴而抱阳，冲气以为

---

① 胡海波，魏书胜：《从"和合"文化传统到"和谐社会"理想》，社会科学战线，2005（5）.242－245。

② 出自《孟子·公孙丑下》。

③ 出自《论语·学而》。

④ 出自《庄子·外篇·天道》。

⑤ 出自《礼记·中庸》。

和"① 等等。虽然不同论述中"和"的释义不尽相同,但无论是哪种"和"文化、"和"思想都体现了一种和合美好的境界。新闻亲和所反映出的人与报道之和、人与媒体之和也同样遵循"和道"文化的这一规律,它呈现的是受众与报道和谐统一的状态,亲近交融的关系。

2. 报道之"和"体现新闻亲和力:内容的协调融合及形式的和谐统一

对于受众来说,新闻报道若能呈现出一种"和谐"之美,自然可以给他们带来足够的阅读吸引力和满足感。换言之,具有"和谐"美的新闻往往也具备充分的亲和魅力。新闻的"和之美"源于报道内容和传播手段协同和谐状态的呈现与弘扬。本书下文论及到的如何在报道内容、语言表达、版面编排等方面彰显亲和力的相关阐述,正是媒体人在多元素传播过程中,融汇各种异质元素,精心调和,把握"和谐之美"的精髓,进而使新闻达到为受众所欣赏、喜爱、亲近效果的体现。媒体人要像精于烹饪的厨师一样,精心选取各类优质食材,运用不同的处理手法,把握好烹饪的火候与时机,再加入滋味各异的适量调味佐料,为受众奉献出一道色香味俱全、各类食材融为一体、自然天成的"和美"新闻大餐。

三、"己所不欲,勿施于人":实现新闻亲和的首要前提

"己所不欲,勿施于人"是一种"推己及人"精神的体现,意为自己不愿接受的事物,也不要强加到他人身上。这一观念曾被中国伟大的思想家、教育家孔子所反复提及。当仲弓询问孔子怎样才算合乎仁道时,孔子回答:"出门如见大宾,使民如承大

---

① 出自《老子·第四十二章》。

祭。己所不欲，勿施于人。在邦无怨，在家无怨。"① 当子贡求助孔子，欲知是否"有一言而可以终生行之者"时，孔子仍答曰："其恕乎。己所不欲，勿施于人。"② "己所不欲，勿施于人"的观点涉及儒家思想的核心理念，即所谓的"仁"、"恕"之道，因而成为千百年来儒家学派所奉行的经典名言以及中国人所推崇的为人处世准则。

在新闻传播的实践环节中，"己所不欲，勿施于人"的思想同样适用。试想，新闻从业者自己都不喜欢阅读枯燥无味，只做表面文章的新闻报道，不欣赏单一片面、乏善可陈的传播手段，又怎能不顾受众意愿将这些强加于受众呢？如果新闻从业者一味从自身意志或宣传需要出发去选择素材、撰写稿件，不考虑受众的心意与渴求，其报道很难令受众产生亲近赞赏之情，由此带来的必然结果就是新闻缺乏亲和魅力。反之，只有将心比心，换位思考，尊重受众，设身处地为受众着想，媒体人才能创作出贴近受众生活、满足受众需要，赢得受众好感的亲和新闻。由此可见，强调新闻传播中的"己所不欲，勿施于人"并将其精髓真正融入新闻的采写编环节之中，是实现新闻亲和的首要前提。

新闻传播活动在实践过程中需要贯彻融会"己所不欲，勿施于人"的理念，这一点毋庸置疑。既然"己所不欲，勿施于人"，那么是不是"己之所欲"，就可"亦施于人"了呢？

众所周知，个体之间的思维方式、价值观念、文化品位和心理需求往往有较大差异，这使得新闻从业者之所欲，不一定等同于受众之所欲。新闻从业者认为实用生动的报道，受众可能并不买账。就像有人爱吃红烧肉，觉得特别美味，就要将其硬塞给素

---

① 出自《论语·颜渊》。
② 出自《论语·卫灵公》。

食主义者一样，虽然动机可能是好的、善的，但却是一种强加的善意，极有可能让对方认为是在打着施予的旗号，去侵犯他人的自主意志。

强加的行为本身就是一种恶，因此，我们既不能把自己不愿接受的东西强加于人，也不应一厢情愿地将自己认为美好的事物塞给对方，而应多考虑对方的想法，尊重对方的选择，给予其自身所认可、接受的东西。在新闻报道实践环节中也是如此，新闻从业者的判断不能代替受众的意志，因此媒体人的"己之所欲"，不能随意"亦施于人"，这其实与下文提到的"传者本位"向"受众本位"转变的观点是一致的，在此不再赘述。

此外，值得一提的是，传播者虽然不能凭借一己之好恶来决定将何种报道施于受众，但这并不意味着在新闻传播环节，媒体人需要完全遵从受众之好恶来选取新闻。媒体人在传播活动中仍承担着"把关"职责，其组织意志和舆论导向在报道中同样发挥着巨大作用。

总而言之，新闻从业者需要从受众所欲出发，在科学引导、严格把关的基础上，尽量满足目标受众群体的共性及个性要求，才能为新闻亲和创造可行的实现条件。

四、"过犹不及"：实现新闻亲和过程中应把握的理性尺度

"过犹不及"是孔子提出的一个反映"度"的哲学辩证思维概念。《论语·先进》中记载：子贡问："师与商也孰贤？"子曰："师也过，商也不及。"曰："然则师愈与？"子曰："过犹不及。"师即颛孙师，字子张，商指卜商，字子夏，两人均为孔子的得意门生。孔子在评价二人谁更贤的问题上，指出子张和子夏为人做

事均不是恰到好处，子张有些超过限度，而子夏则是不及，超过限度并不比达不到限度更好些，过与不及均不可取，只有"中"即适度才为最佳。孔子对于"过犹不及"的探讨，实际上展示了其思想传承中最为核心的一个理念——"中庸之道"。张岱年先生指出，所谓中庸就是"在事物的发展过程中，对于实现一定的目的来说，有一个一定的标准，达到这个标准可以实现这个目的，否则就不可能实现这个目的。没有达到这个标准叫作不及，超过了这个标准叫作过。"①

由此可见，孔子的中庸之道并非我们所说的折中主义，也不是不讲原则，不论是非曲直，而是强调在遵循客观规律的前提下，把握一种不偏不倚，无过无不及的尺度，即程颐所解释的"不偏之谓中，不易之谓庸；中者天下之正道，庸者天下之定理。"②

过犹不及的"中庸之道"不仅着眼于在尺度把握上的适度平衡，更指出这种尺度的把握乃是一种"时中"，需要根据事物的发展、时间地点的变化、具体情况的不同及执行者的区别而进行一定的变通，它所强调的是一种因时制宜、因地制宜、因人而异的灵活尺度把握，这就是所谓的"君子而时中，无往而不中也。中无定体，须是权以取中"③。它是一种选择能力、把握能力、权衡能力、变通能力的有机组合，需要我们在处理问题时"权，然后知轻重；度，然后知长短"④，审时度势，具体情况具体分析。

中国传统伦理思想体系崇尚"过犹不及"的适度平衡之道，西方哲学也颇为重视和谐适中的"中道"理念。早在古希腊时代

---

① 张岱年：《论中国文化的基本精神》，中国青年出版社1996年版。
② 出自《二程遗书》。
③ 出自《上蔡语录》卷一。
④ 出自《孟子·梁惠王上》。

新闻
报道 亲和力

即公元前 6 世纪，智慧七贤相会于德尔斐神庙，把他们的道德思
考以格言的形式献给阿波罗，其中就有"勿太过"这一警句。①
古希腊伟大哲学家亚里士多德更是提出一种被其形容为"最高之
善"的"中道"思想，他认为"凡行为共有三种倾向，其中两种
是过恶，即过度与不及，另一种是德性，即遵守中道"。② 过度和
不及均为恶，只有适中适度才是美德、至善。为了证明这一点，
亚里士多德形象地举例说："运动过多和过少，同样地损伤体力，
饮食过多与过少，同样地损害健康，惟有适度可以产生、增进、
保持体力和健康。"③ 同时，亚里士多德指出，这种适度和谐的
"中道"不是绝对"中道"，而是相对"中道"，需要把握的
"度"是随事物变化而变化、发展而发展的，是一种依靠理性控
制、具体问题具体分析的"执中"之道，这一点与中国传统"中
庸"思想是共通相近的。

儒家学派将中庸视为贯穿一切善行和美德的最普遍、最根本、
最重要的道德规范，也就是所谓的"中庸之为德也，其至矣
乎"④。亚里士多德也宣称："在一切事情中，中庸是最美好的。"⑤
所以说，中庸，或者说适度平衡、过犹不及的思想及尺度把握是
一种伦理至善，伦理至德，它具有极强的普适性。虽然中国传统
的中庸思想及西方哲学的中道理念都有其不足不尽之处，但这种
无过不及、灵活变通的"时中"理念却有着巨大的现实意义及实
用价值，它告诉我们：无论做任何事情，都要在掌握实际规律的

① 罗国杰、宋西仁：《西方伦理思想史》，中国人民大学出版社 1985 年版，第
193 页。
② 周辅成：《西方伦理学名著选集（上卷）》，商务印书馆 1987 年版，第 297 页。
③ 周辅成：《西方伦理学名著选集（上卷）》，商务印书馆 1987 年版，第 293 页。
④ 出自《论语·雍也》。
⑤ 王海明：《伦理学原理》，北京大学出版社 2001 年版，第 303 页。

40

基础上，理性控制处事尺度，在发展变化中达成适度平衡的和谐状态。

在实现新闻亲和的过程中，同样应坚守"过犹不及"的平衡适度之道。新闻从业者为了增强新闻亲和力，往往需要让报道在感情上打开受众心扉，在内容上满足受众需要，在形式上勇于创新变化，而这种新闻亲和的传播改良需要控制在一定的理性尺度之内。如果过度，本应令受众动情的报道可能异变为煽情主义新闻，通俗亲民的语言表达不小心就会流于庸俗猎奇，实用有益的内容摇身一变，成为单纯功利迎合受众的体现，勇于创新的版面编排没有约束，极易变成无意义的"创意"杂烩。就像马克思所说："只要往前走一小步，仿佛同一方向的一小步，真理就会变成谬误。"在实现新闻亲和、增强报道魅力的道路上，如果不能把握尺度，也会跌进泛娱乐化、过娱乐化的深渊。同时，这种亲和尺度的把握，不能一成不变，需要根据媒体的实际情况、目标受众的具体要求、事物发展的后续变化，及时调整，有序控制，使之保持在因时因事因人而异的理性适度状态之中。

第二节　亲和力的心理学观照

新闻亲和力体现了受众对报道亲近、欣赏、赞许等心理反应，是受众对报道正面认可态度的展示与呈现。一则新闻是否拥有亲和魅力，需要受众来判断。因此，研究新闻亲和的实现路径，首先应从受众接受心理入手，进行相应的理性探索和具体分析。

一、注意、选择心理：新闻亲和力的前置条件

注意是心理学的一个重要概念。美国心理学家威廉·詹姆斯认为："注意是以清晰生动的形式，让数个同时可能的物体或思维

序列之一占据心灵。"① 而受众的注意则是"受众的心理活动对一定的传播对象（包括传播内容和传播形式）的指向（感受器朝向某个传播对象）和集中（该刺激物能清晰地被感知）。"②

注意是其他一切心理活动的起源与开端。只有引起注意，人们才能进而感受认知事物、思维判断事实，理解记忆事件。没有注意的指向与集中，人类其他心理活动就会成为无源之水，无本之木，因为任何人都不可能在毫无注意或注意分散的情况下，对事物进行清晰认知、深入理解，更不可能在此基础上，对事实做出准确评判，获得合理感悟，留下深刻记忆。

受众对报道的心理接受过程同样以受众对报道的注意为开端。受众先注意到新闻，继而阅读思考、理解评判，最终接受信息、记忆事实。新闻的亲和魅力作为受众对报道的良好感受和正向评价，也需要新闻首先引发受众注意关注，继而才可体会判断该新闻是否具有亲和力。由此可见，赢得受众注意，是新闻亲和力实现的前置条件。

不过，人的注意具有选择性，"人总是有选择性地以少数事物作为注意知觉的对象，对它们的知觉显得格外清晰。"③ 因此，我们必须掌握一定的规律，采取合理手段，以保证注意力的指向性集中。

心理学把注意分为无意注意和有意注意两种类型。无意注意是一种事先没有目的，也不需要意志努力的注意。④ 如记者在与采访对象交谈时，外面突然传来一声巨响，两人不由自主地把注意力投向外界，思考这声巨响是因何发出。外界的这种环境干扰所引发的

---

① M. 艾森克主编，阎巩固译：《心理学——一条整合的途径》（上册），华东师范大学出版社2001年版，第242页。

② 刘京林：《新闻心理学概论》，中国传媒大学出版社2007年版，第261页。

③ 曹日昌：《普通心理学》，人民教育出版社1980年版，第149页。

④ 刘京林：《新闻心理学概论》，中国传媒大学出版社2007年版，第263页。

不自觉注意就属于一种无意注意，这种注意的集中不靠人的强制意志来控制，而是一种下意识的心理反应和指向转移。有意注意则是一种有预定目的并需要一定努力的注意。[①] 比如一位学生明天将要面临重要考试，今天必须复习整本参考书籍，虽然他可能已经非常疲劳和乏力，但还是强制性地把注意力集中到对于书本内容的理解和记忆上。这种依靠意志实现的注意，就是有意注意。

我们了解注意的类型之后，就需要进一步研究唤起注意的方法。一般来说，受众求新、求近、期待有用信息的心理往往可以引发注意：新颖夺目的版面形式刺激注意集中，生动实用的内容持续注意指向。创新性的传播形式所引发的注意属于无意注意，而实用性的传播内容所维持的注意则兼容两种注意的特点和优势：首先可能是无意注意在起作用，在受众意识到新闻的有用性之后，他们开始通过意志控制，进一步集中注意力，让自己能够更加深入地理解和思考其中的关键信息，并在阅读完毕之后，记住报道的大致内容。

有一点值得一提，有用有益的内容、新颖悦目的版面、抢眼合宜的图片不仅是引发受众注意的有力"武器"，也是体现、强化新闻亲和力的有效方法，这一点下文将会进一步展开论述。

当然，吸引了受众注意的新闻，并不一定就意味着其具备足够的亲和魅力，我们还需要在报道各方面狠下功夫，才能在激发受众注意之后，真正将新闻亲和效应落实到位。

二、需要、满足心理：新闻亲和力的启动基础

新闻亲和力的实现建立在受众需要得到合理满足的基础之上，换言之，启动受众的需要满足心理是让受众赞赏、认同新闻具有

---

① 刘京林：《新闻心理学概论》，中国传媒大学出版社2007年版，第264页。

亲和力的关键步骤之一。

需要是个体和社会所必要的事物在人的大脑中的反映，是个体有所缺乏时所产生的一种内在状态，是主体积极性的源泉。① 美国人本主义心理学家马斯洛认为，人类需要可以划分为五个层次：1. 生理的需要 2. 安全的需要 3. 爱与归属的需要 4. 尊重的需要 5. 自我实现的需要②，这就是著名的需要层级理论。其中，生理的需要指人类最基本的食物、空气、淡水、睡眠等生存需要；安全的需要是人类对安全感、保障感、秩序性的需要；爱与归属的需要包括交往、感情、归属等精神层次的需求；尊重的需要则具有自尊自重以及为他人所尊重的双重属性；最高层级的需要是自我实现的需要，它意味着人能够挖掘潜能，充分实现自我价值，即"更真实地成了他自己，更完善地实现了他的潜能，更接近于他的存在核心，成了更完善的人。"③

根据马斯洛的需要层级理论，人类对于交往的需要，带动了传播的产生与发展。人的需要具有强烈的自主性，因此传播若想取得良好效果，必须重视和了解接受者的内在需要，尽力令受众从低级到高级层次的需要均得到满足和实现。

由于人生理层次的需要，受众必然非常关心能够维系生存需要的衣食住行等基本生活资料的信息和涉及人类生存环境变化发展的报道。出于对安全层次的需要，受众渴望看到关于社会秩序、法制建设、医疗保障、卫生健康等方面的内容。基于爱与归属的需要，受众期待彰显人世间美好真情的报道，并希望以此加强人与人、人与社会之间的情感交流，使个体对社会更具归属感。考虑到尊重层面的需求，传播者需要在自尊自信的基础上，以对等

---

① 郑兴东：《受众心理与传媒引导》，新华出版社1999年版，第41页。

② 该观点源自马斯洛1943年发表的论文《人类动机论》。

③ 马斯洛：《存在心理学探索》，云南人民出版社1987年版，第88页。

的立场、平等的态度实现对受众及报道对象的理解与尊重。最后，面对最高层次自我实现的需求，一方面，传播者报道新闻事实，引发思考和正向效应，是对媒体人自我价值的有效实现。另一方面，媒体通过合理引导，让受众关注自身潜能和内在价值，带动受众需要向更高层次发展。

马克思曾指出："没有需要，就没有生产。"新闻报道的生产与受众需要直接相关。从马斯洛的需要层级理论分析，我们可以看到，有用有益的报道内容、平等平视的尊重视角及自我价值的合理实现，是受众需要的三大重点。当然，由于马斯洛的需要层级理论还有诸多不足之处，因此，将其应用于新闻传播领域得出的受众需要结论，远远不能涵盖目前受众的全部需求，这一点要特别指出。

受众需要得以满足，才能以良好的心态去评判报道的优劣，进而品味体会到新闻发挥出的亲和魅力，由此可见，满足受众需要是启动新闻亲和力得以实现的基础。而另一方面，新闻满足了受众对有用内容、平等视角的需求，也就在潜移默化中加强了受众对新闻亲和的内在认同感，因此下一章谈及的新闻报道内在亲和力的构成要素也包括这两点。

三、态度、认同心理：新闻亲和力的呈现形式

态度是社会心理学的核心概念，它是"对某物或某人的一种喜欢与不喜欢的评价性反应，它在人们的信念、情感和倾向性行为中表现出来。"[1] 态度包括认知、情感、行为三个组成部分。受众态度即指受众主体对新闻客体较为稳定的，由认知、情绪情感

---

① 时蓉华：《社会心理学》，浙江教育出版社，1998 年版第 296 页。

和行为意向这三种成分组成的内在心理倾向。[①]

受众认为一则新闻具有亲和力，就是一种态度。这种态度中包含认知成分——受众认为该新闻具有以人为本、内容实用、形式新颖、语言亲切等优点；情感成分——受众喜爱欣赏该新闻；行为成分——受众持续阅读新闻，通过认真思考、自主判断，接受新闻所提供的事实信息和隐含观点。

在态度的三种成分之中，认知是产生态度的基础，情感是决定态度的关键，行为是展示态度的举动。认知代表着理性、理智的了解和认识，情感体现了感性、情绪的判断和评价。行为则呈现出综合认知、情感因素，得出结论性态度之后，带有倾向的意向与活动。

在形成或改变态度的过程中，情感因素是最核心的部分。因为人们虽然认可代表理智的认知，却往往无法控制感情的冲动，道理谁都明白，但由于心里不痛快，十有八九对待该事物、该对象的态度就不会太正面、太欣赏，指向此态度的呈现行为就不会太热情、太积极。

新闻亲和体现的是受众对报道的一种良性态度和正向评判，它呈现出受众对报道欢迎喜爱、亲近欣赏的认同态度。调动受众的亲和态度，需要传播者呈现新闻的亲和优势，而这种优势的呈现，既应让受众在理性上认可，也应使受众在感情上亲近，这样才能从认同的态度，上升为亲和的行为和效果。

此外，我们在实现新闻亲和的过程中，还应注意规避新闻亲和力的反向心理认知和态度表达——逆反心理。

逆反心理也叫反悖心理，它是指人们对已有的关于某种事物或现象的结论、判断，进行反方向的思维，产生动摇、怀疑，进

---

① 刘京林：《新闻心理学概论》，中国传媒大学出版社 2007 年版，第 302 页。

行反思，甚至持否定态度，得出与原结论相反的结论、观点，作出相反的行动。[①] 新闻传播中的逆反心理，就是受众对新闻报道或大众媒介产生的一种相对立，甚至相对抗的否定情绪，并由此带来与新闻传播预想完全相悖的行为意向。

受众的逆反心理往往源于新闻报道内容失实空洞，传播手法生硬失当，发布时机选择欠妥或受众的各类需求无法得到有效满足等多重因素，受众因此对媒体、报道以及新闻从业者产生不信任、不欣赏、不喜爱的负面疏离心理。受众如果产生逆反心理，自然无法感受新闻的亲和魅力，甚至会出现一种惯性对抗的情绪反应及反向逆行的行为倾向。因此，我们在新闻传播的过程中，必须了解掌握受众逆反心理出现的原因和规律，力避这种负面心理状态的产生与蔓延。

从人文伦理、传播心理等多重视域分析新闻报道亲和力，有助于我们更好地理解新闻亲和的内涵实质、传承渊源，亲和产生的原理机制以及亲和实现过程中的条件基础、尺度把握等重要问题，为下文论及新闻亲和需要以人为本的传播心态、平等平视的报道视角、有用有益的报道内容、新颖适宜的编排方式等观点提供了一定的理论支撑。

古希腊数学家、哲学家毕达哥拉斯曾经提出"人与人之间存在友谊，数与数也相亲相爱"的观点，并指出一对最小也是最早发现的亲和数：220 和 284。亲和数又被称为友好数或相亲数，两个自然数之间存在某种特殊关系：每个数的所有真因数之和都等于另一个数，那么这两个数就是一对亲和数。在发现第一对亲和数之后，历经两千多年的漫长寻找，虽然迄今为止，数学家们通过人力以及计算机运算的方式已经找到一千多对亲和数，但苦于

---

① 虞达文：《新闻心理学》，新华出版社 2001 年版，第 366 页。

亲和数的神秘复杂，人类对于亲和数出现的规律还远未摸透弄清。新闻报道亲和力与亲和数有一定的类似之处：亲和数体现了数与数之间相亲相爱的特殊关系，而新闻亲和力则彰显人与报道之间相近相融的密切联系；寻找亲和数的过程漫长而艰辛，实现新闻亲和力的道路也有着诸多困难和阻碍。所幸的是，新闻报道亲和力的规律并不像亲和数那样虚无缥缈，它是有据可循、有证可考的，下面就让我们从新闻报道亲和力的构成要素来具体阐析新闻亲和力的实现规律。

第三章

新闻报道亲和力的构成要素

"没有别人，你就是一座孤岛"。亲和力发生在人与人之间，是人与人相处时所表现的亲近行为的动力水平和能力。这种水平和能力，促使交际的主体和客体迅速融合，并产生和谐的交际意境。"酒逢知己千杯少"、"相见恨晚"等等，便是亲和力的种种表征。

当教师面对学生、医生面对患者、机关工作人员面对前来办事的群众时，交际主体即教师、医生和机关工作人员，本身有无亲和力便显得非常重要。一个教师的知识无论怎样渊博，一个医生的医术无论多么精湛，一个工作人员的业务无论多么纯熟，但如若缺乏真诚和善意，总以"救世主"的面貌出现，动辄训人或以冷漠的态度待人，也会引起服务对象的反感直至影响教学、医疗和办事效果。即使学生迫于课堂纪律不得不听教师讲课，患者迫于病情不得不听医生训诫，前来办事的群众不得不看机关工作人员的冷脸，但那份无奈和反感，也是明显存在的。"身在曹营心在汉"，"笑在脸上冷在心里"等等，就是对缺乏亲和力者的回应。

新闻报道的亲和力，并不像教师与学生、医生与患者或机关工作人员与群众那样，是在面对面交流时产生的。新闻传媒的工作人员在绝大多数情况下，并不与受众直接交流（记者采访或节目主持人与现场观众互动是个例外），而是通过新闻报道这个媒介来进行交流的。也就是说，传媒工作者的亲和力，要凝聚在报道中并通过报道来体现，或者说，新闻报道的亲和力反映着传媒工作者的亲和力。这样一来，新闻报道的亲和力就具有间接性，一系列的问题也就由此而生了。

在面对面的交流时，交际主体的亲和力是直观的、形象的。这种亲和力的产生，首先是交流内容的有用性即为交流对象感兴趣、愿意听。其次，是在交流时所呈现的个人魅力，如渊博的知识、精辟的思想见解、机智幽默的话语等。这些，都能紧紧地抓住交流对象的心，使其被牢牢地吸引，并产生如痴如醉、如饥似渴的精神愉悦感。除了交流的内容，交际主体的形体动作甚至衣着打扮，也能产生一定的亲和力。有时，一个眼神，或者一举手一投足，都能令交际对象着迷。

新闻报道的亲和力，与这种面对面的交流有所不同。它是以文字、声音、图像等文本形式与受众见面。换句话说，受众接触的是"物"而不是"人"。这样，它就有一个基本前提：受众必须阅读或者收听收看。而能否阅读或收听收看，也首先要看报道的内容是否为自己所关心，是否能满足自己了解外界最新变动的需要。如果受众感到新闻报道的内容和自己无关，不能满足自己求知、求新等阅读欲望，那么，他就不去阅读或收听收看。即使阅读或收听收看了，但感到报道不够真实、客观或不够深刻，也会对报道产生一种不良的印象。由于受众面对的是"物"而非"人"，人的表情、动作等非语言符号不能被直接接收到，而只能通过阅读或收听、收看间接地品味和体会。这样一来，新闻报道的亲和力也就比面对面地与人交流更难产生了。

"外圆内方"、"秀外慧中"，是对一个人的气质、品格的赞美。同时也说明，这种气质、品格是由内在的底蕴和外在的形象两个方面构成的。新闻报道的亲和力，也由内在亲和力和外在亲

和力这两个部分构成。内在亲和力，是凝聚在新闻报道之中，由新闻报道所贯穿、所体现的平等、亲切、客观、新颖、深刻等要素构成。外在亲和力，指新闻报道的外在呈现形式，由版面编排、图文组合、文字变化等要素构成。这两个部分的亲和力，相辅相成，共同构成新闻报道的亲和力。

第一节　新闻报道内在亲和力的构成

内在亲和力，是指凝聚在新闻报道之中，能满足受众多重需求并获得精神愉悦的内容魅力。内在亲和力，是新闻报道的"神"和"魂"。它虽然也要通过文字、图像、声音等介质材料才能得到体现和传播，但和外在亲和力直接诉诸受众的视觉和听觉不同，内在亲和力更需要用心去体味和把握。如果把新闻报道比作一只西瓜，那么，其椭圆的形状和黑绿相间的瓜皮是外在亲和力，而甜甜的瓜瓤便是其内在亲和力。

内在亲和力，在新闻报道中起着基础性、决定性的作用。研究内在亲和力的构成要素，悉心打造新闻报道的内在亲和力，是一项更为重要和紧迫的任务。

新闻报道的内在亲和力，主要由以受众为本的传播心态、平等平视的报道视角，有益有用的报道内容和亲切朴素的语言表达这几个要素构成。

一、以受众为本的传播心态

以受众为本的传播心态是针对采编报道的新闻工作者而言的。以受众为本，就是站在受众立场上，设身处地为受众着想，把受众满意不满意，高兴不高兴作为新闻报道的立足点和出发点。

以受众为本，是与以传者为本相对立的。虽只有一字之差，却反映了两种不同的立场，两种不同的思维方式。

何谓以受众为本？何谓以传者为本？让我们通过一则小例证加以比较说明。

2010年9月，河南信阳、商城等地发生蜱虫咬人致死病例。截止到9月8日，共监测发现此类病例557例，死亡18例。经媒体报道，此消息被广为传播。但在报道的方式上，媒体的表现却大为不同。

许多媒体（包括报纸、网站等）在报道该消息时，不但附上了蜱虫的图片、发生蜱虫咬人事件的地理位置简图、主要发病时间、发病年龄、潜伏期以及临床表现、防治办法，甚至还为蜱虫注上了拼音，以便于不认识蜱字的读者能够轻松、顺畅的阅读，服务十分细致周到。但也有些报纸（主要是党报），却简简单单地发了一篇文字报道，既没有图片和预防蜱虫的相关知识，更没有想到为蜱字注音。

是一时疏忽，还是根本没有受众意识？答案不言自明。因为不要说受众，就连编发此报道的媒体工作者在遇到"蜱"这个生僻字时，究竟是读"bí"还是读"bēi"，恐怕也拿不准。并且，蜱虫是个啥样子，为什么人被咬之后能致死，究竟该如何防治等等一连串的问题，也会涌上心头。既然编发此消息的媒体工作者尚有如此多的疑问，为什么不能将心比心，对这些疑问一一予以回答，以减少受众之麻烦和障碍呢？说到底，还是缺少受众意识，还是以传播者自己为本。

以传者为本，就是在信息传播过程中，传播者始终按照自己的意志、自己的喜好来选择报道的内容和形式。受众需要不需要、喜欢不喜欢，基本不再考虑之列。换句话说，传者为本，就是传播者掌控和垄断着信息传播的主动权，传播什么，不传播什么以及如何进行传播，都由传播者自己说了算。在传播者看来，"媒介

传播的内容就像射出的一发发威力强大的魔弹，受众好比射击场上孤零零的靶子，任由媒介扫射，毫无抵御能力。只要被魔弹击中，便会应声而倒。就是说，媒介的信息只要被受众接收到，就会对他产生媒介所预期的效果"。① 这就是传播学中非常著名的"魔弹与靶子"论。

以传者为本的传播模式，过分夸大了媒介的影响力，有意或无意地把媒介当成进攻的一方，而把受众视为防卫的一方，这种以媒介为攻、以受众为守，以媒介施加影响、以受众接受影响为基调的认识，成为传者为本的思想基础。

以受众为本理论，把这种攻守之势完全颠倒过来。"把受众变为主动者，而把媒介视为被动者；在传播活动中，受众不再只是信息的接受者，而成为信息的寻求者"。② 以受众为本，说到底，就是根据受众的需求来决定传播的内容和形式，传播者不再像以往那样，只从信息怎样传给受众上看问题，而是从受众如何掌握并使用信息上做文章；不只讲信息怎样给予受众，同时也讲受众如何寻求信息。也就是说，传播活动的操控权、主动权是由受众而不是由传者掌握。受众为本与传者为本的根本区别，就是受众成为主人，而传者成为服务者。

从传者为本到受众为本，对于传统的传受关系来说，是一次革命。两者位置的颠倒，决定了传播者的传播意识、传播理念、传播心态，必须发生根本性的转变。而这个转变，也正是新闻报道内在亲和力的必然要求。

二、平等平视的报道视角

平等才能平视，平等平视才具有亲和力。这是被无数事实所

① 李彬：《传播学引论（增补版）》，新华出版社2003年8月第二版，第225页。
② 李彬：《传播学引论（增补版）》，新华出版社2003年8月第二版，第230页。

反复证明的一条铁律。

在民间，有一句耳熟能详的俗语十分发人深省，叫做"人不求人一般高"。意思是说，在不需要求诸人，没有权力或利益纠结的时候，人和人之间的地位是平等的。在平等的心态支配下，人才能比较客观、自然地看待对方，才能既不俯视，也不仰视。如果不是这样，或者求诸人，或者被人所求，心态的天平就极易倾斜，要么是低声下气，要么是趾高气扬。如此一来，真正的亲和力就很难产生。

平等平视作为亲和力的构成要素，在现实生活中有诸多表现：领导同志下基层调研，常常与百姓促膝交谈，或是吃顿农家饭，或是抱过百姓的孩子亲一亲。这些，都体现了领导同志亲民爱民、作风朴实的一面；电视节目主持人主持儿童节目时，也往往采取蹲姿或坐姿，目的就是与儿童的视线平行。这样的主持风格，也常常是好评如潮。概而言之，建立在平等基础上的平视，是产生亲和力的必要条件。反过来说，要具有亲和力，就必须平等且平视。

"新闻每天发生，视角各有不同"。在新闻报道中，平视的视角无疑是各种视角中最具有亲和力的。

视角，即观察的角度。同样一件事情，观察的角度不同，所得到的影像不同。对于新闻报道来说，其传播效果也会不同。

在以往的新闻报道中，惯常的、通行的视角是领导视角、工作视角和正向视角。领导视角，即从领导者的角度来报道新闻，部署、检查、总结、表彰等成为报道的主要内容，要求、必须、强调等成为报道的常用词汇；工作视角，即从成绩、经验、落实、推广等角度来报道新闻，深入开展、显著成绩、大力推广等成为报道的常用词汇；正向视角，即从表扬、肯定的角度来报道新闻，哪怕是灾难性的突发事件，也要从救灾、表彰的角度入手，报喜不报忧。一流、先进、临危不惧、英雄气概等成为报道的常用词

汇。无论是领导视角、工作视角还是正向视角，目的都是一个，报道是给领导者看的，只要领导满意和喜欢，报道的目的就达到了。

　　一个现实生活中的例子，也验证了这一点：笔者在某省级媒体工作时，曾收到某县级市宣传部门发来的一篇稿子，内容是讲该市发展外向型经济、扩大劳务输出的。平心而论，稿子写得还不错。正当笔者编发此稿并准备刊发报纸头版头条时，该市宣传部打来电话，告知先不要刊登。原因是他们听说省长要调走，如果现在发了，新任省长看不到，等于白发。这个电话，十分真切地反映出一切围着领导转，领导看不到，报道就等于没有效果的心态。在报道领导或主要写给领导看时，报道的视角基本上是仰视的，即唯领导者的马首是瞻，领导喜欢报道什么就报道什么，领导喜欢如何报道就如何报道。这种仰视的视角，决定了新闻报道的"官"气和文牍作风。对于受众而言，这样的报道何来亲和力？

　　平等、平视的报道视角，要求尽可能多的采用群众、生活和侧向甚至反向的视角来报道新闻。原因无他，新闻报道不是只给少数领导者看的政府公报或内部参考，而是面向千千万万读者、为千千万万读者提供信息和服务的。如果总是以俯视（对领导者仰视的另一面，往往是对群众的俯视）的角度来报道新闻，那么，势必将普通读者拒之门外。何况，在数字化媒体的背景下，人们的选择机会大大增加，"你不理我，我照样不会理你"。你俯视我，我照样会鄙视你。如此一来，媒体的新闻报道势必成为只为少数人喝彩的"阳春白雪"，只有自说自话的份儿了。

三、有用有益的报道内容

　　新闻报道亲和力的另一个构成要素是内容的有用有益性。

　　新闻报道具有传播信息、引导舆论、传授知识、提供娱乐等多种功能。这些功能，说明新闻报道应该也必须具有一定的有用性。

人类生活是一种社会化的生活，社会成员之间的相互沟通、联系和协调，是保证社会正常运转的必要条件。在农耕时代，这种沟通、联系和协调主要依靠人际之间的交往，而交往的方式主要是书信和面谈。由于当时的生活节奏比较缓慢，自给自足的生活方式也使得彼此之间的联系并不那么急迫，因而，"鸡犬之声相闻，老死不相往来"的状况便有可能长期存在。现代社会，情况已完全不同。随着交通、通信条件的极大改善，空间的距离感越来越小，人与人之间的信息交流也越来越紧密和频繁。并且，随着社会分工的日益细化，人们彼此之间的合作也越来越多。此时，为了更好的生存与发展，人们就必须及时了解周围世界新近发生和正在发生的种种变化，知晓国际、国内的各种大事。这种了解和知晓，是为了使自己与社会发展的节拍相一致，不至于因孤陋寡闻而与周围世界格格不入。因此，新闻报道所具有的传播信息、引导舆论、传授知识、提供娱乐的诸种功能，便成为广大受众亲近媒体、亲近新闻报道的理由和必然选择。

在信息数量呈爆炸式增长，人们获得信息的渠道愈来愈多的今天，新闻报道的有益性也日益突出地显示出来。在信息满天飞的时代，信息的质量参差不齐：既有有益的信息，也有有害的信息，还有无用的垃圾信息、泡沫信息。有益的信息，能引人向上，使人积极、乐观的工作、学习和生活；有害的信息，则毒化心灵，使人消极、沉沦，并产生危害社会、危害家庭的种种行为。垃圾信息、泡沫信息，则消耗人们的宝贵时间和精力。因而，媒体报道所传播的信息，不仅应该是有用的，更应该是有益的。只有有用且有益的信息、知识，才能引导人们积极、健康地工作、学习和生活。而这，也正是人们对新闻报道的企求。

新闻报道的有用有益性，并不仅仅体现在某些较为实用的服务性信息如衣、食、住、行、用等方面的贴心指导上，更体现在对关涉国际民生、社会发展等法规、政策等的解读上，体现在及时反映人民群众的呼声、愿望、要求，沟通党和政府与人民群众的联系上。

2010年，我国部分农产品价格上涨速度过快，CPI指数达到了4.4%，尤其是蔬菜价格高居不下，影响了人民群众的生活。媒体对此的报道，引起了国务院的高度重视，及时制定了抑制物价上涨的16条措施，使物价上涨的势头得到控制。这说明，媒体报道真实地反映了社会现实，在密切党和人民群众的联系上，作出了贡献。虽然党和政府在联系群众、了解社情民意方面不止新闻报道这一条渠道，但新闻报道无疑是最快捷、影响力也最大的渠道。

有用性产生亲和力，有益性则彰显和强化亲和力。然而，什么样的报道有用，什么样的报道有益，判断的标准会有很大的不同。在思想多元化、价值观念多样化的今天，同样一件事情，人们审视的角度不同，各自的利益出发点不同，得出的结论也会不同甚至相反。"一个世界，多种声音"，就是这种多元化、多样化的反映。诚然，我们不应该也不能强求舆论的一律，正视差别、尊重差别，是辩证唯物主义的固有品格和基本态度。但是，承认事物的多样性是一回事，通过积极的引导、疏通，使社会的主流价值得以彰显、强化，使非主流的、消极甚至有害的思想和价值观得以化解又是另一回事。

就拿有用性来说，任何一种信息、任何一种知识，都有可能是有用的。只是因为对象的不同，各自需求、兴趣的不同，对是否有用的理解不同罢了。比如，某些新闻报道中对凶杀、色情等的描写，一部分人就觉得很有用，不但读得津津有味，甚至可能

加以模仿，而另一部分人就觉得无用甚至反感；那么，这些关于凶杀、色情等的描写究竟有用还是无用？如果说其无用，那么为什么会有相当多的人乐此不疲，一些报刊、网站和影视节目总是千方百计地把这些内容充塞进自己的报道和节目中？有的甚至把曝光隐私、追逐绯闻的狗仔当成记者的最高境界？如果说其有用，为什么新闻和文化管理部门又总是出台各种措施和办法，禁止这些内容的刊出或播出？这样一来，对"有用"或"无用"的理解就可能陷入"不可知论"的泥淖。

事实上，人们对"有用"或"无用"的判断，总体上是有一个原则或标准的。这个标准，基于社会的道德伦理和主流价值观，基于大多数人的理想、信念和追求。仍以媒体报道中对凶杀、色情的描写为例：尽管有些人对此津津乐道，认为这些东西很刺激，很能带来感官上的满足，但这种想法或念头，一般只隐藏在内心深处，表面上或口头上，是不肯承认自己有这种想法或念头的。因为谁都清楚，这和社会的主流价值观不相吻合，和多数人的理想、信念和追求不相吻合。也就是说，虽然人们对某种信息和知识的认识会各有不同，但大体上会有一个基本的判断标准。这个判断标准，就像一个无形的筛子，把多数人所认为"无用"的东西过滤掉，而把多数人认为有用的东西保留下来。

这个"筛子"理论如果能够站住脚的话，那么，新闻报道的有用性就比较容易理解了：凡是能够满足人们某种正当需求的，就是有用的。否则，就是无用的。

有用性为什么会成为新闻报道亲和力的构成要素？显而易见的道理，就是人们之所以接触新闻报道，其目的是为了获取有用的信息与知识。这种信息与知识，不但能满足自己了解外部世界的需求，而且能够带来精神上的愉悦，使自己增长才智，开阔眼界，陶冶情操，净化灵魂。具体说来，有用性可表现为物质和精

神两个层面：就物质层面而言，其有用性主要体现在获取了有价值的信息，这种信息，可以转化为物质财富，许多依靠科技信息、财经信息进行自主创业或发家致富的例子可以证明这一点；就精神层面而言，其有用性主要体现在满足了自己增长知识、陶冶情操，以便于更好地与别人交流、交往的需求。新闻报道愈是满足人们这两个层面的需求，人们就愈是觉得其有用，就愈亲近媒体及媒体的报道，"饿了送干粮，困了送枕头"。在人们最需要的时候，媒体能够及时地提供"干粮"和"枕头"，这种新闻报道，自然就很有亲和力了。需要着重说明的是，有用性必须以有益性为前提条件，某些对少数人"有用"实则有害的东西，具体说就是低俗、庸俗，对人的成长和发展、对社会的文明与进步起到种种负效应的东西，都应该通过"筛子"筛选掉。在这一点上，媒体把关人应有强烈的责任意识，绝不能为了扩大报纸发行量和提高收听收视率而去迎合某些低级趣味。如果以获取"亲和力"为名把无用甚至有害的东西塞进新闻报道中，将无异于"饮鸩止渴"，最终毁掉媒体报道的亲和力。

四、亲切朴实的语言表达

2006年"十一"黄金周期间，于丹在中央电视台的《百家讲坛》栏目连续7天讲解《论语》心得，受到了观众的热烈欢迎，以至于形成了"于丹现象"，促进了国学热潮的兴起。

于丹的心得系列讲座之所以深受人们的喜爱，非常重要的一点，就是她那种个性化的、非学术的解读，拉近了大众与儒学经典的距离，使非常深奥难懂的《论语》与现代人的精神世界紧密相连，并成为慰藉现代人的"心灵鸡汤"。

于丹的讲座迅速走进大众心间，最难能可贵的，是她用现代人易于接受的方式，现代人能够听懂的语言，把经典有滋有味、亲切朴实地传达给观众和读者，使观众和读者接受时没有语言障碍和心理障碍。比如，于丹针对物质生活越来越富足，人际关系却越来越淡漠这个社会现实问题，引用《论语》中的"过犹不及"进行解释：

子由曰："事君数，斯辱矣；朋友数，斯疏矣"。就是说，你和你的领导关系过于密切，离你自己招致羞辱就不远了。你和你的朋友关系过于密切，就离你们疏远的程度不远了。面对领导，要忠诚，要热爱领导，这没有错；面对朋友要将心比心，甚至两肋插刀，也没有错。但不管是对领导，还是对朋友，都要有分寸。有一个哲学寓言故事，讲的是一群带刺的豪猪，大家挤在一起过冬。他们一直有一个困惑，不知道大家在一起保持怎样的距离最好。稍远些，不能取暖，离得太近，彼此的刺又扎得慌。最后磨合多次，终于找到了最适合、最恰如其分的距离，在彼此不伤害的前提下，保持群体的温暖。而现代社会生活中的人们正是把握不好这个距离，才造成了人情冷漠的现实。

"事君数，斯辱矣；朋友数，斯疏矣"。这句关于正确处理和领导、朋友、同事关系的至理名言，可谓精妙异常。然而，这句话又有几人能读懂、听懂呢？读不懂、听不懂，多数人就只能敬而远之或干脆不读、不听。于丹的解读则不然。她把如此抽象艰涩的语言，化成现代人能够一听即懂的口语，行云流水般地表达出来，并且入情入理。特别是关于豪猪取暖的那个比喻，既贴切，又形象，使人对经典的理解更深刻了。

民众与经典之间，本来是有很大的距离与隔阂的。于丹对《论语》和《庄子》的解读，并不是为了追求解释的精准。她只是做普及化和平民化的工作。尽管有些学者对于于丹用"心灵鸡汤"般的语言讲解的《论语》感到非常愤怒，要"将反对于丹之流进行到底"，但是，老百姓喜欢于丹。人们觉得需要她、觉得她

讲解得好，能打动人心，这就很不简单。当然，通俗不等于低俗，浅近不等于浅陋。通俗的东西做得好，比学院里面精深的研究还要难。

"于丹现象"告诉人们这样一个事实：亲切朴实的语言表达，最能产生亲和力。深刻的思想、深邃的道理，再辅之以生动活泼的语言表达形式，就能够紧紧抓住受众，使受众在潜移默化中接受那些思想和道理。不然的话，经典就只能被束之高阁。正是在这一点上，毛泽东当年所深刻指出的让哲学从哲学家的课堂上和书本里解放出来，变成广大人民群众的思想武器，才格外具有现实意义。

新闻报道的语言表达也是这样。

新闻报道（纸质媒体），主要是通过文字来传递信息的。文字，是语言表达的视觉形式，它突破了口语所受空间和时间的限制，能够更加有效地保存和传递人类文明的成果。

但是，用文字传递信息的时候，也有诸多不利因素：首先，它不具有面对面交流时特有的肢体语言和情感语言。面对面交流，除了双方互动这一独特优势，还可以通过动作与表情来传递信息和思想。于丹之所以受到人们的广泛喜爱，除了她的学识，还有她姣好的面容和颇有修养的、恰如其分的动作和表情。甚至她不急不缓的语速，也透着一份自信和淡定。这些，都强化了她所讲的内容。新闻报道在传递信息的时候，呈现给受众的只是文字，既看不到传递者的表情，更看不到传递者的动作。无形之中，就削弱了传播的感染力和吸引力。

其次，在使用文字来传播信息时，受众还有一个将文字转化、还原也就是"解码"的问题。也就是说，读者在阅读文字的时候，要把文字还原成某种图像和情景。比如前面提到的于丹所讲的"豪猪取暖"这件事。豪猪浑身都是刺，和人们常见的刺猬差不多。豪猪挤在一起相互取暖，离近了扎得慌，离远了不管用。可以说，凡是见过豪猪（哪怕只是在电视或图书的插图上见过）的人，在读到"豪猪取暖"的文字时，眼前都能立即浮现出一幅图像来。这幅图像，就称之为"解码"，即对文字的理解和接受。如果没有见过豪猪，就会茫然不知所以。因此，越是能与受众的阅历、知识、经验相连，越便于受众转化、还原成图像的文字，就越能为受众所理解和接受。这样的文字，必然是通俗易懂并闪耀着思想光芒的文字。只通俗易懂却没有思想内涵或虽有思想内涵却枯燥乏味的文字，都难以感染受众，都不具有亲和力。

概而言之，语言文字是受众接触新闻信息的第一道门槛。朴实亲切、言简意赅且形象生动的文字，能给读者带来美的享受。这样的文字，像磁石一样，紧紧地吸引读者阅读，使之产生欲罢不能的阅读冲动。相反，官话、套话、格式化，缺少实质性内容、更缺少文采的语言文字，将像一道高高的门槛，将读者拒之于新闻报道的大门之外。从这个意义上来说，语言表达是否具有亲和力，是新闻报道是否会产生影响力的决定性因素。

第二节　新闻报道外在亲和力的构成

内在亲和力，是新闻报道亲和力的核心，但外在亲和力也是不容忽视的。

所谓外在亲和力，是指新闻报道的外在呈现形式，具有让读者赏心悦目的美感和方便阅读、强化记忆的贴心魅力。外在亲和力，主要体现在报纸的编排方式、标题字号运用以及照片、图表的视觉形象等方面。它体现着报纸的个性和品格，表明着报纸对新闻事实的态度和情感。外在亲和力，是吸引读者的第一道风景，是引导读者体验、品味内在亲和力的钥匙和向导。

一、编排方式的新颖体现亲和力

一条新闻，刊登在报纸的哪个版以及哪个版的哪个位置，显然影响着读者的阅读选择。刊发在头版头条的新闻，一般来说，要比刊登在后面某个版上的新闻重要一些；标题字号大的，要比标题字号小的受重视；加花边的新闻，要比不加花边的新闻，更能引起人们的注意。同理，刊登在正版上的新闻，要比刊登在报缝里的，更不容易被忽略。用较为专业的话来说，版次（即第几版）和版位（即版面位置）的不同，都在一定程度上影响着读者对新闻的阅读选择。

编排方式即稿件在版面上的排列组合方法，像一根无形的指挥棒，引导着读者先读什么，后读什么。虽然这种引导并不都能起到决定性的作用，选择阅读的权利最终握在读者自己手里，但是，编排方式却像超市里的货物陈列或自助餐厅里的菜肴搭配，能够在某种程度上对读者产生这样或那样的影响。新颖的、富于动感和美感的编排，首先能使读者眼前为之一亮，从内心生发出一种愉悦感；陈旧、呆板的编排方式，则会使读者感觉沉闷，并由此推及到新闻内容的一般化。试想，不在版面上大胆革新的媒体，岂能在新闻报道上充满活力？这就像一个人的衣着装饰常常反映其精神状态一样：不修边幅、邋遢肮脏的人，其生活很难严谨；衣着虽不华丽光鲜却整洁、利落的人，其生活也大致充满情趣。

笔者在阅读某地方报时，这种情感上的喜恶变化就常常很明显：作为一家地方报纸，其新闻内容不能说毫无可取之处，但最糟糕的，是这家晚报的编排。版面编辑在安排版面时，似乎过于随意：有的地方挤成一个疙瘩，有的地方又松松垮垮；特别令人厌烦的是，画版人员总是用细线来分隔版面。一个版面上有 10 篇稿子，每篇稿子都用细线框起来。乍一看上去，整个版面就由 10 个或长或方的框子组成。有的稿件，本来只是一篇，只不过文中有几个小标题。画版编辑却非常省事的把这几个小标题用框子框起来，使一篇浑然一体的稿子被分割成了几块，让人看上去很不舒服。这种简单化的画版、编排方法，不但无益于报道内在亲和力的彰显，还削弱了报道的内在亲和力。

比较传统的编排方式是咬合式或称穿插式，这种编排的特点，是像砌墙一样，把各种题材的报道（稿件）相互叠压在一起，使其形成一种稳定感。就版面而言，讲究的是整体均衡，即左上和右下、左下和右上的相互对称。现代的编排方式，则大多是板块式，即将版面分割成几个板块（一般是 3 个），中间的板块刊登篇幅较长、分量较重的稿子；两边刊登篇幅较短、分量较轻的稿子。这样的编排，讲究的是左右对称，特别适合于报头在中间（大多数报头在报纸头版的左上角）的版面。

版面的编排方式说起来似乎不太重要，但一个不容置疑的事实，就是每家报纸的改版，都把编排方式的改革当做一件大事认真加以谋划。都力求让版面先声夺人，给人一种或端庄或质朴或清秀的视觉形象。之所以如此，就是版面类似于人的脸面，既要精神焕发，又要能体现自己的特点。"千人一面"、"似曾相识"的时代早已终结。只有体现个性、让自己的目标读者倍感亲切的版面编排，才能赢得读者的青睐，才能在新闻竞争中处于有利地位。

二、照片、图表的运用增强亲和力

平面媒体（报纸）、电子媒体（广播、电视）和网络媒体，在报道新闻的载体、手段上各有所长。报纸以文字见长，更能体现深度；广播以声音见长，更能体现时效；电视以图像见长，更能体现真实；网络则既有文字，又有声音，还有图像，虽然在

"真实"、"深度"上常常受到质疑，但总体而言，更能体现"综合"。尽管各类媒体并不能相互取代，但一个不争的事实，就是电视和网络受到人们尤其是青少年的更多追捧。就目前情况而言，报纸的读者在流失，广播的听众在减少，电视在网络的挑战面前也开始呈现出危机。唯有网络媒体方兴未艾，数亿网民成为支撑网媒的坚实基础。

很难想象，在信息化社会的今天，假若没有了电视和网络，人们将怎样生活，还能不能生活。

那么，电视和网络何以成为媒体中的佼佼者？个中缘由固然很多，能够提供形象、直观的画面图像，不能不说是其中最重要的原因。

平面媒体中的报纸主要是靠文字传递信息。但文字需要阅读，文化水平不高的人阅读起来会有诸多困难。并且，阅读是一种费神费力的事情，读者要把文字转化成"图像"，即按照自己的理解，在头脑中构建出一个场景来。一目十行的快速浏览，一般收获不会太大。另外，密密麻麻的文字，读起来并不轻松，很容易造成视觉疲劳。如果在刊发文字的同时，提供适当的画面图像，则不但减少了读者"还原"、"翻译"的麻烦，而且在视觉上更显得舒展。因而，带有照片、图表、插图等的文字，更能激发读者的阅读兴趣。

图文并茂，是现代"快餐文化"对图书出版也是对报刊新闻报道的必然要求。就报纸而言，"图"主要是指照片和图表。过去，照片和图表被视作文字的附庸，被当做美化版面的手段。如今，照片和图表的传播信息功能得到进一步开发和利用。也就是说，照片和图表本身就是新闻，和文字同等重要甚至比文字更重要。确立了这样的意识，富有视觉冲击力的照片和图表就能登堂入室，理直气壮地走上报纸的重要版面甚至头版头条。

照片和图表在报纸版面上的运用，可以在一定程度上满足受众对"形象"的需求，弥补报纸与电视、网络的"形象"差距。当然，报纸毕竟不是电视和网络，不可能完全做到见其人、听其声、观其景，但适当的安排照片和图表，尽可能地为受众提供富有动感、富有表现力的照片以及可以起到解释、说明作用的图表，无疑会让受众感到亲切，从而进一步增强报道的吸引力和感染力。

三、导读、更正以及色彩、纸型等彰显亲和力

谁更能为读者提供方便、周到的服务，谁的时尚元素更多，现代气息更浓厚，谁就能在心理上契合受众对创新的需求，谁也就更能赢得受众的喜爱和追捧。

细节决定成败。像导读、更正以及色彩、纸型等，相对于新闻报道的内容，不过是些细枝末节的东西。但在新闻竞争的大背景下，诸多报纸的内容差异并不太大。此时，这些所谓细枝末节的东西，便往往成为读者选择新闻报道的理由。

喜新厌旧，是人们的普遍心理。当某张报纸的外在形态长期没有变化时，读者便会产生审美疲劳。因此，间隔一段或长或短的时间，便在报纸的外在形态上做一些改动，使报纸以新的形象呈现在人们面前，自然会使人眼前一亮，内心产生一种喜悦感。这种感觉所带来的延伸效果，就是读者认为媒体是有活力、有追求的，是能给读者带来惊喜的。伴随着这一感觉的形成，亲和力也便油然而生。也正是由于这一原因，许多媒体便把刷新报纸版面作为常态，力求在纸型、颜色以及报头的位置改变上做文章。其目的，就是强化读者对本媒体的良好形象，使其更富有亲和力。

综上所述，可以看出：

新闻报道的亲和力，可以分为内在和外在两个方面，或者说，内在和外在亲和力的完美统一，形成了新闻报道的亲和力。内在

亲和力，主要由凝聚在新闻报道中的以人为本的传播心态、平等平视的报道视角、有用有益的新闻内容和亲切朴实的语言表达等方面构成。外在亲和力，则主要由新颖的编排方式、富有视觉冲击力的照片、图表以及具有品牌识别意义的纸型、色彩等方面构成。内在亲和力和外在亲和力相得益彰，共同发挥着吸引人、感染人的作用。其中，内在亲和力是根本，是灵魂，起着决定性的作用；外在亲和力虽然只是形式，但可以更好地体现内在亲和力，是通向内在亲和力的钥匙和向导，两者都不能忽视。关于内在和外在亲和力的详细论述，将在后面的章节中进行。

第四章

以受众为本的传播心态决定亲和力

"以受众为本",说到底,是个"为了谁"的问题,是个立场问题、站位问题。

"以受众为本",就要设身处地为受众着想,千方百计为受众服务,把受众高兴不高兴、满意不满意作为新闻报道的出发点和落脚点。

以受众为本的传播心态,是新闻传媒人所应具有的基本心态,也是构成新闻报道内在亲和力的最重要因素。

第一节 受众为本的内涵:关爱体贴、细致入微

传媒的社会形象,实际上是新闻人的人格化体现。"新闻人不是信息处理的机器,不是有着冷酷内脏的观察和记录装置。我们必须不断地从痛苦中分娩我们的思想,慈母般地给予社会我们拥有的一切:我们的血汗、我们的心灵、我们的激情、我们的痛苦、我们的良心、我们的不幸乃至我们的生命。生命对于我们意味着,将我们的全部,不断地化为光明和烈火,真正意义上的新闻人不可能是别的样子。"[1]喻国明在《新闻人才的专业主义"标准像"》这篇文章里,用诗一般的语言写下的这段话,对新闻传媒人的专

---

[1] 喻国明:《传媒影响力》,南方日报出版社2003年6月第1版,第35页。

业精神和人格要求作了精辟的描述，提出了新闻人所应具有的俯仰天地的境界、悲天悯人的情怀和大彻大悟的智慧。的确，新闻报道不是一堆冷冰冰的文字和画面。新闻报道是有思想、有情感、有灵魂的。也只有当新闻报道具有了思想、情感和灵魂，当它被受众所接触、接收时，才会与受众的心灵相撞击，才会产生感染受众、吸引受众的亲和作用。

以受众为本，体现在新闻报道的方方面面。大到报道的选题，小到背景材料的运用，一枝一叶、一点一滴，都可以检验出传媒人是否真正为受众着想，是否心中装着受众。

笔者经常读报，有这样几则事例始终让笔者"耿耿于怀"，认为这样的报道很难产生亲和力。

某市在实施"城镇面貌三年大变样"活动中，以前所未有的气魄，在"大交通"上做文章：一是破天荒地建设首座立交桥，实现了该市立交桥"零的突破"；二是新建东三环，以与建成的北三环相联结，最大限度地减少车辆拥堵压力；三是拓宽、改造市内东西走向的交通要道。这几件事，在各地热火朝天的城市建设中并没有特别抢眼之处。不过，鉴于这是一座中等城市，这几个城建项目还是很鼓舞人心、很引人关注的。然而，有关报道在谈到这几个项目时，缺少最起码的背景交待。尤其是在报道该市兴建的首座立交桥时，只是告诉读者：首座立交桥位于××街与××路的交叉口，造型设计为苜蓿叶型，然后写了投资多少，什么时候完工。这里至少有两处地方不清楚：一是这××街与××路的交叉口究竟在什么地方？有多少市民能说出全市的街和路来？二是苜蓿叶型究竟是什么样，许多人也并不知道。其实，解答这些疑问的办法很简单，就是在报道旁边配发一幅首座立交桥的位置、形状图，让人一目了然，一看便知。那么，为什么没有这样做呢？说得严重一点，就是采编人员没有设身处地为读者着想。

稿子写完了，编完了，就完成了任务，哪管读者满意不满意。这种以传播者自己为本的传播心态，在目前的新闻报道中，并不是个例，而是一种较为普遍的现象。

曾任过新华社社长的胡乔木（1912.6—1992.9）在《人人都要学会写新闻》一文中曾说道："不说新闻的读者和作者多半相隔几千里、几万里甚至几十万里，哪怕只隔几十、几百里，他就和你生活在两个不同的地方。他读你写的新闻时，既不会随时翻字典、看地图、查各种参考书，也不会把你过去的作品和其他有关的新闻都找在一起对读。你可能给他的各种麻烦，全靠你写作时像情人一般的细心体贴，防患未然。"胡乔木的这番话，实际上就是要新闻传媒人牢固树立"受众为本"观念，心中装着受众。

"以受众为本"的传播心态，不仅仅体现在这些比较具体、微小的方面。更主要的，是把握受众需求，回答受众最为关切的热点、难点问题。说的更明确一点，就是既要回答如何报道的问题，更要回答报道什么的问题。

在新闻传播实践中，"把关人"起着对信息的过滤和筛选作用。在新闻采集阶段，把关人主要是记者，他要根据一定的标准（宣传价值和新闻价值），对纷纭复杂的现实事件进行取舍，决定报道什么和不报道什么。在新闻的加工制作阶段，把关人主要是编辑。不论是新闻还是评论，也不论是版面设计还是文字加工润色，都要经过编辑这道关口。更为关键的，是编辑还拥有对稿件的取舍权。记者写来的稿子能不能被传播出去，要看编辑的认可与否。编辑不认可的，记者写的稿子就要被"枪毙"掉。

这一层层的"把关人"，担当的是"守门员"角色。从有利的方面来说，减少了差错，降低了有害信息的传播率；从不利方面来说，往往屏蔽掉了应该为受众所知晓的某些重要信息。这种情况，在传统媒体的报道中司空见惯。比如，传统媒体特别是党

报的习惯性做法是以正面报道为主，以反映党委政府中心工作为主。这两个"为主"并没有错。但是，以正面为主不等于不要负面报道，以中心工作为主也并不等于不报道非中心工作。但是，这两个"为主"却往往被绝对化了。凡是把关人认为属于负面的消息，尽管这个消息关涉到老百姓的生命、健康等切身利益，也毫不迟疑地将其"屏蔽"或筛选掉。同样，凡是把关人认为偏离党和政府的中心工作，分量不那么重的一些报道，也不能被传播出去。这样，党报的报道就完全成了正面报道，成了反映工作、反映领导活动的"宣传纸"，而非新闻纸。在这种以"领导"、以"工作"为本的思想指导下，党报的报道离群众越来越远，离生活越来越远，因而从根本上失去了亲和力的基础。

"今天的人们可以利用的传播渠道已经到了一个不可能用信息屏蔽的方式，用沉默不报的方式来釜底抽薪、控制舆论、控制社会危机发生的阶段"。① 因为毋庸置疑的事实是，人们通过网络、短信这样一些非常便捷的传播方式就可以进行信息沟通。这种几乎没有把关人的现代传播方式，使新闻信息的传播速度、传播范围达到了前所未有的程度。尽管如此，新闻传媒所报道的消息，仍然是比较权威、可信程度较高的。问题在于，掌握官方信息资源的新闻传媒，应该从过去"画地为牢"、"自立菩萨自烧香"的固有思维模式中挣脱出来，自觉肩负起"社会守望者"的角色，"遇有人民群众息息相关或具有普遍兴趣的重大事件、突发事件，即使是所谓'负面事件'，也应该在第一时间让人民群众及时地知情、客观地知情"。②

不仅对"以正面宣传为主"的理解不能绝对化、片面化，在

① 喻国明：《传媒影响力》，南方日报出版社2003年6月第1版，第17页。
② 喻国明：《传媒影响力》，南方日报出版社2003年6月第1版，第19页。

报道的内容和方式上，也要改变以领导为主、以工作为主的传统习惯和做法。"我们必须高度重视反映人民群众的心声，使党的主张和人民的利益更好地统一起来。衡量精神文化产品，最终要看人民满意不满意，人民喜欢不喜欢"。① 党中央所提出的新闻报道要贴近实际、贴近生活、贴近群众的"三贴近"原则，就是要从根本上改变新闻报道"官"味太浓，不为受众所欢迎的状况。

从亲和力的角度来说，并非所有的会议报道、所有的领导同志活动的报道，都一概不为群众所喜欢。实际上，一些涉及国计民生、涉及政策调整的重大信息，都是从这些会议报道中传递出来的。比如，某省召开夏粮收购会议，一副省长出席会议并讲话。省里开了个会，老百姓并不关心，他关心的是小麦收购价格与去年相比是涨还是落了。遗憾的是，记者写出来的稿件中，完全没有提及农民朋友最关心的价格问题，而是摘抄了一大篇副省长的讲话，又是"强调"，又是"要求"什么的。笔者拿到稿件后（笔者曾供职于某省级媒体，时任总编室主任），认为这样的稿件言不及义，根本没有提供最有价值的信息。于是，笔者仔细查阅了记者从会场带回的有关材料，重新改写了消息，标题就是《农民兄弟请注意——今年小麦价格1.36元/公斤》，并将其刊发在头版显著位置。第二天见报后，这篇关于小麦收购的新闻最抢眼。一是"农民兄弟"这个称谓，让人感到很亲切；二是直接说出了小麦的价格，触及了大家都比较关心的核心事实。这篇关于小麦收购的会议新闻并不是天然不具有亲和力，领导同志活动的报道也并不是一概没有可读性。问题的关键，就在于新闻传媒人站在谁的立场上，以怎样的心态去传播这些新闻。

---

① 摘自李长春在中央电视台等单位进行调研时的谈话。

第二节　实现"以受众为本"目标的路径选择

有一句时下比较流行的话叫做"屁股决定脑袋",意思是说,人在社会上所处的位置、所扮演的角色,决定着人们思考什么样的问题和怎样思考问题。既然新闻传播要以受众为本,理所当然,就要从受众的角度出发,来考虑新闻报道内容的取舍安排。具体来说,就是要坚持做到:

一、不断进行换位思考,切实满足受众需求

换位思考就是把自己当做受众的一员,站在受众的位置来观察事物、思考问题。前面提到的那篇立交桥的报道,如果记者能把自己当做读者,就很容易发现其中所存在的毛病。在现实生活中,有很多这样的例证:站在 A 的角度,怎么也看不懂,想不清,理不顺;换个位置,站在 B 的角度,则一下子就弄懂、想清和理顺了。这就是我们平时常说的"将心比心"。新闻报道要增强亲和力,作为采编新闻报道的传媒工作者,就要真诚地走近受众,尽可能多地接触和了解受众,倾听他们的呼声,把握他们对当今社会和生活的真实想法。这样,才能真正树立亲民、爱民意识,才能忧受众之所忧,急受众之所急,切实做到服务受众,引导受众,使新闻报道更具有亲和力。

二、设身处地为受众着想,努力实现"话语权"下移

长期以来,我国的新闻媒体习惯于眼睛向上,赋予领导同志、精英阶层以更多的话语权和表达权。广大受众特别是处于弱势地位的受众,没有或只有很少的话语权。遇到重大事情,尤其是与人民群众切身利益密切相关的事情,能够表达意见、愿望与呼声

的，恰恰不是最该表达的人群。

比如，涉及水、电、油等生活必需品价格的听证以及农用物资如化肥、农药、机械等的价格听证时，最该发表意见、最有权发表意见的城市居民和农村居民，往往不能获得发表意见的机会。媒体的报道也是这样，受众的话语权也长期处于被忽视的地位。现代社会，是一个以消费为中心的社会，受众是这个社会的中心，给受众以更多的话语权，实现话语权的下移至关重要。

话语权的下移表现在多个方面。其一，由单纯的媒体设置议程，变为媒体与受众共同设置议程。设置议程或称议程设置，是传播学中的一个概念，指的是媒介的一项包罗广泛、作用突出的功能，即为公众安排一定的话题。这里的话题，就是议程。议程设置，起着突出、放大某个话题的作用，因为一个不容忽视的事实就是："媒介报道什么，公众便注意什么；媒介越重视什么，公众也就越关心什么"。① 比如，每到年底，媒体都要对全年政治、经济、文化、体育、科技、教育等领域发生的大事进行总结、回顾，并以"年终盘点"的形式进行连篇累牍的报道。这种报道，就是设置议程，以引导受众关注这些事情。议程设置虽然不能决定人们怎样去想，但却可以引导人们想什么。

以往，报道中的议程（话题）大都是由媒体设置的，且在设置议程的时候，更多的是围绕着党和政府的中心工作进行。所设置的议程（话题），基本上是经验的推广、工作的推动，与百姓所关注的热点、难点问题联系不紧、关系不大，也很难引起普通受众的关注和兴趣。话语权下移之后，单向设置议程的状况也应随之改变。来自受众的、为普通百姓所密切关注的问题，可以也应该成为媒体的议程。这就是说，媒体主动地通过议程征集，把

---

① 李彬：《传播学引论》（增补版），新华出版社2003年8月第二版，第195页。

受众反映最强烈、最突出的问题集中起来，然后以适当的报道形式，促进问题的解决。比如，某报社在议程征集过程中，了解到有许多受众反映：坐公交车难。特别是在上下班高峰期间，这种现象更为普遍。媒体通过调查发现：坐公交车难的症结，一是线路太少，二是车辆间隔时间太长，三是上下班时间太集中。于是，某报开辟专栏，专门就缓解坐公交车难展开讨论。此种专栏一开，各方反应热烈：不但乘客出谋划策，公交部门、政府部门甚至专家学者也纷纷建言献策。最终，政府调整了机关和企事业单位的作息时间，错开了上下班的高峰期；公交部门则调整公交线路，增加公交车的发车密度，乘客的乘车秩序也大为改观。这种"你点题，我做文章"的双向议程设置，受到了广泛的欢迎。

其二，遇事多听受众的意见。受众是新闻报道的接受者或称消费者，他们的意见或建议，对于新闻媒体端正文风、改进新闻报道有着十分重要的意义。不仅是在报纸改版时要充分听取受众意见，在策划重大报道时，也要请受众代表参与。过去，报纸和杂志常常设有"编读往来"等栏目，为受众提供了意见交流的平台。在报网一体化的背景下，这种交流更为便捷。新闻媒体要充分利用这个平台，把那些有真知灼见的意见或建议收集起来并加以采纳，使受众的话语权最大限度地得到尊重。这样，媒体与受众的联系就会更加紧密，媒体的亲和力也才能真正得到体现。

三、积极增强服务意识，在"服务"中凝聚亲和力

美国传播学家肯·梅次勒在其所著的《新闻采访》中说道："服务性新闻是专门用来回答人民关心的问题的"。西方新闻界为提供服务性新闻，在坚持以受众为本、增强服务意识方面，千方百计把报道新闻事实与服务读者利益相结合，并把新闻事实中与受众利益最直接相关的部分放在报纸最显著的位置，以引起受众

的关注，比如，美国的《林肯城日报》在报道内布拉斯加州铁路当局决定提升火车票价时就这样写道："本城每个成年人乘环城火车一次将多付 15 到 20 美分，12 岁以下的儿童需要多付 10 至 15 美分。这就是说，一个乘交通工具上下班的人，每月要多付交通费 30 美元。""内布拉斯加州铁路局于本周四作出决定，火车票价格一律提高 15%"。这则新闻，核心内容是火车票涨价。但记者在报道时，却首先分析了涨价所带来的影响，使乘客对于每月多支付的交通费一目了然。这种为受众着想，服务于受众的精神，透过报道的字里行间自然而然地体现出来。我国的新闻报道，在这方面也有了显著的进步：每次银行涨息或降息，每次石油价格的涨与落，媒体的报道都能算算账，让受众真切体会到媒体就是"管家"的感觉。即使是每个节令的变化，媒体在报道中也要提醒人们注意饮食和增减衣服。这种贴近受众、视受众为家人、朋友的做法，使受众倍感亲切，无形中增加了对媒体的信任和信赖。

随着传媒业之间的竞争加剧，媒体的服务功能越来越受到重视。在某种程度上可以说，谁的服务意识强，谁的服务更细致、更周到，谁就能占据更多市场份额，也就能在竞争中赢得竞争。当然，服务的含义十分广泛，既可以是生活方面的服务，也可以是思想方面的服务。一句话，受众能从你的服务中感受到温暖、感受到好处，就说明你的服务有了效果，这种效果的不断叠加，就是媒体的亲和力和吸引力。

作为一张地方报纸，湖北省的《三峡日报》在突出服务特色、体现亲民意识上作了有益的尝试和探索。2005 年，该报推出了为民服务的"四大品牌"，使报纸的亲和力倍增。其一，是针对当年夏季的严重旱灾，策划推出了"寻找水朋友"活动，组织宜昌市 30 家单位为 3000 多吃水困难户送水，及时解决了人畜饮水困难；其二，是策划了"挂果柑橘树寻婆家"的追踪报道，帮

助当地农民销售柑橘树近 3 万株；其三，是在春节过后推出了专栏《农民进城打工服务线路图》的系列报道，使得 3 万多名农民工怀揣"线路图"出门打工，家人更放心，工作更好找了；四是策划推出了《的士司机免费接送高考学生》的系列报道。这"四大品牌"的策划活动，都是从受众的切身利益出发，从受众关心的事情出发，积极主动地为受众排忧解难，真正践行了"办报为民"的理念。试想，当人畜饮水发生困难的时候，有人组织送来了清水；当柑橘树苗卖不出去的时候，有人牵线搭桥为树苗找到了买家；当农民工四顾茫然，不知道到哪里打工时，有人告诉你钱应该怎样挣、路应该怎样走；当考生担心挤不上车影响高考时，有人联络的士司机免费接送，谁能不为这贴心的服务动容？谁能不说这样的报纸是老百姓自己的报纸？

以受众为本的传播心态，是增强新闻报道内在亲和力诸要素中最重要的因素。传播心态决定着报道的视角，决定着报道的叙事风格和语言运用，最终，决定着报道的吸引力和感染力。因此，增强新闻报道的亲和力，根本之点，是确立以受众为本、为受众服务的传播心态。这个问题不解决，报道的亲和力就成了无源之水、无本之木。

第三节 "以受众为本"并不等于放弃引导责任

有人或许认为，"以受众为本"，处处都由受众说了算，这不等于"受众至上"，等于放弃媒体的舆论引导责任吗？

当然不是。"以受众为本"，是指媒体要具有浓厚的受众意识，在报道新闻、传播信息的时候，要设身处地为受众着想，把受众需要不需要、满意不满意作为衡量价值、取舍稿件的重要标准。可以说，"以受众为本"，是与我党"以人为本"的科学发展观一脉相承的，是"以人为本"思想在新闻报道中的具体体现。"以受众为本"，可以从根本上改变新闻报道的"传而不通"问题，使新闻报道亲近受众，为受众所喜闻乐见，从而收到更好的传播效果。

"以受众为本"，是对以往的"以传者为本"的变革与颠覆。在"传者为本"时代，传播者掌控着新闻报道的生杀予夺大权，眼睛向上是其典型表征。也就是说，报道什么或如何报道，基本不考虑受众的需要，而只考虑控制媒体的上级领导的需要。只要上级领导满意和高兴，只要切实发挥了喉舌作用，就是"讲政治"、就是"顾大局"。在市场经济时期，除了考虑领导的需求外，媒体往往还把对经济效益的追求当作一项重要任务，千方百计、挖空心思地去赚钱。此时，向上看和向钱看，成了某些媒体的安身立命之本。这样的媒体，怎能处处为受众着想，怎能把受众满意不满意、高兴不高兴作为检验自己工作的出发点和立足点？

"以受众为本"，是在多媒体背景下，扩大报道影响力的必然之举。尤其是党报等主流媒体，如果不从"传者为本"的固有观念中解放出来，依然沿袭"我写你看"、"我打你通"的老套路，那么，党报等主流媒体的受众市场就会流失，主流就会被边缘化，就会成为非主流。这绝不是危言耸听，而是异常严酷的现实。

当然，"以受众为本"，并不等于媒体就可以放任自流，放弃宣传先进思想和文化、以正确的舆论引导人的责任。"以受众为本"，也不是满足受众的所有需求甚至是某些低级趣味。在思想多元、需求多元的时代，媒体的舆论引导责任不是更轻了，而是更重了。所不同的是，这种引导不能再像过去那样，采取说教的、简单化的方式，一味的灌输。而是要通过生动活泼的形式，以具体、感人的事实，去感染受众。"随风潜入夜、润物细无声"，其效果往往要比倾盆大雨更扎实、更深入一些。

　　笔者曾在某高校的部分大学生和研究生中，就现代青年的理想、目标、追求等做过调查。令笔者吃惊的是，在诸多答案中，出现频率最高的词竟然是"迷惘"。何谓迷惘? 迷惘是由于分辨不清而困惑，不知怎么办的意思。那么，作为青年才俊的大学生、研究生，何以对自己小学、中学时期就曾明确过的理想、目标、追求迷惘呢? 原因无他，是就业的不确定性造成的。学法律的，未必能当法官；学新闻的，也未必当得成记者。这些不确定性，造成了青年一代的迷惘和不自信。与此同理，诸多理想与现实的矛盾冲突，也使许许多多的人精神上感到困惑和空虚。这些矛盾和冲突，需要新闻媒体作出解释并进行引导。如果媒体放弃了引导责任，只是机械地、镜子般地反映现实，也是一种失职的表现。

　　"以受众为本"的传播心态，决定着新闻报道的亲和力。不管何种媒体，要想赢得受众，稳定和扩大受众市场，就必须转变思维方式，从报道理念、报道方法入手，做好转轨变型这篇大文章。不如此，新闻报道就难以吸引人、感染人，也难以在新闻竞争中有所作为。

第五章

平等平视的报道视角产生亲和力

报道视角，即报道的站位或称立足点。视角（站位）不同，事物所呈现的影像不同。"横看成岭侧成峰"，就是观察的视角差异所带来的观察结果的不同。

新闻报道，也有一个"视角"即站位问题。一直以来，新闻传媒习惯了用"俯视"的角度报道新闻，习惯了高高在上、发号施令、指手画脚。这样的报道视角，导致媒体的兴奋点，群众兴奋不起来，造成了传受双方的隔膜与错位。久而久之，出现了报道视角上的"五多五少"现象，即领导视角多，群众视角少；工作视角多，生活视角少；正面视角多，侧面视角少；俯视视角多，平视视角少；宣传视角多，新闻视角少。报道视角上的这"五多五少"，所带来的直接后果，就是缺少吸引力、感染力和亲和力。

根植于"传者为本"心态的"俯视"视角，说到底，是媒体没有摆正与政府和受众的关系。长期以来，媒体的"喉舌"、"工具"功能，使媒体的传播信息、服务受众的功能被弱化甚至被屏蔽。在有些媒体眼里，新闻报道就是宣传，就是灌输，就是教育，新闻规律基本上被宣传规律所取代。"我写你看，我讲你听"的传播模式，使新闻报道尤其是政治经济报道充满了"必须"、"要求"等命令式、指示性语言。"十万读者说好，不如××书记、××长一人说好"，就是这种只对上负责、不对下负责或者说把对上负责与对下负责对立起来的"俯视"心理的写照。在本书第一

章第二节"'以人为本'需要亲和力"中，笔者曾谈到云南省陆良县发生一起在建煤矿与当地村民因施工引发纠纷，有关媒体在报道时使用"不明真相"、"一小撮"、"别有用心"等极端性语言，就真切地反映了某些媒体高高在上、"俯视"一切的旧有心态。虽然这些语言并不一定就是媒体记者自己撰写的，但即使是"照猫画虎"，按照当地有关部门提供的新闻通稿来撰写报道，那么，采编人员至少也应该扪心自问一下：这样报道是否合适？"提前定性"、"一棍子打死"的做法，究竟符合谁的利益，代表了谁的立场？再进一步说，假如发生纠纷的村民中，有自己的父母兄弟或其他亲属，采编人员是否也这样"铁面无私"？时至21世纪，采编人员的思维方式仍然停留在上个世纪60、70年代，不是很可悲、可憎吗？

"俯视"的报道视角，只会让受众产生逆反和排斥心理，无法得到受众的认可。磁铁和石头，永远产生不了亲和力。能产生亲和力的，必定有着共同的磁场，能产生共振效应。在日常生活中，我们经常看到：一个成年人，要俯下身子，降低自己的身体高度，才能和儿童对话；党和国家领导人在深入基层调查研究的时候，总是要到百姓的炕头上坐一坐，面对面地和百姓拉家常。有时，要抱一抱、亲一亲老百姓的孩子。所有这些，都让老百姓觉得：现在的领导人没有架子，特别亲民。新闻报道也是这样，只有把"教育人、引导人"与"尊重人、理解人、关心人"结合起来，采取亲情式的，温和式的平等报道视角，才能营造出得人心、暖人心、稳人心的浓厚舆论氛围。平视意味着平等，意味着尊重，意味着双方具有了产生亲和力的基础。

有一则小故事，再次生动地说明了平视的难以替代的作用：一位来自柏林饱受歧视的波兰学生，请求著名科学家爱因斯坦为他写一封大学的推荐信，并附赠一张爱因斯坦的签名照。爱因斯坦满足了他的请求，同时也向他提出一个同样的请求："你得答应也送我一张有你签名的照片，这样才平等"。这封推荐信和爱因斯坦的这句话，改变了这位波兰学生的人生，使其成为享誉物理学界的大学者，他就是莫费尔德。

爱因斯坦作为世界顶级的科学家，能对一位素昧平生的落魄青年，给予无私的帮助和平等的尊重，实在让人感动。联想到我们一些媒体的爱心报道、助贫报道，经常是以一种"施予者"的高高在上和"受助者"的感激涕零为切入点，甚至为了煽情，故意把被报道者的贫穷、眼泪和隐私一丝不挂地展示给众人看，完全没有尊重对方的人格。这种"爱心"，其实是以侵犯对方的人格尊严为代价的。媒体的这种居高临下、倨傲施舍的"俯视"姿态，只会伤害受助者的心灵。

金杯银杯，不如老百姓的口碑；金奖银奖，不如老百姓夸奖。无论什么样的报道，都是给受众看的。如果得不到受众认可，与受众产生不了互动与共鸣，就不能算作成功。因此，摒弃传统的俯视视角，转而采取平视的报道视角，让报道更具平民色彩，更具贴近性、更有生命力，是新闻报道改革求新的一项重要任务。

第一节　"平视"的内涵与作用

所谓"平视"的报道视角，就是平等地看待受众，从受众的需求出发，去观察事物，报道新闻。2003年11月19日，新华社曾播发一条新闻《新一轮改革将给百姓带来什么》，采取的就是平视视角。该新闻从百姓视角切入，解读党的十六届三中全会通过的《关于完善社会主义市场经济体制若干问题的决定》。按理说，该决定不但意义重大，而且理论性很强，一般读者不容易理解得透彻和深入。为了拉近报道与普通受众的心理距离，该新闻

围绕着"个人创业天地更阔"、"个人财产和投资消费将受到更好的保护"、"就业门路更广"和"织就社会保障安全网"等群众关注的 4 个热点问题展开，拉近了与百姓的距离，在心理上体现了与受众的接近性。类似的新闻还有很多。一个愈来愈明显的趋势是：只要找到新闻事实与受众的利益契合点、心理契合点，新闻报道就能最大限度地贴近受众，就能产生明显的磁场效应。

采用平视视角的报道，其作用概括起来，主要有如下几点：

一、有利于提升亲和力，进而产生持久的生命力

不但民生新闻、社会新闻等与受众利益攸关、可读性较强的新闻，比较容易为受众理解和接受，就连那些看似与受众心理距离较远、关系不够密切的会议新闻、经济新闻、时政新闻等，只要采取平视视角来报道，也能产生一定的亲和力。这对于肩负舆论引导重要使命的党报以及广播、电视来说，更具有非同寻常的意义和价值。因为目前的实际情况，恰恰就是上述媒体的上述新闻最缺少亲和力，而缺少亲和力的根本症结，也是由报道的俯视视角所带来的离心力。从心理学角度分析，人们普遍厌恶那种板着面孔的说教，因为受众接受新闻，其目的是为了获取对自己有用的信息，以及时了解外部世界的变动，并借以调整和规范自己的行为，使自己与变动的世界相适应、相同步，以免得与时代格格不入。同时，也希望通过媒体的报道，获取知识并愉悦身心。如果新闻报道所传递的信息与受众的需求不相吻合，特别是当这种信息使得受众必须以极大的耐心和毅力才能阅读时，多数受众就会弃之一旁，不愿再去遭受那份罪。反之，如果以朴实浅显的语言，亲切、随和的语气和充满关切的态度来报道，这种情况就会得到很大改观。所以，要增强新闻报道的传播效果，就要像春风化雨那样，让新闻报道走进受众心田，就要拆除阻挡在媒体与

受众之间的那道由"俯视"构成的樊篱。惟此，新闻报道才能获得生命力，才能实现由悬在空中到脚踏实地的转变。

二、有利于赢得受众信赖，扩大媒体影响力

"察其言，观其行"，是人们认识和评判一个人的基本做法。也就是说，考察一个人是否具有亲和力，不仅要看其说得怎么样，更要看其做得如何。"讷于言而敏于行"，是强调"行"，是要求人们少说多做，因为行动本身最有说服力。对于新闻报道来说，"讷于言"是肯定行不通的，一个浅显的道理就是：媒体是专门"说话"的机构，新闻报道就是其每天说的"话"。说真话、说实话，是"说话"的基本要求，说人们能理解的、有魅力的、亲切的话，是对"说话"的较高要求，一家媒体的报道，如果能坚持把这两种"话"说好，就会给受众留下深刻良好的印象。而印象一旦形成，要改变也很困难，因为习惯的力量是非常强大的。在日常的消费习惯中，人们认准了某种牌子的产品，就会长期购买。当别人非议这种牌子的产品时，心里往往不舒服甚至据理力争，为某种牌子的产品进行辩护。人们阅读报纸、收听收看广播电视节目时，也大致如此。我们之所以强调新闻报道要有亲和力，就是因为具有亲和力的报道，往往反映着媒体的亲和力。相反，说空话、说套话，板着面孔教训人，居高临下"指导"人的报道，也在某种程度上，说明媒体亲和力的欠缺。新闻报道的亲和力，和媒体自身的亲和力相一致。如果新闻报道具有亲和力，媒体的影响力就会扩大，就会立于不败之地。

三、有利于拓宽报道视野，给受众以全新感受

"新闻每天发生，视角各有不同"。央视经济频道《第一时间》栏目的这句宣传语，阐释了这样一个理念：新闻事件是客观

的，记者观察和报道的视角则是主观和能动的。从央视 2008 年"两会"报道推出的《柴静两会观察》、《小丫跑两会》、《小撒探会》、《泉灵看两会》和《网眼看会》等一系列栏目中，我们不难发现：央视力求以记者的个性化眼光，挖掘"两会"的与众不同之处，以给受众带来全新感受。但不管由谁来"看"、来"跑"、来"探"，在视角上都是平视的。正如张泉灵所说："采访中我们看两会的视角不再是俯视，而更多的是一种平视的关系，与代表、委员交流的话题也都是关于百姓的家长里短"。

俯视带来倨傲、冷漠和对立；仰视带来自卑、屈从和盲目；斜视带来"有色"观点和看法。这些，都会在不经意间对报道对象造成伤害，在媒体和受众之间形成一道鸿沟、不利于建设和谐的传受关系。唯有以平等之心、无分别之心对待所有人，以无上下之分、无尊卑之别的平视视角，突破认识和判断上的各种障碍，才能真正开拓新闻报道的天地，使新闻之泉源充分涌流。试想，如果以传统的俯视的报道视角来看"两会"，央视的"两会"报道能像现在这样五彩缤纷、为受众津津乐道吗？

新闻媒体作为社会形象的代言人，采用平视视角、平民方式来传达"民生内容"，可以实现其告知、引导功能；采用平视视角、平民方式报道政务信息，也可使枯燥、乏味的这类"鸡肋新闻"，拉近与受众的心理距离。

当然，平视的报道视角，只是就报道者在报道时所应采取的立场和态度而言的，并不是说，新闻报道的水平也必须同受众完全一致。事实上，新闻报道在对事物的分析和认识上，可以而且应该高出一筹，可以而且应该想得更深一些，看得更透彻一些。不然，新闻报道就担负不起引导舆论、引导社会前进的历史重任。这一点，是需要着重予以说明的。

那么，新闻报道如何做到平视呢？

第二节　戒功利、去浮躁才能"平视"

功利，即功名利禄；浮躁，即轻浮急躁。功利之心和浮躁之气，既容易形成短视，更容易形成仰视或俯视。因而，要平等平视，就必须戒功利之心，去浮躁之气。

追名求利，是人的本能。尤其是在市场经济社会，人们总想以最小的付出获得最大的回报。然而，如何才能获得最大回报？一种办法，是通过苦练内功，打牢基础，全面提升自己的水平和实力，然后抓住机遇进行扩张，做大做强；另一种则是投机取巧，或弄虚作假、或坑蒙拐骗，通过种种不正当的手段来谋取利益。无数事实证明，依靠前者，往往能获得大利润；而依靠后者，则往往竹篮打水一场空。之所以如此，就在于前者从基础做起，循序渐进，而后者则过于急功近利，总幻想着天上掉馅饼。就拿经商做生意来说吧，前者以诚信为本，童叟无欺，对所有顾客一视同仁，不因利小而不为，结果赢得了大批回头客；后者则看人下菜碟，仰视尊贵者而鄙视卑贱者，结果，不但失去了卑贱者，就连尊贵者也不再回头。推而广之，凡功利之心过强、浮躁之气过重者，无不事与愿违，求名而不得名，逐利而不获利。相反，把求名获利作为奋斗的理想和目标，从小事做起，从点滴起步，反倒能一步一个脚印，不断地创造新的辉煌。

新闻媒体的报道也是这样。太过功利、太过浮躁，总是向上或向钱看，弃普通受众于不顾，最终必将失去受众，失去市场。

因此，要真正做到平等且平视，就一定要戒功利之心、去浮躁之气。

具体来说，就是要做到：

一、放低身段，代民立言

新闻报道是否能赢得受众，关键是看其所报道的事实，能否击中社会绷得最紧的那根弦，能否仗义执言、代民立言。

我们时常听到"镜头朝下唱民歌"这句形象的话语，其意思是说，新闻传媒的镜头要对准百姓，围绕老百姓来进行报道。因此，就不能"仰视"上层，"俯视"下层，让老百姓感觉到新闻报道高高在上，比"领导"还"领导"。美国学者德弗勒曾经提出过媒体可依赖理论，这种理论认为，一种新的媒介在社会站稳脚跟后，受众与媒介就会形成一种依赖关系。这种关系具有双向性质，但相互依赖中较强的一方是媒介，它们主要从传播内容方面控制着人们。人们越是指望收到有用信息，他们的依赖性就越强烈。我国新闻媒体的实践也证明了这一点：越是放低身段、放平视角的媒体，受众的信任度和依赖感就越强。

过去，我们有些报道着眼于领导和上层多，着眼于群众和基层少。采编人员习惯了跑机关、"泡"会议，无法分身下基层。即使到了基层，也是"身在曹营心在汉"，并没有真正放低身段，和被报道对象同甘苦、共命运。更有甚者，以怜悯、赏赐的心态对待基层百姓，自觉不自觉地认为：没有我的报道，你做得再好也无人知晓，是我为你扬了名，你应该感谢我。这种把新闻报道异化为个人获利手段的心态，使作为社会公器的本应是纯洁的新闻报道，沾染上了浓厚的功利色彩和铜臭气。由于这种畸形的认识和心态，新闻工作者便成了"钦差大臣"，成了"救世主"。不但对接待条件挑三拣四，而且指手画脚，颐指气使。表面上看，这是采访作风问题，实质上，是曲解新闻报道性质、将采编人员"官"化的思想问题、认识问题。

二、平民心态，真实表达

有传播学者指出：要在新闻中体现"对话精神"，使新闻报道更具民主色彩，而做到这些的先决条件是新闻媒体自身的"平民心态"。只有真正坚持平民心态，才能在报道时体现"平民视角"，从根本上摒弃亲民意识淡薄、居高临下式的报道。

1998 年 3 月 19 日，在九届全国人大一次会议举行的记者招待会上，凤凰卫视记者吴小莉曾向刚刚就任国务院总理的朱镕基提出一个令人感到十分大胆和新颖的问题："海外媒体对你评价相当高，外界有人说您是铁面宰相，或者是经济沙皇，在您的铁腕政策之下，外传在您进行机构改革、宏观调控的过程当中，对您的家人有一些不方便和困扰。想请您谈一谈您在进行改革过程中的心路历程，有没有沮丧过，想要放弃过？"

吴小莉向新任总理提出的这个问题，非常直率。这在大陆媒体的记者提问中，是相当罕见的，也正是这次提问，让大陆公众认识并记住了吴小莉。事后，吴小莉在谈及她的这次提问时说："我很好奇，我就想提这个问题，我相信我的观众也很好奇。达官贵人是人，我们也是人，我真的想知道，铁汉的背后有没有柔情。任何一个人都会有非常人性的一部分，而人性的部分是受众最爱看的、最想看的。"

这段话，是对"平民心态、真实表达"的最好诠释。在吴小莉眼里，伟人也有凡人的一面，大人物也有和小人物一样的情感。她所提出的问题，不仅是她个人的，也是千千万万的受众想提的，是平民心态的一种真实表达，然而，这样的略显尖锐的问题，大陆媒体记者几乎是不可能提出的。不是他们想不到，而是有所顾虑、不敢提，怕因此遭受非议。从这种意义上说来，平民心态的真实表达是不容易做到的。也正因为难以做到，所以才更显珍贵，

更需要提倡。

三、人格平等，体现尊重

报道的平视视角，还体现在尊重受众的人格、平等地与他们交流和探讨。

人只有社会分工不同，而没有尊卑贵贱之分。在媒体记者眼里，所有的采访对象，不管他们职务高低、财富多少，都只是新闻事件的当事人、知情者而已，在人格上是一律平等的。即使是罪犯，他们犯了罪，理应受到法律的制裁，却不应受到人格上的污辱。过去，新闻报道中的"贴标签"、"脸谱化"，往往体现了人格上的不平等对待：英雄模范从小就根红苗正，犯罪分子从小就顽劣不堪，坏事做尽，"出身"决定了一切。这是唯心主义的表现。马克思主义辩证法告诉我们：事物（人物）都是变化的，即使是贪污腐化、穷凶极恶的犯罪分子，他们出生时的第一声啼哭，也是美妙动人的。他们之所以贪污腐化、穷凶极恶、必然有一个蜕化过程，必然有一块滋生腐败或形成犯罪的土壤。因此，惩罚他们的犯罪、改造他们的灵魂，并不等同于肉体上的虐待和人格上的鄙视。

人格上的平等，也体现在对所谓社会精英人士的报道中。歧视"下层"人群而仰慕"上层"人群，往往是社会的通病。新闻工作者有时也不例外。对这些精英人士（包括领导干部、专家学者、富豪老板等），人们充满敬畏之情、仰慕之情，媒体在报道时，自觉不自觉地呈现出溢美多、粉饰多的现象。即使是同样一种做法，因为身份、地位的不同，人们也会作出不同的评价：老百姓披头散发，被人称为邋遢。艺术家披头散发，则被称为气质或风度；老百姓偷牛，要被送去坐牢。窃国贼偷了"国"，则被称为元勋和英雄；"窃钩者诛，窃国者侯"，《庄子·内篇·逍遥

游》所指出的这种不平等现象，自古以来就存在并得到延续。这说明，等级观念、门第出身意识，是造成人格不平等的根源或症结所在。

新闻报道的亲和力，来自平等和尊重。平等和尊重不仅仅是对某些弱势人群而言的，也是对社会主流人群即掌握决策权、话语权、消费权等等的人而言的。只有不卑不亢，不俯视也不仰视，时刻保持健康、积极的人生态度和职业态度，新闻报道才能赢得大多数受众的信赖和尊重。这一点，是经过大量实践被充分证明了的。

第六章

有用有益的内容强化亲和力

《南方日报》总编辑杨兴锋在《怎样做"读者必读的新闻"》一文中曾指出：以前办报倡导用"可读"来打开读者的世界。于是，不少报纸用大量的负面新闻、社会新闻来取悦读者。但这些负面新闻容易引起当地政府和职能部门的不满。这样的新闻，也与权威政论媒体的形象和定位不相符。所以，我们要做读者必读的新闻，就应该从百姓细微的日常生活中寻找题材，关注民情舆情、民风民俗、城乡探幽、百姓故事，深入百姓社区生活，通过各种可能的渠道，用敏锐的触角感知百姓的习惯爱好、思想变化、情感倾向、忧心顾虑等等。

从"可读"向"必读"的转变，提出了报道内容必须"有用"且"有益"的问题。而有用且有益，是新闻报道内在亲和力的构成要素之一。无用的垃圾新闻，自然无法感染和吸引受众；虽然具有某些趣味，但格调低下甚至会产生某些负面效应的"无益"新闻，也照样会让受众反感或腻烦，依旧不能产生情感和认识上的亲和力。

第一节 有用性是产生亲和力的前提基础

什么样的新闻有用，似乎是个很难回答的问题。"萝卜青菜，各有所爱"。不同的受众，对新闻的有用性会作出不同的回答：

家有考生的受众，对中考、高考政策变动特别关注，凡是涉及这方面的新闻，都会不遗余力地进行搜索和浏览；

打算购房、买车的受众，对于房价、车价以及与此有关的种种问题也会特别留意。外地的房价涨或落了，本地的房价会不会也跟着涨或落？外地的新款车上市了，本地是否也会很快上市？另外，与车价、房价密切相关的土地以及石油、钢铁等的价格变化、发展走势，也会引起他们的密切关注。

股民对于国际股票市场行情、对于国内金融投资政策等的变化会比一般受众感兴趣得多。这些变化，直接影响着他们的投资收益。股票市场趋好，他们会手舞足蹈；股票市场低迷，他们会感到沮丧。因此，凡是有关股票证券以及相关的新闻，他们都会认真阅读或收听收看。

……

需求不同，兴趣点、着眼点不同，对新闻报道的喜好程度也不同。这是利益的相关性所带来的对新闻有用性的直接理解。除了这些与个人需求甚至个人经历、爱好、情感相关联所产生的喜好因素外，未知的、能增长知识、陶冶情操、产生愉悦或憎恶等心理反应的新闻内容，也为受众所喜好。比如：火星、水星等星球上究竟有没有水，中东的战况如何、和平进程又遇到什么新问题等等，也能引起受众的普遍兴趣。这些内容虽然与受众的眼前利益、切身利益并无直接关联，但人类所具有的好奇心和求知欲，也能激起他们的了解欲望，也会产生一定的亲和力。

一、新闻有用性的三种类型

一般说来，新闻报道的有用性可体现为如下几个方面：

1. 与受众的直接、眼前利益密切相关，为受众所迫切需要

这部分新闻，对象性比较明显，专业特色、地域特色比较突

出。举个例子来说，棉花的价格多少，最关心的是棉农，因为价格高低直接影响到他的收入。同时，纺织企业也比较关心，因为棉花价格决定着产品的成本。成本越高，企业效益就会越低。对于消费者来说，则会增加支出。也就是说，对棉花价格最敏感的是棉农和棉花纺织企业。而非棉农和非棉产品消费者，则对此兴趣不大或不感兴趣。换句话说，有关棉花价格的新闻报道，只对棉农、棉花纺织企业和一些棉产品消费者有用。同样的道理，不炒股的受众，对股票市场行情、对某支新股票上市不感兴趣，觉得无用；没有孩子考学的家庭，一般也对中高考的新闻报道没有兴趣。

2. 与受众的根本和长远利益相关，为受众所渴望了解

这部分新闻，涉及到所有受众，与所有受众的根本和长远利益相关。现代社会，空间距离被缩小，心理距离被拉近，许多事情，往往牵一发而动全身。因而，那些关乎社会稳定与发展，关乎人类生存与进步的大事情，很难说只与哪一部分受众相关。比如，我党所提出的科学发展观，就关涉到所有地区、所有行业的所有人群。科学发展观的核心是"以人为本"，内涵是全面、协调、可持续发展。这其中，包括统筹城乡发展、统筹区域发展、统筹经济社会发展、统筹人与自然和谐发展、统筹国内发展和对外开放。可以说，科学发展观囊括了我国政治、经济、文化生活的各个方面、各个部分。在这个科学发展理念的指导下，人被放在了最重要、最突出的位置，所有与人相关，与人的生存、发展相关的新闻报道，都会引起受众的热切关注。近些年来，我国在农村地区实行的免除农业税政策、粮食直补政策、新型合作医疗政策、新民居建设、家电下乡以及各种惠农政策，在城市实行的棚户区改造、经济适用房建设，在不同地区实行的西部开发、中部崛起和东北振兴等战略，就都是落实科学发展观的具

体措施。这些关乎国计民生、关乎亿万群众福祉的政策和措施，涉及人们的根本利益和长远意义，因而为绝大多数的受众所渴望了解。

3. 与受众的求知、求乐需求有关，为受众所愿意了解

"秀才不出门，便知天下事"。古代的秀才们之所以足不出户，也能知晓天下发生的各种大事，是因为秀才博览群书，从广泛的涉猎中获得了丰富的知识。古时，没有报纸，没有广播、电视，更没有网络，秀才所获得的知识，无非是早已成为历史的典籍。今天，人们足不出户便知天下事已成为常态。不过，获得知识和各种信息的渠道，除了书籍，更主要的是报纸、广播、电视和网络、手机等传播媒介。这些现代化的传播媒介，不但承载着大量的信息，而且承载着方方面面的知识。人们阅读报纸，收听收看广播电视，上网查询和浏览，就能达到学习知识、增加学问、开阔视野的目的。可以说，现代传播工具所提供的，是享受不尽的具有多种营养的知识大餐。这一点，是古代的秀才们所望尘莫及的。

从另一方面来说，求知求乐也是人的本性使然。作为一个健全的正常人，不仅需要物质方面的追求，也需要精神方面的追求。工作累了，需要听听音乐来放松；思想烦闷了，需要转移注意力，或找人聊天倾诉，或找本杂志，或找张报纸，让自己获得解脱。更主要的是，人要想在社会上有所作为、有所成就，就要不断地丰富自己，增加自己的知识内涵。一个人，不管学识多么渊博，总有自己的知识盲区，"尺有所短，寸有所长"，所以，他就要不断地向别人学习，向具有某一方面专长的人学习。新闻报道，可以提供方方面面的知识。比如，我国的"神五"、"神六"、"神十"相继飞上太空，新闻不但告诉人们这个重要的信息，而且还会提供大量的背景资料以及相关知识，回答人们的种种疑问。诸

如人在飞船上如何吃饭、睡觉、上厕所；如何和地面保持通讯联络，如何采集各种数据等等。这样，就加强了人们对太空的认识；再比如，某地发生海啸，造成重大人员伤亡。新闻报道也会告诉人们：海啸是怎样发生的、为什么发生，海啸发生时有什么征兆，如何躲避？如此，人们不但获得了重要信息，而且了解了相关知识，使自己的求知欲望得到了满足。正是因为新闻报道的信息含量、知识含量比较大，所以，人们才离不开新闻传媒的报道，才感到新闻报道的有用性。

从新闻报道中获得精神愉悦，也是新闻报道有用性的体现之一。从本质上来说，人们都是求真向上爱美的。尽管每个人对真、善、美的理解会有所不同。但一般来说，扶危济困、修桥补路的行为，人们都会认为是善的；热爱生活、创造和谐的行为，都会认为是美的；追求事物本来面目、为着某个目标孜孜以求不断探索的行为，都会认为是真的。即使被人们所深恶痛绝的假、恶、丑，也会起到警示、诫勉的作用。因而，受众接受新闻对真、善、美的报道，自己的心灵会得到净化，情操会得到陶冶，精神会得到升华。从根本上来说，这是最大的乐。或者说，受众对"乐"的追求，并不仅仅是感官上的短暂满足，而且是内心深处、精神层面上所产生的愉悦感。

上述 3 个方面的有用性，是与受众的利益、需求紧密相连，并由各自的利益、需求决定的。新闻与受众的利害关系越直接，新闻的有用性就越大。反之，就越小。有些新闻，所报道的事情与受众虽然没有直接关系，但事情就发生在他们周围，与他们有着地域和心理上的接近性，他们也同样觉得有用，因为这则新闻帮他们了解了外部世界的变动。有些新闻，所报道的是世界其他国家的事情，与受众没有地域或心理上的接近性，利益、需求上的联系也不紧密，有用性就小一些。但如果发生在遥远国度的事

情牵涉到本国、本地区甚至受众本人，那么，新闻的有用性就会极大地增加。总之，新闻的有用或无用，是与受众利益、需求须臾不可分割的。

二、新闻有用性的三种体现层次

信息、知识、思想，是新闻有用性的三个基本体现层次。

新的信息，是新闻有用性的第一个层次。

一则新闻，总要告诉给受众发生了什么事。这件事带来了什么结果以及为什么发生。也就是说，新的信息要包括是什么、如何和为什么这三个方面的内容。即使事情发生的原因需要经过调查之后才能找出，暂时还不能在第一时间告知受众，那么，发生了什么事以及这件事发生时的状貌、结果，却是应该也能够告诉给受众的。退一步讲，即使出于时效性的考虑，连事情发生时的状貌、结果也来不及报道，至少，也要告诉受众何时何地发生了什么事情。这个最新发生的事，就是新的信息，它能起到告知、宣示的作用。受众接触、了解到这个新闻之后，起码能有所收获。有所收获就体现了新闻的有用性。

在日常报道中，有些新闻恰恰把最有用的信息掩藏起来，而把一些无用、无价值的东西展示给受众看。比如：

本报讯　在昨天市政府常务会议上，市农办主任×××汇报了本市西部山区严重受灾和抗灾斗争情况。

事实是：一场百年不遇的特大暴雨，6 月 10 日袭击了某市西部山区，×××县和×××县交界处雨量最大，造成 22 人死亡，6 人失踪，10 万民众受灾，被毁农田达数万亩。

那么，为什么不把特大暴雨带来的严重后果直截了当地写进新闻的导语中，让受众"一眼便知"呢？要知道，这是受众最想知道的新信息呀！遗憾的是，新闻的采编者"犹抱琵琶半遮面"，

在导语中先交代市政府常务会议，再交代农办主任×××的汇报。会议和汇报是常态性的工作，并没有携带新的信息，和受众也无多大关联。但如果把百年不遇的特大暴雨作一交代，紧接着说明灾害的后果，就会引起人们的特殊关注。不但本地区的人关注，外地的人也会关注，因为生命无价，一场特大暴雨引起的人员伤亡，总会让人惊悸和震颤。

上个世纪90年代初，发生在北京的一则新闻曾在政界引起过不小的反响。这则新闻说的是：原北京市副市长×××因工程质量问题当众自罚一个月的工资。类似的事极少发生，属于比较新鲜且重要的信息，理所当然应该写进消息的导语。然而，新闻的原稿却将其湮没在冗长的叙述中。原稿的开头是这样写的：

本报讯　今天上午9时，副市长×××又一次来到亚运村安慧里2区18号楼，与前几天不同的是，今天他带来了城建系统几乎所有的局长、总经理。

这栋25层高的住宅楼建筑质量实在太糟糕了，楼内的墙皮脱落，屋内板墙裂缝，部分厨房、厕所的地漏竟高出了地面。这幢楼在建成一年零八个月后，迟迟住不上居民。

……①

颇有点"博士卖驴"的意味！已经写了两段，仍没有出现×××自罚的信息。或许，作者这样先交代背景，是为了造成悬念，但把最重要的信息湮没在一般性的叙述中，违背了新闻报道要把最精彩、最重要、最新鲜的事实放在标题和导语中予以突出的原则，有些本末倒置了。

没有新的信息宁可不写，要写就必须告知新的信息。这是新

---

① 刘明华、徐泓、张征：《新闻写作教程》，中国人民大学出版社2002年版，第156页。

闻报道的基本要求。反观我们的许多所谓的新闻报道，除了地名、人名是新的，内容几乎千篇一律，谈不上有什么新的东西。这样的新闻，怎会让人喜欢，怎会有亲和力呢？

新的知识，是新闻有用性的第二个层次。

在获得新信息的同时获取新的知识，是受众接受新闻报道时的期待，也是新闻报道富有亲和力的表现。在今天的"知识经济"时代，知识就是力量、知识就是财富的特点更加突出。这是因为，在科技、通讯以前所未有的速度发展，社会向着多元化变化的时候，人们遇到的新事物、新问题也越来越多。并且，新事物、新问题发生演变的频率之快，往往使人们措手不及，来不及理解和应对。为了尽可能消除这种不确定性，及时对事物的发展作出判断并找出解决问题的方法，人们除了需要获取这个事物的信息，还迫切需要有关这些信息的知识去解释它、认识它。以往，新闻报道是通过穿插背景资料的方法来增加信息含量的。现在，除了添加背景资料，新闻报道还往往采取相关链接的方法，来展示相关事实的多个侧面，使受众对基本事实有一个综合、立体的认识。

比如，2009 年 7 月 11 日，著名国学大师、北京大学教授季羡林在北京逝世。季羡林学贯中西，享誉海内外，被称为"国宝"和"泰斗"。然而，季羡林一生的成就究竟有哪些，分别是什么？许多人并不清楚。有关季羡林先生逝世和遗体告别仪式的新闻报道，除了反映社会各界对季先生的怀念、追悼活动外，还连篇累牍地介绍了季先生的年谱、作品和成就，帮助公众更深入、更系统、更全面地了解季羡林。其中，在主要成就方面，相关报道列举了 10 个方面：

1. 印度古代语言；
2. 佛教史研究；

3. 吐火罗语研究；

4. 中印文化交流史研究；

5. 中外文化交流史研究；

6. 翻译评介印度文学作品及印度文学研究；

7. 比较文学研究；

8. 东方文化研究；

9. 保存和抢救祖国古代典籍；

10. 散文创作。

报道还在每一项成就后面，列举了季先生的主要译（著）作品及相关评价。这样，受众在了解了这些主要成就之后，对季羡林先生的贡献和之所以被誉为"泰斗"、"国宝"，就有了基本认识，对季先生遗体告别式上的那副对联"文望起齐鲁通华梵通中西通古今至道有道心育英才光北大，德育贻天地辞大师辞泰斗辞国宝大名无名性存淡泊归无名"就有了更深的理解。

2009 年 11 月 2 日，创业板首批 28 家公司上市仪式在深圳举行。创业板上市，是我国证券业的一件大事，为亿万股民和众多中小企业所关注。然而，创业板的概念及特点是什么，设立的目的、买卖的规则是什么？这些与创业板息息相关的知识介绍，就成为受众最关心的问题。有关媒体在报道创业板上市的新闻时，大都刊载了相关知识介绍，使公众对创业板这个比较陌生的概念有了一个初步认识，同时，也起到了帮助自己决策的作用。试想，如果没有这些知识介绍，接触新闻的受众大多就会一头雾水，不能也不敢就此作出投资决策。

知识是人类认识自然、认识社会、认识自身的工具。人们对知识的汲取和把握，除了向书本学习、向实践学习外，一个主要的渠道，便是向各种传媒的新闻报道学习。"报纸是人民的教科书"，此言并不为过。

新的思想，是新闻有用性的第三个层次。

"比信息、知识更高一个层次的是思想"①，有思想深度的新闻报道，现实针对性强，影响力大，亲和力也更加明显。

思想深度决定新闻报道的影响力和亲和力。这是因为，人都是有感情、有思想的，能够进行交流、进行碰撞的，也只有思想。众所周知：在人物通讯写作中，不仅要写典型人物做了些什么，更要揭示典型人物的思想境界，写他（她）为什么这样做。比如，2009 年 11 月，新华社播发了一篇"暴走"妈妈"割肝救子"感天动地的通讯，说的是武汉市江岸区一位叫陈玉蓉的"妈妈"，为了给严重肝硬化、亟须做肝移植手术的儿子叶海斌捐肝，在 7 个多月的时间里，每天"暴走"10 公里，成功减肥 8 公斤，终于消除了自身的重度脂肪肝，顺利进行了肝移植，被誉为"伟大的母亲"。通讯在描写陈玉蓉听从医生建议，开始自己的"减肥"计划时，有这样一段描写：

从此，湛家矶长长的堤坝上，活跃着一个妇女"暴走"的身影。堤坝上一个来回正好 5 公里，早晚各走一次，正好 10 公里。

为快速减肥，在大量运动的同时，她每天只吃很少量的米饭和青菜。运动量大，吃得少，她有时走得两腿发软，眼冒金星，好几次都饿得差点晕倒。儿子叶海斌回忆说，妈妈有时夹块肉送到嘴边，又急忙塞回碗里去。

"有时我也感到看不到尽头，想放弃。但我坚信，只要多走一步路，少吃一口饭，离救儿子的那一天就会近一点"。陈玉蓉说。

"救儿子"，这个融化在血液中的坚定信念，支撑着陈玉蓉这位 55 岁的"伟大母亲"，春去秋来，风雨无阻，在 7 个月里，走

---

① 刘明华、徐泓、张征：《新闻写作教程》，中国人民大学出版社 2002 年版，第 89 页。

破了四双鞋，减掉了 8 公斤体重，最终消除了重度脂肪肝，使自己的肝符合了肝移植条件，圆了"割肝救子"的梦，以至于实施手术的华中科技大学同济医院消化内科主任田德安教授连声感叹，从医几十年，还没见过一个病人能在短短 7 个月内消除脂肪肝，"没有坚定的信念和非凡的毅力，肯定做不到"。

"母爱无疆"。陈玉蓉的事迹播发后，在全国产生了很大的反响。尽管这只是一个普通人，但她"暴走"减肥、"割肝救子"的行动，她只要"多走一步路，少吃一口饭，离救儿子的那一天就会近一点"的坚定信念，让人唏嘘不已并深入反思：儿女对待父母，是否也能这样做？

英雄模范人物也好，普通人也罢，都是有血有肉有情感的。"心有灵犀一点通"，能在彼此之间进行沟通、架起一道桥梁的，唯有情感和思想。多少年来，雷锋的"生命有限，为人民服务无限"，焦裕禄的"吃别人嚼过的馍没味道"以及许许多多人对事业、对生活、对生命、对家庭的那种理想、信念，支撑起我们民族的脊梁，引导着千千万万人去拼搏、去奋斗，去推动社会发展，去筑起美好生活。信念、思想是无形的，其蕴含的力量，又是巨大的。

"只有写出人，才能影响人。而要表现人物，重要的或许不是他们的事迹、能力、机遇、成就，因为人的生活受到社会环境的制约，自己常常难以改变命运。因此，人与人的出身、阅历、文化背景、面临的机遇很难相比，所以人的能力和成就也就很难相比。难以相比的东西就很难打动人。……与能力、机遇不同的是，人的心灵具有相似性，是易于沟通的。无论先进人物还是反面人物，无论大人物还是小人物，他们的精神追求、人生哲学是现实社会中的一面面镜子，能够照出各色人的心灵，或激励斗志、陶冶情操，或警示心灵、启迪思路。因此，这种精神、思想情感是

最容易感染他人、震动心灵的"。①

不仅人物报道要写出思想，事件和经济报道等也要揭示其内在价值，体现出独特的见解和观点。"新闻创造价值"，就是指的新闻所具有的解疑释惑、指点迷津作用，能够给人以启迪甚至帮人作出决策。

在市场经济条件下，政府、企业和个人都需要作经济决策，而决策往往意味着选择。一个项目，上还是不上？一项投资，投还是不投？要能作出正确决策，以求在各种市场力量之间博弈并追求利润的最大化，就离不开各种有效信息的帮助。人们读报纸、听广播、看电视或上网了解信息，希望从中获取与他们利益相关的经济信息、政策信息、观点信息。每一项政策的发布，每一个规则的修订和调整，都孕育着商机。受众希望媒体对各种政策和规则进行深入解读，对社会发展、经济发展的走势作出判断，对各种热点、难点问题作出分析并提出建设性意见。我国的财经类报纸《21 世纪经济报道》等之所以受到广泛欢迎，主要原因，就在于它们不断追求新闻报道对目标读者的有用性，不断为受众提供有分析、有见解的优质经济报道。

综上所述，可以看出：新闻报道的有用性即在某种程度上满足受众需要，是报道亲和力的构成基础。不管这种有用性是与受众的直接和眼前利益相关，还是与受众的间接和长远利益相关，也不管这种有用性是信息、知识方面的，还是思想、精神方面的，总之，都要使受众能有所收获、有所裨益。这种有用性，实质上，也是新闻作为一种特殊商品的使用价值的体现。正是因为其具有使用价值，受众才觉得花钱订报纸、花钱听广播、看电视、上网

---

① 刘明华、徐泓、张征：《新闻写作教程》，中国人民大学出版社 2002 年版，第414 页。

等能够物有所值。否则，受众就会觉得上当受骗，既浪费了财力，又浪费了精神，就不会接触媒体的新闻报道。如此，将是新闻报道的悲哀，更是以传播信息、知识，以反映舆论、引导舆论为己任的新闻媒体的悲哀。

第二节　有益性是报道亲和力的必然要求

"开卷有益"，是教导人们多读书、读好书的箴言，也是从书中获得教益的人们的深切感受。诚然，读书可以使人长知识、增智慧、明事理、开眼界。一个人不可以不读书，一个民族更不可以不读书。

但仔细追究起来，"开卷"是否有益，那要看"卷"的内容究竟是什么。诲淫诲盗的书，就不但无益，而且有害。死读书、读死书，钻进去而跳不出来，也未必是一件好事。

新闻报道也是这样。从总体上来说，"报纸是人民的教科书"。报纸新闻（广播、电视新闻同样如此），经过采编校改等许许多多人的劳动，经过一道道程序的把关，明显有害的东西大致被淘汰掉，健康、积极、有益的东西则被保留下来并传播出去。也正是因为如此，人们接触媒体的新闻报道，不但觉得有用，而且觉得有益。现在，我国的一些中小学甚至开设"媒介素养"课程，意在提高青少年以及公众利用媒介为个人或社会所用的能力，就是新闻报道总体有益的明证。

不过，在媒介竞争的大环境下，情况悄悄地发生了某些变化：一些媒体为了吸引受众眼球，扩大自己的影响力，不惜违背新闻职业道德，追逐一些不健康甚至低俗的东西。最突出的表现，是在"性"、"星"、"腥"上做文章，诱导、误导社会舆论。这些，虽不是新闻报道的主流，但其危害性、杀伤力却是不容低估的。

我们说，要增强新闻报道的亲和力，首先要做的，就是最大限度地减少以至消除某些报道的有害性。"一粒老鼠屎，坏了满锅汤"，不从源头上清除新闻报道有害性的积弊，新闻的有益性就得不到保障。而无益甚至有害的东西，必然引起公众的逆反，削弱新闻报道的亲和力，使新闻人的种种努力付诸东流。

一、新闻有害性的种种表现

虚假新闻、有偿新闻、"性、星、腥"新闻，是新闻有害性的几种主要表现。

1. 虚假新闻的表现

虚假新闻，历来是新闻报道的大敌。以报道最新发生的事实为己任的新闻报道，如果传播的事实整体或部分不真实，没有客观反映事实的本来面目，就会被称之为假新闻。而假新闻一旦出现，势必动摇受众对新闻报道的信任。不信任感一旦产生，亲和力也将荡然无存。

从根本上来说，瞎编乱造、完全虚构的所谓新闻，已经是越来越少了。就目前情况而言，虚假新闻主要表现在：

（1）未经核实，以讹传讹。

外电报道的东西，互联网上传播的东西，核实起来确有一些困难。但为了抢时效，有些媒体便冒着"失实"的危险，率先刊播出去。为了给自己留有余地，在标题制作上便费尽心机，以"？"的形式来表示该报道的不确定性。如果事后被证明该报道是假的，媒体也可以振振有词地说：我并没有肯定该事实的存在呀，我不是用了疑问的口气表示了该报道的不确定性吗？实际上，这是媒体的编辑人员在打"擦边球"，在推脱责任。因为，作为专职的新闻报道采编人员，对不确定的、没有把握的东西，有义务、有责任通过多种渠道和方法去核实。没有经过核实，自己尚且拿

不准的，就老老实实地放弃刊播。难道把质疑和核实的任务交给受众不成？偶尔一次，受众或许还能理解和宽容，经常如此，就是一种不负责任的表现了。

（2）采访不深入，局部和细节失实。

有些新闻报道，所反映的事实在整体上是真实的，但在某些方面或某些细节上是虚假的。这些不真实的方面或细节，局外人不容易发觉，但局内人却看得很明白。常言说："墙内开花墙外红"。为什么会发生这些情况，就是因为本地、本单位的人对所报道事情的来龙去脉非常清楚，哪怕是有某些地方或个别细节不真实，也一下子就能察觉。外地、外单位的人则是以真诚的态度、肯定的心理来对待报道。一旦这些失实的地方或细节被披露出来，同样会对整个报道产生怀疑。

上个世纪50年代初，一篇《马特洛索夫式的英雄黄继光》的通讯，曾在国内引起巨大反响。黄继光用自己的身体堵枪眼的事是真实的，这有黄继光的遗体和战友们的目击为证。然而，该通讯在描写黄继光的心理活动时，却用了这样一段合理想象：

一阵阵冷雨落在黄继光的脖子上。敌人的机枪仍然嘶叫。他从极度疼痛中醒来了。他每一次呼吸都会引起胸膛的剧烈的疼痛……黄继光又醒过来了，这并不是敌人的机枪把他叫醒的，而是为了胜利而战斗的强烈意志把他唤醒了……后面坑道里参谋长在望着他，战友们在望着他，祖国人民在望着他，他的母亲也在望着他，马特洛索夫的英雄行为在鼓舞着他……

这一段描写，确实令人感动。但细心的读者也不难发现：黄继光堵住敌人枪眼后就牺牲了，他的心理活动记者怎么会知道？没有别的，是记者"想象"出来的。既然这一段心理与情感描写是靠想象写成的，其他部分是否也是靠想象写成的？这样一来，新闻报道的可信性就打了折扣。真实性的基础不牢固，建立在这

个基础之上的所有材料，自然也经不住推敲和锤炼。如此，新闻非但不能被受众所认知、所接受，而且，受众也会由此及彼地产生联想：连报道事实的新闻都不可信，世上还有什么东西能让人相信？

（3）以偏概全，整体失实。

新闻报道除了报道某一具体事实外，许多时候，还要对涉及这一具体事实的大量相关事实进行整体的概括、综合与分析。这就是常说的点面结合法。就一般情况而言，对某个点上的具体事实的报道不容易失实，因为构成具体事实的何时、何地、何人、何事这几个要素是显性的，是我们的感官可以感受到、也容易核查的。但在对相关事实进行概括、综合与分析，特别是在揭示事实之所以发生的原因即回答"为什么"这个问题时，就容易出现失实现象。一句话，具体事实的报道容易做到真实，概括性、综合性报道则不容易做到真实。

比如，北京、天津、上海、广州等地的农村居民，年人均纯收入都能达到万元左右，生活相对比较富裕。就这些具体事实来说，无疑都是真实的。但如果就此概括说，我国农村居民纯收入达到或接近万元，整体上进入了小康水平，就显然不真实。同样，甘肃、青海、陕西等地的农村居民生活还相对贫困，人均年收入仅有2000—3000元。如果由此概括为我国农村居民还远远没有摆脱贫困，还处于饥饿或贫困状态，也不符合实际情况，也是不真实的。

新闻报道是对客观世界的真实反映，这一点毋庸置疑。但是，这一反映又不等同于复制、克隆。其一，是因为大千世界纷繁复杂，而任何媒体的版面或节目时段总是有限的，要以有限的空间、时间去反映无限的内容，只能经过挑选，择其重要、新鲜者反映之。这个选择的过程，必然受到政策和价值观念等多种因素的影

响和制约，有些能得到反映，有些则被隐去而得不到反映。其二，在反映的时候，也必然会容纳、掺杂着反映者的主观情感，如喜好的事情多加反映，憎恶的事情少加反映。比如，认为某人好的时候，则尽可能选择能反映其好的事例加以佐证；认为某人坏的时候，则千方百计选择能反映其坏的事例加以佐证。也正是从这层意义上来说，绝对客观、公正的报道是没有的，任何客观、公正都是相对的。由于媒体只能报道部分事实而不能报道全部事实（这被称为拟态环境），而对部分事实的报道又是经过层层选择的，所以，人们就觉得有些报道不够真实。举例来说，人们购买各种彩票，中奖的概率很低，尤其是中大奖的概率更低。但媒体报道的却都是中奖的消息。这样的消息多了，就使人们得到一个印象，买彩票可以一夜暴富。实际上，一万个人买彩票，可能只有一个人中奖，其余的都做了贡献。只报道一个人中奖，而不提其余的九千九百多人中不了奖，就是一种虚假的、整体上不真实的报道。为什么人们对媒体的宣传往往不信任，为什么总感觉到某些报道言过其实，就是这种以偏概全的片面宣传造成的。

以讹传讹造成失实或者是因采访不深入、不细致造成失实，抑或是因思想方法片面造成失实，都是对新闻报道亲和力的伤害。这种伤害，与有用且有益的诉求相去甚远甚至背道而驰。要保持新闻的有益性，至少要做到无害。因此，杜绝虚假的新闻，坚持说真话、说实话，坚持报道的客观、公正与平衡，是一项长期和重要的任务。

2. 有偿新闻的表现

新闻报道的公信力，建立在新闻无偿的基础上。读者购买报纸，购买电视机、收音机、电脑等已经付出了金钱，获得了使用这些媒介的权利。如果这些媒介所刊登、播出的新闻报道中再充满金钱交换的味道，就会引起受众的反感。不仅如此，以稿谋私、稿钱交换的报道，必然损害报道的公正和客观，损害媒体的声誉。

"吃了人家的嘴软，拿了人家的手短"。有偿新闻的"偿"字，在现阶段的表现已不是吃点喝点和拿点土特产，而是金钱和新闻的交换。你给我钱，我就替你说好话、做宣传，就可以把无说成有，把一说成二。夸大的、虚假的宣传报道，背后往往有着稿钱交易的影子。其具体表现为：

（1）在新闻报道中塞进广告的内容。

广告又可分为商业广告和形象广告等。商业广告，意在推销商品；形象广告，则重在推介企业形象，提升企业的市场知名度。广告是有偿的，这毋庸置疑。但以新闻的形式进行广告宣传，把公开的广告费变成好处费，把应交纳给媒体的金钱以红包的名义塞给个人，就不仅损害公众的利益，而且损害媒体的利益。这类在新闻中充塞广告的常见做法，是把企业或商家的开业、庆典、产品订货会、技术鉴定会等新闻价值不大或不具有新闻价值的东西以新闻的形式报道出来，并且，在新闻报道中详细描写产品的性能、作用，甚至把到何处购买这种产品也写得一清二楚。这样，受众就分不清是新闻还是广告。由于界限不清，受众的疑问和不满就由此而生：这不是鱼目混珠、挂羊头卖狗肉吗？这样的"新闻"，还可信吗？

（2）把新闻报道作为谋取金钱的手段。

采访谁，报道什么，选择和取舍的标准是新闻和宣传价值。但在目前的某些媒体和少数新闻从业者那里，金钱也成了选择和取舍的标准。也就是说，采访不采访，报道不报道，在某种程度上要看对方给不给钱和给钱的多少。对方给了钱，就投桃报李，用新闻报道去回报对方。对方给的钱多，就连篇累牍，之一之二之三搞连续报道；对方给的钱少，就发一篇简讯或短消息。当然，不是说所有的连续报道或简讯、消息一定是等价交换的结果，但

也不能排除等价交换现象的存在。有些媒体工作者，把金钱看得比新闻的声誉、媒体工作者的声誉重要得多。什么职业道德，什么专业精神，在金钱的诱惑面前简直不堪一击。这种把新闻报道当作谋取私利手段，把自己当成金钱奴隶的做法，腐蚀着新闻队伍，败坏着新闻文风，污染着受众心灵。现在，许多媒体出台严厉措施，重塑新闻队伍形象，扼制有偿新闻势头，力图以崭新面貌再造新闻报道亲和力，应该说是一项带有根本性的战略措施。

（3）有偿新闻的变种——有偿不闻。

不该报道的，拿了钱就去报道，谓之有偿新闻；应该报道的，拿了钱却不予报道，谓之有偿不闻。有偿不闻和有偿新闻一样，都是对新闻报道公正性、有益性的亵渎。在某种程度上可以说，有偿不闻甚至比有偿新闻更恶劣、危害性更大。

2002 年 6 月 22 日下午，山西省繁峙县义兴寨金矿发生特大爆炸，38 名矿工死亡。矿主为逃避罪责，将矿工遗体冒雨掩埋、毁尸灭迹，并破坏爆炸现场。其后几天，当地政府有关负责人和职能部门置事实于不顾，以"2 死 4 伤"的结论上报。

新华社山西分社接到死难矿工家属举报后，于 6 月 24 日赶到繁峙。但他们并未去矿难现场，而是先到了繁峙县委、县政府，受到了地方政府的热情款待。事后，新华社披露说："新华社山西分社记者鄯宝红、安小虎分别收受现金 2 万元、金元宝 1 个（价值约 2400 元）。记者王东平、谭旭各收受金元宝 1 个（价值约 2400 元）。"

6 月 27 日，陕西《华商报》和《中国青年报》接到举报，并先后赶到矿难现场。28 日、29 日，两家媒体先后披露了矿主非法转移、掩盖、焚烧死难矿工遗体和地方官员隐瞒真相的内幕。然而，作为权威通讯社的新华社对如此矿难却只字未发。

时隔一年后的 2003 年 9 月 15 日，新华社在报道繁峙矿难的进展情况时公开宣称："11 名记者在采访事故过程中收受当地有关负责人及非法矿主贿送的现金、金元宝，存在严重的经济违纪行为"。9 月 26 日，又发布 11 名记者受到纪检监察部门查处的消息。消息说，根据调查结果，决定给予新华社山西分社记者鄯宝红开除党籍、开除公职处分，给予安小虎留用察看处分，分别给予王东平、谭旭党内严重警告处分。在采访事故前后，《山西经济日报》、《山西法制报》、《山西生活晨报》3 家新闻单位的 7 名记者收受矿主杨兴治等人送的现金 4.5 万元，将由山西省纪检监察部门根据党纪法规的要求作出处理。

收了人家的金钱和金元宝，11 名记者便对矿难不予报道或不予深度报道，就属于典型的有偿不闻。有偿不闻，使公众对重大事情的知晓权被漠视，使本应公开、透明的信息被掩盖，践踏了人权，维护了犯罪，性质是十分恶劣的。试想，如果没有《中国青年报》等媒体的及时、公开报道，繁峙矿难死亡 38 人的真相何时才能大白于天下？由此可见，新闻传媒人要抵制物质利益的诱惑，牢记记者的职责，始终保持"富贵不能淫、威武不能屈、贫贱不能移"的高风亮节，是何等的重要。

有偿不闻的另一种表现，是个别媒体以舆论监督为名，变相索取金钱，行谋取私利之实。这是一种更加恶劣的做法。这种情况，大多发生在报纸版面的承包者中。有些经营不太景气的报纸，为了聚集资金，往往采取出租部分报纸版面的方法，以收取不菲的租金，而那些承租者唯利是图，故意派出人员四处找毛病，一旦发现问题，便写成批评报道待发。如果被批评单位在获知信息（版面承包者往往有意把信息透露出去）后奉上一份少则数千，多则数万的礼金，则不再刊发批评报道；否则，便将批评报道刊发出去。这虽是一种极少数的"害群之马"的不端行为，但对出租版面的媒体足以构成颠覆性危害。当然，这里的前提就是出租

或承包版面本身就是不正当的短期行为，是在禁止之列、整顿之列的。

有偿新闻或有偿不闻，非但不能构成新闻报道亲和力，相反，还使本来就不强烈的亲和力以加倍的速度损毁和消失。新闻媒体要打造新闻报道的亲和力，就必须从抵制有偿新闻和有偿不闻现象入手，从制度上、思想上筑起反对拜金主义、金钱至上的长城。对那些"害群之马"，则坚决地予以清除。对涉嫌犯罪的，要在司法机关进行法律制裁的同时，一并由党的纪律检查机关和行政主管部门作出相应处理。

就在本书写作之时，又传来消息：国务院对河北蔚县李家洼矿炸药燃烧瞒报事故的调查报告作出批复，依照有关规定，对这起事故的18名事故责任人做出严肃处理，分别给予党纪、政纪处分，另有48名涉嫌犯罪的责任人被移送司法机关依法追究刑事责任。特别值得一提的，是有多家媒体单位的记者曾参与采访，要求了解报道事故情况。为瞒报事故，矿主共支付260多万元用于收买记者。初步查明，10名记者涉嫌犯罪，等待他们的，将是党纪国法的制裁。

最新修改的《中国新闻工作者职业道德准则》（2009年11月9日已经中华全国新闻工作者协会第七届理事会第二次全体会议审议通过）强调：新闻工作者要严格执行新闻报道与经营活动分开的规定，不以新闻报道形式做任何广告性质的宣传，编辑记者不得从事创收等经营性活动；坚决反对和抵制各种有偿新闻和有偿不闻行为，不利用职业之便谋取不正当利益，不利用新闻报道发泄私愤，不以任何名义索取、接受采访报道对象或利害关系人的财务或其他利益，不向采访报道对象提出工作以外的要求；维护采访报道对象的合法权益，尊重采访报道对象的正当要求，不揭个人隐私，不诽谤他人。

新修订的条例从制度上为杜绝有偿新闻和有偿不闻提供了保证。

3. "性、星、腥"新闻的表现

"性、星、腥",分别是对色情、八卦和血腥的简称。这三种类型的所谓新闻,腐蚀受众思想、污染社会风气,是新闻报道有害性的较为集中和典型的表现。

健康的性科学知识,当然是需要宣传的;娱乐、体育和其他各行各业的知名人士,也为社会所广泛关注;从法制的角度报道各类案件,更是实施"依法治国"战略,普及法律知识、强化法治意识的必然。

然而,任何事情都有一个"度"。超过了这个"度",真理也会变成谬误。"性、星、腥"新闻,就分别是对性科学新闻和娱乐新闻、法制新闻的滥用或者误用。当这种滥用或者误用达到一定程度时,事情的性质就发生了变化。

2009年8月至10月,公安部等九部门联手,在全国范围内开展打击整治网络色情专项活动。11月,公安部再次作出部署,在全国开展新一轮打击、整治淫秽色情报道的重灾区。

在人们的印象中,街头、地摊的小报小刊,历来是各种色情新闻、八卦新闻和血腥新闻的滋生地。经过历次治理和整顿,这些小报小刊有的被取缔,有的自生自灭,制造和传播这些垃圾产品的基础似乎已不复存在。但不容否认,对于所谓"趣味性"、"刺激性"的追求,仍然使某些媒体在打"擦边球"上下功夫。

这些媒体,打着报道健康新闻,娱乐新闻和法制新闻的幌子,利用专刊、副刊、星期刊或文摘版,来兜售包裹着色情、八卦和血腥内核的东西。虽然所报道、所宣扬的东西不像某些小报小刊或网络、手机上所报道、所宣扬的东西那样赤裸裸、那样明目张胆,但至少也是"犹抱琵琶半遮面",看似无心实则有意地在推

销不健康、不积极的东西，并以此作为钓饵，来赚取"眼球"，试图扩大自己的"影响力"。

"八卦新闻"，是"性、星、腥"新闻中较有代表性的一种。对"八卦"的来历，大体有两种说法：其一，在粤语中，"八卦"的本意是搬弄是非，饶舌。某些娱乐记者和狗仔队为了吸引受众，到处挖掘明星的隐私广而告之，这样挖掘出来的新闻被称为"八卦新闻"；其二，在香港早期的杂志封面上，常常印有"八卦"的图案，而该杂志所刊登的内容，基本上是娱乐方面的。现在，人们在讲到"八卦新闻"时，常常取其第一种含义。

"八卦新闻"对"性"、"星"涉及最多。尤其是对娱乐明星的报道，几乎到了无孔不入的地步：×××明星怀孕了，×××明星生孩子了，×××明星离婚了，×××明星有了外遇了……只要是和明星有关，哪管什么鸡毛蒜皮、针头线脑，一概予以追踪报道。尤其是对×××一夜情之类的报道，更是不厌其详。2003 年以来，木子美、流氓燕、芙蓉姐姐、竹影青瞳等的报道，在各大报刊上就曾掀起过一阵阵的风潮。虽然这些人物大都是通过网络博客"走红"的，但若没有报刊等的推波助澜，也不会发展到如此不堪的地步。"性体验"、"用下半身写作"等词语，更不会成为青少年津津乐道的时髦话题。

在一些以"法制新闻"为名的报道中，关于凶杀、暴力场面的描写也是屡见不鲜。这些报道，大都是相互转来转去，并不署刊发媒体与记者的真名实姓，令人们无从探究其真假虚实。也有些报道，把实施犯罪的手段、细节一一展示出来，把警方破案的详细过程一一披露出来，无形之中，起到了教唆犯罪、强化犯罪嫌疑人反侦察能力的负面作用。

在人的本能中，有着窥探隐私、追求感官刺激的一面。"性、星、腥"新闻，正是针对人们的这种本能，以满足人们的这种低级趣味为诉求的。在目前社会中，青少年犯罪问题非常突出：强奸、盗窃、殴斗等屡禁不止。究其原因，家庭、学校固然难脱干系，但媒体的"性、星、腥"报道也有不可推卸的责任。有些媒体，为追求"眼球效应"，千方百计在标题上渲染，在内容上铺张，怎么耸人听闻怎么写，而不管其有没有、有多大负面效应。什么职业道德，什么媒体责任，统统弃之不顾。这种媒体，这种报道，有不如没有。这话虽然严苛一点，但从其所造成的危害来说，也并不为过。

二、始终坚持新闻的有益性

剔除虚假新闻、有偿新闻和"性、星、腥"新闻，是坚持新闻有益性的根本保证。在此基础上，新闻报道还要努力做到：

1. 有益于改革开放大局，发挥新闻的舆论引导作用

新闻的鼓动作用是巨大的。正确的、规模化的集中和深入报道，对于我国的改革开放和其他各项事业，有着集中智慧、凝聚人心、唤起千千万万人"同心干"的作用。这一点，在主流媒体的新闻报道中体现得更为明显。

主流媒体，素以重大题材的战役性报道为特色，其报道的权威性和影响力，较之一般媒体要大得多。这里的重大题材，是指带有全局性、根本性，以改革、开放、发展、建设为主要内容的题材。比如，我国各主要媒体关于和谐社会建设，关于落实科学发展观，关于东部腾飞、中部崛起、东北振兴和西部开发，关于社会主义新农村建设等等的报道，就都是重大题材的报道。这些报道，着眼于党中央、国务院和各地党委、政府的重大战略部署，着眼于人民群众的根本和长远利益，在营造浓厚的舆论氛围方面，发挥了独特和巨大的作用。虽然不能说所有这些报道都是可圈可点，值得肯定和赞扬的，但其中的相当一部分，所形成的社会影

响和所取得的传播效果，都是令人瞩目的。比如，2005 年 11 月至 12 月，上海《文汇报》和东方卫视联合推出的聚焦"黄金水道"大型纪行系列报道，就搞得有声有色，规模大、气势足，产生了强烈的冲击力和深远的影响力，受到了广大读者的关注和称赞。

这组关于长江"黄金水道"的报道，源起于上海的洋山港建设。洋山港，位于杭州湾，与长江出海口毗邻。洋山港的开港建设，不仅奠定了上海作为未来国际航运中心的基础地位，而且将直接拉动"长三角"即沪、浙、苏等地的经济建设，战略意义十分巨大。

《文汇报》和东方卫视联手开展的"黄金水道"系列报道，着眼于洋山港建设，却不局限于洋山港建设。他们把洋山港这个"点"和长江这条"线"连接起来，派出记者，历时 26 天，对长江流域内的重庆、湖北、江西、安徽、江苏、浙江、上海等七省二市的 17 座城市的党政领导进行了特别采访报道。长江流域人口占全国人口的 45%，GDP 占全国的 40% 以上。在重庆至上海的 2900 平方公里流域内，聚集了西部的重庆城市群、中部的武汉城市群和东部的"长三角"城市群，城市总量近 200 座。因此，《文汇报》和东方卫视策划的"黄金水道"系列报道，也就在更宽广的范围内，引起了方方面面的关注和重视。有媒体评论说：欧洲许多国家充分利用莱茵河，美国充分利用了密西西比河，我们也应当从一些投入少、收效大、环保安全的事做起，让长江这条中华"龙"尽快舞起来，让洋山大港如鱼得水，更好地发挥功能。《文汇报》和东方卫视的报道不但选择了合适的时机，而且有深度、有力度，对促进长江沿线的改革开放起到了很好的舆论引导作用。

从上述案例中可以看出：即使是工作性的报道，也完全可以做得有特色、有魄力，让人爱读、爱听、爱看。因为，工作性的

报道并不一定就是表扬谁或推广什么经验。工作性报道只要充盈着新的思想、新的理念，充盈着智慧和启迪，就能让人开阔视野，解放思想。上述"黄金水道"纪行报道之所以扣人心弦，就因为报道始终贯穿着这样一种理念：改革开放，必须跳出狭小的地域圈子，必须从河口走向海洋，连接蓝色文明。

2. 有益于社会和谐和民主、法制建设

在社会转型期，各个地区、阶层和不同利益群体之间的矛盾，会愈来愈突出、愈尖锐。如何化解矛盾，使社会的各个部分之间能够协调发展，是一个关涉到稳定、关涉到全局的大问题。新闻报道的有益性，就在于既正视矛盾、不回避矛盾，又能够通过反映和沟通，在政府和不同利益群体之间架起彼此联系的桥梁，促进矛盾的化解和问题的解决，使社会的各个部分能够均衡、持续、相对公平、公正地得到发展。

地区之间、城乡之间、工农之间、经济基础和上层建筑之间以及社会的其他各个构成部分之间，由于历史的原因，会存在着种种差别与不平衡。这种差别与不平衡，如果任其发展，会逐步加大，以至出现强者愈强、弱者愈弱的势头。作为以公正、公平为己任的新闻媒体，有责任通过自己的报道，把社会的这种真实面貌反映和揭示出来，以引起政府和社会公众的重视。如果只报喜不报忧，只说成绩不讲问题，有意或无意地采取视而不见、遇到问题绕着走的回避政策或"鸵鸟"政策，非但不利于矛盾化解或问题解决，而且会给受众留下一个大大的疑问：这样的媒体还可信吗？

正视问题是为了解决问题，剜去"疮疤"是为了保证肌体更健康。因此，客观、平衡地反映各个地区、阶层和不同利益群体之间的矛盾，特别是给予处于弱势的一方以更多的话语权，努力使各方面意见得到较为充分、较为平等的反映，是促进社会和谐

的不二选择。近年来，新闻媒体关于西部地区开发、开放的报道，关于保障农民利益特别是维护农民工权益的报道，关于妇女、儿童、老年人的报道，关于医患关系中如何保障患者的生命权、健康权的报道等等，就比较好地反映了困难地区和弱势群体的声音。人们发现，新闻媒体在守望社会、监督环境上，是越来越自觉、越来越成熟了。

既要发扬民主，又要健全法制。民主和法制，是保障社会和谐进步的两把利剑。没有民主，大家有话不能说、不敢说、不想说，整个社会就会死气沉沉，就没有生机与活力；没有法制，人们的行为缺少约束，整个社会就会无章可循，乱成一团。新闻报道在发扬民主、强化法制建设上，也有着不可推卸的责任和义务。近年来，新闻媒体纷纷开设《阳光访谈》、《有话大家说》以及各种各样的法制建设栏目，并为此投入了很大的精力，是值得肯定的。

3. 有益于人民群众精神文化水平的提高

综合实力的增强和物质生活水平的提高，对精神文化生活水准提出了更高的要求。人们接触新闻，希冀从中获得美感，使心灵得到陶冶、精神上获得享受。因此，那些展示人们美好心灵、健康体魄、过硬技艺等等的报道，便往往能够受到青睐。一些充满着牺牲、奉献精神的典型，一些讲求孝道、讲求仁义礼智信的典型，在"金钱至上"、"唯利是图"的背景下，往往能引起人们的心灵震颤；与此同时，那些在体育、文娱等方面有着特长或专长的人，也容易成为人们崇拜的偶像。一首歌、一个小品、一段相声、一场舞蹈，只要契合了人们的共同需求，便能一夜走红，在大江南北引起广泛的共鸣。在现代社会，在利益多元化、需求多样化的大环境下，精神文化生活的内涵更加丰富。也正因此，高尚、健康、能体现社会主流价值的东西，在净化社会环境方面

的作用也越来越突出。

2006 年 3 月 4 日，胡锦涛在看望出席全国政协十届四次会议代表时提出的"八荣八耻"，集中体现了中华民族传统美德，反映了社会主义的世界观、人生观、价值观，明确了当代中国最基本的价值取向和行为准则。可以说，"八荣八耻"是新闻报道在追求精神文化报道有益性方面所必须遵循的基本准则。

"八荣八耻"的具体内容是：

一、以热爱祖国为荣，以危害祖国为耻；

二、以服务人民为荣，以背离人民为耻；

三、以崇尚科学为荣，以愚昧无知为耻；

四、以辛勤劳动为荣，以好逸恶劳为耻；

五、以团结互助为荣，以损人利己为耻；

六、以诚实守信为荣，以见利忘义为耻；

七、以遵纪守法为荣，以违法乱纪为耻；

八、以艰苦奋斗为荣，以骄奢淫逸为耻。

可以说，媒体关于精神文化方面的报道如果遵循、落实了"八荣八耻"精神，就是有益的、健康的，就能凝聚人心、鼓舞士气。否则，就是有害的、不健康的，因而也就是不具有亲和力、感染力的。

第七章

朴实亲切的语言表达彰显亲和力

2009 年 12 月 28 日，我国各大媒体不约而同地刊播了一条消息《官员检讨空话连篇被市委书记轰下台》。消息写到：

"你的发言都是空话，你不要再念了，你下去吧"。听到（河南省）许昌市委书记毛万春的话，在大会主席台发言的许昌市委魏都区委副书记纪某，把话停下了。他抬头看了看毛万春，然后拿起发言稿，尴尬走下主席台。

27 日下午，许昌市经济工作会议暨创建工作第 52 次新闻发布会，在鄢陵县召开。

许昌市级领导干部，所辖各县、市、区领导干部，市直机关领导干部，驻许单位领导，全市 100 家重点企业单位负责人，城市创建工作相关单位的人员等近千人出席了会议。

2001 年，许昌市提出创建国家卫星城、国家园林城、中国优秀旅游城市目标。同时规定，每两个月举行一次创建工作新闻发布会，对评比排名情况进行通报，排名末位的单位领导，要上主席台，给大会作书面检讨。

在这次评比排名中，魏都区在市统计局创建民调排名、市城建项目协调办考评排名、市信访局信访工作考评排名中，均倒数第一。

按照要求，魏都区领导要上台三次，向大会作书面检讨，为了节省时间，合并成一次检讨。

魏都区委副书记纪某上台发言。事先,发言稿已经印发给在主席台就座的许昌市委常委们。

发言中,纪某讲了一些排名落后的客观理由。约 3 分钟后,他的发言被许昌市委书记毛万春打断。

"你的发言全都是空话,我看过了,你不要再念了,你下去吧。"

听到毛万春的话,纪某收起发言稿,走下主席台,回到座位上。

会场内一片寂静。

"参加了 52 次这样的新闻发布会,还是第一次见发言的领导被轰下台!"会场内,一名干部小声感慨。

"你的思想深处,不知道问题在哪儿,不知道问题的严重性在哪儿,根本不觉得有责任,是在应付!"毛万春说。"明天,《许昌日报》要全文刊登这篇发言稿,让这篇发言稿作为一个教材,让全市党员干部受教育。"

"好!真好!"许昌市政府一名干部,会后掩饰不住内心的激动,一连说了几声好。

"不好好发言,就要把他从台上给赶下来,不好好干工作,就要把他从位置上赶下去"。这名干部举一反三说,只有这样,才能切实提高政府的执行力。

开会发言讲空话、套话的不少,但被轰下台的却少之又少。也正因此,这篇新闻报道具有标本意义和一定的警示价值。

那位被赶下台的区委副书记,不敢正视问题,不敢承担责任,除了思想上、认识上并没有真正受到触动这个主要原因外,语言干巴、空洞、言不及义、敷衍塞责也是一个原因,许昌市委书记把说空话的干部赶下台的举动之所以受到欢迎,说明人们对空话、套话这种流行弊端已经深恶痛绝,也说明为人处世不仅态度要真

诚，语言也要亲切和朴实。语言，是人类交际的工具，也是展示自身亲和力的工具。除了表情、眼神和形体动作等非语言形式外，口头的书面语言是人与人之间进行沟通、交流的最主要的手段。

新闻报道是以口头、书面或兼而有之的语言形式来报道事实、发表意见的。对于报纸来说，则主要是书面语言，但不管是什么语言，其表达方式都直接关联着内容的呈现，关乎着传播的效果。朴实、亲切的语言表达，能让人愿意接受并入脑入耳入心；枯燥乏味的语言表达，则让人感到沉闷，从而影响对内容的接受和理解。因此，创新语言表达形式，让新闻报道活起来、动起来，亲切、自然起来，是新闻报道增强感染力、吸引力和亲和力的必然要求。

第一节　新闻报道语言表达中存在的诸种问题

新闻报道的语言，以准确、简练、鲜明、生动为其主要特征。准确，是指在报道事实的时候，恰如其分，符合事物的本来面目，既不夸大，也不缩小；简练，是指用最少的文字表达最丰富的内容，不拖泥带水，不装腔作势；鲜明，是指抓住事物的特点，使其栩栩如生，跃然于纸上；生动，是指逼真、传神，富有感染力。当然，在谈到新闻报道语言的特定要求时还有通俗、具体等等。一句话，新闻报道的语言要具有较强的可读性。

反观我们的新闻报道，在语言表达上存在不少问题。这些问题是：

一、语言抽象、空洞、概念化

抽象，是从各种事物中抽取共同的本质特点成为概念。在理论性、学术性较强的文章或著作中，抽象是必不可少的。但在新

闻报道中，抽象往往成为笼统、不具体的代名词。并且，反复使用比较抽象的概念，也很容易使之成为套话、空话。

有人把新闻报道中最常见的空话、套话，以"没有"、"不"的句式总结、梳理成一首顺口溜。鉴于该顺口溜一针见血地指出了语言表达中的普遍性问题，特摘抄如下：

会议没有不隆重的，闭幕没有不胜利的；

讲话没有不重要的，鼓掌没有不热烈的；

领导没有不重视的，看望没有不亲切的；

接见没有不亲自的，进展没有不顺利的；

完成没有不圆满的，成就没有不巨大的；

工作没有不扎实的，效果没有不显著的；

班子没有不团结的，群众没有不满意的；

完成没有不超额的，竣工没有不提前的；

决策没有不英明的，路线没有不正确的；

形势没有不大好的，观点没有不赞同的；

扫黄没有不彻底的，行动没有不果断的；

抢救没有不及时的，损失没有不惨重的；

设计没有不合理的，技术没有不先进的；

论证没有不专家的，检测没有不严格的；

运行没有不可靠的，系统没有不安全的；

农业没有不遭灾的，遭灾没有不丰收的；

团结没有不紧密的，拥护没有不一致的；

旗帜没有不高举的，思想没有不坚持的；

道路没有不曲折的，前进没有不光明的；

……

上述这些以"没有"、"不"句式所构成的空话、套话，在各种会议、文件或领导讲话中司空见惯，在新闻报道中也不乏他们

的身影。作为一种常态的所谓"官方"语言，几乎形成了一种公式或模式。如果说，这些特定的表达方式，是"官方"舆论环境的反映，非如此不行的话，那么，新闻报道也照搬照套，鹦鹉学舌般地使用这些语言，就有些面目可憎了。对于这种千篇一律的空话和套话，毛泽东早在1942的《反对党八股》一文中，就旗帜鲜明地反对过。当时，毛泽东列举了党八股的表现和罪状：空话连篇，言之无物；装腔作势，借以吓人；无的放矢，不看对象；语言无味，像个瘪三；甲乙丙丁，开中药铺；不负责任，到处害人；流毒全党，妨害革命；传播出去，祸国殃民。毛泽东尖锐地指出：一个人写党八股，如果只给自己看，那倒还不要紧。如果还给第二个人看，人数多了一倍，已属害人不浅。如果还要贴在墙上，或付油印，或登上报纸，或印成一本书，那问题可就大了，它就可以影响许多的人。而写党八股的人们，却总是写给许多人看的，这就非加以揭穿，把它打倒不可。

　　新闻报道中的空话、套话，大多出自会议或领导同志活动的报道，并且大多摘自有关的文件或讲话。可以说，文风是作风的反映。但问题在于，阅读报纸或收听、收看广播、电视节目的读者、听众和观众，并不是坐在会场里开会的官员。他们有着充分的选择权：你的报道写得不好，我可以不读、不听、不看。退一步说，即使坐在会场里开会的官员，对那种说教式的讲话也并不都感兴趣、愿意听。对此，常有媒体披露：某地召开会议，有人竟打瞌睡，被勒令补课或受到纪律处分。开会不听会，固然不对，但会议主持人甚至作报告的领导人是否也该扪心自问：为什么会议不吸引人？为什么不能把会开得生动活泼一些呢？

　　新闻是已经发生或正在发生的事实的报道，而事实是具体、形象的。当然，新闻也要用到概括，但概括应以具体为基础，或者先具体后概括。并且，在总量上，具体要多于概括。如果都是

具体或者都是概括，就会出现"死线抽象"的情况。死线抽象，原指人们只在语言"抽象阶梯"的某一级上使用，把语言死钉在某一抽象水平线上。某人讲话富于哲理，但比较深奥，谓之抽象度较高；某人讲话朴实无华，浅显易懂，谓之抽象度较低。新闻传播，应该沿着抽象阶梯有上有下，不能都是一种风格，而应该富于变化，才能满足不同受众的需求。

为了更形象地说明这个问题，试举例说明：

2009 年 12 月 12 日，《河北日报》在一版头条刊登本报调查《"低碳城市"的保定样本》，介绍世界自然基金会和国家建设部在我国推出的"低碳城市"试点保定市发展新能源产业，努力做好"低碳发展"加减法的成功经验。按说，这是一篇不容易写好的报道，因为它和老百姓的日常生活乍看起来联系不大，也难以挖掘出生动活泼的情节和细节。其实不然。该报道除了开头和结尾有几段总体概括外，大部分是用情节和细节等具体、鲜活的事实材料铺排而成的。

即使是难以写好的概括性材料，该报道也写得兴味盎然，并不艰涩难懂。现摘抄开头的概括如下：

河北保定，有幸登上"低碳城市"的首班车。

2008 年，世界自然基金会、国家建设部在中国推出两个"低碳城市"试点，一个是上海，另一个就是保定。

如今，古老的保定，正因崭新的"低碳"理念而变得生机盎然。"低碳"正在渗透到百姓生活、城市建设、经济发展等各领域，悄然改变着人们的生活习惯、城市的发展路径。

这是报道开头部分的概括性材料，意在建立一种高度，说明"低碳"的影响和作用。但读起来不觉得枯燥。相反，还有一种诗情画意的意境融合在里面。

接下来，该报道先后记叙和描写了 10 个人物的"低碳生活"。

在这 10 个人物中，有公司经理，有大学在校生，还有货车司机。其中，对几个重点人物的描写，还构成了较为生动的情节。比如：

12 月 11 日上午 7 时，家住保定复兴西路金迪花园的刘彦君早早从家里出来，等在 29 路公交车的站牌下。"我有车，但为了'低碳'，争取每周少开一天，只需早起半小时"。

刘彦君告诉笔者，网上有"碳排放计算器"，她算了一下，拥有 100 平方米的住房、一辆轿车的三口之家，一年的碳排放近百吨。

"一算吓了一大跳"，从下半年开始，刘彦君开始了"低碳"尝试：

每周少开一天车；午休时关掉电脑；晚饭后少看电视；晚十时，用低瓦数的护眼灯看书；洗澡时注意节水……"有人认为，过低碳生活，就不能开车、住大房子、享受空调了。其实并非如此。"身为卓正集团人力资源部经理，刘彦君说，"低碳生活其实是一种态度。当这种态度养成之后，你会发现生活品质并没有降低，反而增加了绿色、健康的内涵。"

这是一段典型、具体的事实材料：有人物、有做法、有观点。这些做法和观点，说明"低碳生活"和百姓有着密切联系，"低碳城市"建设就是由普通人的"低碳生活"一点一滴构成的。由于整篇报道以概括作引导，以具体做骨架，因而给人以内容充实、语言平和亲切、颇有说服力的印象。如果不是这样，而是一、二、三、四地介绍经验，罗列概念和数字，就会很抽象，就会给人以沉闷、乏味的感觉。

二、修饰夸张、以偏概全、追求刺激

准确真实地报道事实，是新闻写作的第一要义。但在媒体报道中，抓住一点，不及其余或滥用修饰词以造成所谓"轰动效应"的事例却频频出现。这种对语言的滥用，不但容易污染受众的心灵，更有甚者，还会带来极大的负效应甚至经济上的重大损失。

2003 年 12 月 23 日，重庆市开县发生特大井喷事故，方圆几十公里范围内都受到了程度不同的污染，剧毒硫化氢夺走了 243 条人命，4000 多人中毒就医，10 万人连夜疏散，直接经济损失 8000 多万元。事后，国家对遇难者家庭及受灾群众进行赔偿。其中，有一位 60 多岁的老汉获得赔偿款数万元。某报一条新闻在报道国家对遇难者家庭和受灾群众进行赔偿时，却故意耸人听闻，把标题拟为《60 岁老汉赢得众多妇女芳心》。在该则新闻中，主要内容是落实赔偿政策，只在最后提到一句：有人为获得赔偿的 60 岁老汉提亲，其中包括一位邻县的妇女。对照标题和报道本身，不难发现，编者采取了以偏概全、抓住一点不及其余的做法，把一件很严肃的事情儿戏化了。虽然老汉招亲这件事也是真的，但与涉及千万人切身利益，涉及灾后重建、发展生产的赔偿大事来讲，老汉招亲实在是微乎其微。编者之所以把具有重大意义的事情"屏蔽"掉，而只突出老汉招亲这件事，无非是想以此为"看点"，吸引一部分人的眼球。但如此一来，多数读者却不免产生"上当受骗"的感觉，认为编者的做法不过是"小儿科"，是非常幼稚甚至是不负责任的做法。

类似的事例还有很多。前几年，"蕉癌风波"、吃香蕉致癌的谣言，坑苦了蕉农，光海南的蕉农就损失上亿元。香蕉并没有生癌，过去也没有"蕉癌"一词，只是记者报道广东香蕉发现了巴拿马病，且这种病发生 10 多年了，至今仍无有效治疗办法，因此将其称为"蕉癌"。记者或许做梦也没有想到，记者报道中的一个修饰词"蕉癌"，会引来如此大的风波，更不知道他所创造的"焦癌"一词，竟使农民在"蕉癌风波"中血本无归，损失极其

惨重。

说空话、套话固然不好，说过头话、不切实际的话同样不好。空话、套话犹如一堵墙，阻碍着人们去接收、理解新闻报道的内容；过头话和不切实际的话，则犹如包裹着糖衣的砒霜，使人在不知不觉中中毒。尤其是对那些免疫力较差的受众来说，虽暂时满足了感官和心理上的追求刺激需要，但也使这部分受众在低俗的诱惑、误导之下，抵抗力进一步消失；对于那些分辨是非能力较强的受众，无聊的噱头则更引起他们的反感。

三、语言苍白、缺少表现力

本章开头所摘录的那首顺口溜，讽刺的是无实质内容的空话和套话，这些空话和套话，是"官场"语言在新闻报道中的反映。对此，说的人并不去认真计较每句话的真正意义，听的人也并不将其真正当回事。因为这样说虽然没有实际意义，但比较保险，不容易出现政治上的错误。不过，这种习以为常的空话、套话，也反映了语言上的苍白，反映了词汇的贫乏。

我国的语言博大精深，蕴含丰富。即使是表现同一种事情，也会有种种不同的表达方法。或直截了当，或委婉含蓄，或幽默风趣。这种种不同的表达方法，其传播效果大不相同。早年，我国民间曾流传这样两则趣闻：一是某人到朋友家做客，住了两天后，某人坚持要走，朋友挽留不住。正要出门时，恰逢天要下雨。朋友笑说："你看，人不留天留"。一句"人不留天留"，恰如其分地表达了朋友真心留客的心情。另一则说的是某人到集市上买便盆，卖盆人建议买个大一些的。某人问其理由，卖盆人意味深长地说了一句"冬天夜长啊"。冬天夜长，便盆自然要大一些。简单的话语传达的信息却特别明显：我是为你着想，而不是我要卖大的多赚钱。这句话让买盆人听起来很贴心、很舒服，便自然

心甘情愿地掏钱买下了大个的便盆。

由于每个人的职业、经历、性格不同，其语言表达方式也有很大的差异。一千个人，就有一千种表达方式，这是就总体而言的。新闻报道，就要抓住人物或事物的个性特点，让人能从语言中看出所要表现的具体的人或事物来。

《中国青年报》的《冰点》栏目，曾刊登过题为《五叔五婶》的特写。其中，对五叔陈绍远的描写，让人记忆深刻：

五叔陈绍远下田刚刚回来，背着大竹篓，矮矮的个子，说着难听懂的土话。一身破旧的衣服，线背心漏着窟窿，双脚踩着双破解放鞋，没有鞋带，用两根稻草系着。

"两根稻草"当鞋带，恐怕是五叔给人所留下的最为深刻的印象。从这当作鞋带的两根稻草中，可以看出："五叔"陈绍远不仅刚从农田劳作回来，而且生活也很窘迫。上述这段描写，把一个偏远地区的农民的形象活灵活现地展示了出来，让人过目不忘。

诸如此类的极富表现力的语言表达例证还有很多。有人或许会说，具体的人和事，只要能抓住其特征，一般都能得到较好的表现。而对于场面宏大、需要高度概括的事件，要能将其生动活泼地表现出来，就很困难了。其实不然，毛泽东的新闻名篇《我三十万大军胜利南渡长江》，就是一篇高度概括历史重大事件但却毫不枯燥乏味的典型例证：

我三十万大军胜利南渡长江

新华社长江前线一九四九年（四月）二十二日二时电　英勇的人民解放军二十一日已有大约三十万人渡过长江。渡江战役于二十日午夜开始，地点在芜湖、安庆之间。国民党反动派经营了三个半月的长江防线，遇着人民解放军好似摧枯拉朽，军无斗志，纷纷溃退。长江风平浪静，我军万船齐发，直取对岸，不到二十

四小时，三十万人民解放军即已突破敌阵，占领南岸广大地区，现正向繁昌、铜陵、青阳、荻港、鲁港诸城进击中。

只有 100 多字的消息，却给人以排山倒海、荡气回肠之感，真可谓字字珠玑，文约而意丰。其中，既有对战争进展清晰的叙述，又有对生动情景的描写，全文充满着动态的美。在写到我军时，一连串的动词："齐发"、"直取"、"突破"、"占领"、"进击"等，一气呵成，洗练地勾勒出"百万雄师过大江"的壮丽场面；而在描写国民党军队"好似摧枯拉朽，军无斗志，纷纷溃退"和人民解放军英勇、神速的渡江战斗之间，还穿插了一句"长江风平浪静"，使整篇作品充满了"动——静——动"的节奏感。阅读这篇作品时，读者就像站在高山之巅上俯视，视野辽阔，一切历历在目，其表现力何等强烈。

语言苍白，缺少表现力，从表面上看，是词汇量太少，以至于在报道新闻时找不出更贴切、更适合的词语来表现被报道的人物或事物，不得不用一些使用频率颇高的空话、套话来替代。实质上，是作者缺少对受众的关怀，心中无受众这个根本原因导致的。不客气地说，有些编辑记者在采访编辑新闻时，只是机械地在完成"任务"——管你读不读、看不看，我完成任务能交差就行了。这种单纯的任务观点，使部分媒体人不去殚精竭虑地为受众着想，不去琢磨、研究如何把新闻报道写得亲切、质朴，如何更能吸引和感染受众。也就是说，如果不解决"为了谁"的立场和态度问题，而仅仅去解决"如何"的方法和技巧问题，语言的表现力是不会强起来的。

新闻报道的语言表达还有其他一些问题。仅就其主要弊端来说，上述三种是最普遍、最常见的。这些问题，减少或降低了新闻报道的亲和力，制约和影响着新闻报道的有效传播，是不能不重视、不能不解决的。

第二节　从三种语言中汲取营养增强表现力

前面说过，准确、简练、鲜明和生动，是新闻语言的主要特征。无论是叙述、描写还是议论和抒情，都要符合这几个要求。但需要格外提及的，是在网络时代，新闻语言也要适应新的情况，及时淘汰一些陈旧、过时的词汇，采用一些较有生命力的新词汇，使新闻语言也能"与时俱进"，显示出强烈的时代感和新鲜感。

一、正确使用网络语言

新闻语言是社会语汇最直接、最迅速、最广泛的反映。特别是在网络媒体以超乎寻常的速度发展、人们对网络的依赖性越来越强的背景下，一些有着极强表现力的网络语汇被创造出来并迅速得到流传。过去，这些词汇、语汇往往被当作糟粕剔除掉。但随着使用这些网络词汇、语汇的人越来越多，一些有着比较确切含义的词汇、语汇如"雷人"、"拍砖"、"顶"等等也被接纳到新闻报道中来。

2009 年，人民日报社社长张研农做客人民网，与网民进行在线交流。当时，网友"青青草"曾提出这样一个很尖锐的问题：

现在网民们很多新语言，被称为"火星文"，对于"80 后"、"90 后"来讲，人民日报很多文章就像"土星文"、"木星文"，意思是说人民日报的文章超土气、超古板、超复杂。您不怕用"火星文"说话的人看不懂"土星文"、"木星文"？

张研农在回答这个问题时谈到："超土气、超古板、超复杂，这一连串的'超'，好像现在是'超男'、'超女'活跃非凡的时代。我们这个时代确实是一个创新的时代。这个问题的实质对人民日报来说，就是改进文风，创新表达、少讲空话、套话，这是

一张报纸提高传播力和影响力的必然要求"。

张研农接着谈到:"作为承担着舆论引导的人民日报,更应该对语言表达的创新,对读者的阅读感受保持高度的敏感。人民日报的报道也吸收了网络的语言,比如'雷',原来我也不知道,后来专门请教过,'拍砖'、'注水'这些词汇,也可以在人民日报的报道中见到,这在过去是难以想象的。"

人民日报是党中央机关报,也是最权威、最有影响力的综合性报纸。人民日报有选择地吸收某些网络语言的实践证明:新闻报道在语言表达上也要有"海纳百川"的勇气。当然,权威性的政经大报,是汉语语言规范的重要体现者,要保持语言的相对稳定性和严肃性,不能完全用网络语言来进行新闻报道。我们所讲的"与时俱进"和语言表达要有时代感,也不是仅仅用几个新鲜词语就可以的。更重要的,是要和人民群众心连心,用人民群众听得懂、喜欢说的话,去讲事情、做报道。

提出语言表达要有时代感的命题,还基于受众队伍越来越年轻这个基本事实。"70后"、"80后"、"90后"逐步成为社会的主流人群。抛开完全用"火星文"即把汉语、外语混杂在一起,除了"圈内人"谁也搞不明白的写作方式来表达特定意思的某些所谓网络语言外,绝大多数年轻人不仅思维敏捷,而且在语言表达上也追求动感和时尚。有些网络用语,充满着诙谐,并在一定程度上代表着另类民意,因而引起了许多媒体的关注,成为一种网络文化现象。尤其是2008年,伴随着"藏独"事件和四川汶川地震等重大公共事件的相继发生,"做人不能太CNN"以及"范跑跑"、"郭跳跳"等网络词汇迅速走红。2009年,以抨击楼房质量太差的"楼脆脆"、"楼裂裂"、"楼晃晃"、"楼歪歪"等词汇,以揭露某些暗地圈钱给境外的妻子儿女,孤身一人在国内做官并伺机分步出逃的贪官的"裸体做官"等以及带有调侃、讽刺性质

的"这事不能说太细"、"人生就像茶几，上面摆满了杯具（悲剧）、餐具（惨剧）和茶具（差距）"等，可以说，每一句网络流行语，无一不与生活息息相关，无一不是对现实问题的理性思考。

这是一个充满无限可能的时代。对于借助网络和手机流行的语言，新闻报道既不能"照单全收"，也不能"一概排斥"。因为能够流行的，未必就都是健康的、有积极意义的。有些纯粹属于情感发泄方面的或明显偏激的网络语言，新闻报道就不能使用。面对某些比较形象、比较具有表现力且无伤大雅的网络语言，则可以有选择地使用。这样，新闻报道就可以赢得更多的年轻受众，就可以更富有时代气息。

二、学会使用群众语言

在本章第一节《新闻报道语言表达中存在的诸种问题》中，笔者曾谈到某些新闻报道语言苍白、缺少表现力。之所以如此，是作者生活阅历浅又不注意向生活学习，向群众学习，以至"官腔"、"新闻腔"和"学生腔"比较严重，影响了新闻报道的感染力和亲和力。

所谓"官腔"，是指带有浓厚封建色彩的官式语言。我国2000多年的封建史，演变、形成了一套官场文化。这种官场文化的特征，是将真话、实话隐藏起来，而专门说一些能讨"上司"欢心的话。上级对下级，一般都是"指示"和"命令"，下级对上级，则是"拥护"和"赞成"。某些人为了获取更大的权力，挖空心思揣摩"领导"意图，领导喜欢说什么就说什么，领导喜欢怎样说就怎样说。哪怕言不由衷，哪怕名不符实，也要不厌其烦地说。如果仗义执言，犯颜直谏，则基本上没有好下场。这种官场文化的表现形式就是"官腔"。时至今日，虽然历经多次整改，但"官腔"的阴影依然存在。2009年，网络上流行的"你是

替党说话还是替老百姓说话"，就是官腔官调的体现。

"新闻腔"是"官腔"在新闻报道中的反映。"新闻腔"的典型特征是言之无物，空调陈旧。

"大家一致认为"，"获得一致好评"，"在……的基础上"，"在……正确带领下"，是"新闻腔"的常见用语。本章第一节中所列举的以"没有"、"不"所构成的顺口溜，更是活灵活现地勾画出了"新闻腔"的嘴脸。

有必要加以说明的是，此处的"新闻腔"，不同于电台、电视台播音员播发新闻时所使用的字正腔圆、规范标准的"新闻腔"。播音员所使用的"新闻腔"，是一种专业需要，虽然也要不断改进，但不能一概否定。我们所说的"新闻腔"，是特指信息含量极小，词汇重复纠结的所谓新闻语言。

国外的记者把夸夸其谈、装腔作势的语言叫做"新闻腔"并称其为"语言暴力"。"美联社有一个编辑在他写的一本书中分析'新闻腔'时说：'我们是被累赘不堪的语言包围着，政府把空空洞洞的官腔灌输到社会上来。各种公共机构、公司总部、专门职业和社会科学部门，全都为行话的泛滥而大卖力气。新闻记者由于职业关系，不得不同这种使人闷得透不过气来的用语打交道。他们的本职原该把这一切改变为平易的用语。可惜他们自己也染上了爱说唠叨话的坏毛病，因而丢掉了语言的精确性、清晰性和优美性'"。[①]

可见，"新闻腔"并不是中国新闻界独有的，而是一种较为普遍的"通病"。

所谓"学生腔"，是指辞藻堆砌、华而不实的语言。主要表

---

① 刘明华、徐泓、张征：《新闻写作教程》，中国人民大学出版社2002年版，第128页。

现在叙述和描写人物或事件时，往往过多、过滥地使用形容词、副词，虽然看起来很"优美"，但不能给人以清晰的印象，并且有夸大、不真实之嫌。比如："他特别优秀"、"她十分漂亮"等等。"优秀"、"漂亮"已经很难得，"特别"、"十分"当属凤毛麟角，怎能轻易使用？与其这样说，倒不如实实在在地把他的优秀之处、她的漂亮之处交代出来。有人会说，把新闻写得有文采，不是值得倡导吗？为何还要当作问题提出来？新闻确实应该有文采，"言之无文，行之不远"，这是谁都知道的道理。但是，有文采和堆砌辞藻是两码事。有文采，是描写事物逼真、传神，意蕴深远，能够吸引人读；堆砌辞藻、滥用形容词、副词则恰恰不能给人以具体、形象的印象。特别是在进行科技报道、经济报道，在描写科技人物、经济人物时，更需要实事求是、分寸恰当。任何言过其实的描写，都会带来不讲科学的严重后果。

"官腔"、"新闻腔"和"学生腔"，是新闻报道语言表达缺少亲和力的主要症结。要改变这种状况，最根本的办法是向群众学习，向生活学习，不断丰富自己的词汇、语汇，真正让新闻报道活起来，动起来，亲切和质朴起来。向群众、向生活学习语言，关键是要有虚心的态度和甘当小学生的精神。"世事洞明皆学问，人情练达即文章"。生活，是一部永远读不完的书，群众中蕴藏着取之不尽、用之不竭的语言宝藏。只要悉心体察，仔细揣摩，就会收到"不见其增却日有所长"的效果。

笔者曾在某省级媒体工作数年，在深入企业、农村、机关、学校等的采访报道中，十分注意向采访对象学习。俗话说：隔行如隔山。你在某个行业、某个领域可能是内行，但对于本行业、本领域以外的事情，往往知之甚少。知之甚少却又要报道，就难免要说外行话。即使不说外行话，与长期从事某种职业、某项工作的人相比，也只是懂得一点皮毛而已。因此，自觉地、虚心地

向各种各样的人学习就变得十分必要。比如，我们常常讲的"追根溯源"这句话，用老百姓的话说就是："盐从哪儿咸，醋从哪儿酸，得从根上捯"；形容一个人不善言辞、性格内向时，往往用"三脚踹不出屁来"；形容某人贪心不足时，则用"吃着碗里的，看着锅里的"。如此等等，既深刻又形象，具有极强的表现力。如果能把这样的语言用在新闻报道中，新闻报道能不生动、传神吗？

在过去积淀下来的优秀作品中，许多典型的人物语言让人刻骨铭心。焦裕禄的"吃别人嚼过的馍没味道"，王进喜的"石油工人一声吼，地球也要抖三抖"，杨水才的"小车不倒只管推"等等。都鲜明地刻画了人物的性格，使人能"从说话中看出人来"。今天，有些写得不错的新闻报道，在运用群众语言上也颇见功底。比如，在落实科学发展观的有关报道中，就常能见到这样活灵活现，既有些俏皮，又深刻说明某种道理的语言："忽视科学吃苦头，盲目发展栽跟头"，"坚持科学发展，就是要做到不端群众碗，不欠自然账，不吃子孙饭"，"分析调查如同搓澡，有些脏东西自己往往看不到、够不着。即使看到了，够着了，也很难下得了手。有时请别人帮助搓搓，效果就大不一样"。

之所以反复强调向群众向生活学习语言，是因为群众语言来自于生活，更趋于大众化、口语化，通俗易懂，更能表现出一定的亲和力、说服力和感染力。用群众的生活化语言来写报道，更亲切、更质朴，更容易为受众所理解和接受。当然，向群众、向生活学习语言，就必须不断地深入群众、深入生活。要实实在在地扑下身子学。要真学，而不要假学。要学一辈子，而不是学一阵子。天长日久，日积月累，就会真正与群众融在一起，群众化、生活化的语言就会成为自己生命的一部分。这样，所采写的报道，就不仅能与群众血脉相通，而且在语言上也能用群众听得懂、喜欢听的话来说。此时，新闻报道就攀上了一个新台阶，就进入了

一个新的境界。

三、恰当使用文学语言

新闻和文学，是一对孪生姐妹。尽管在真实性、时效性上有着很大的差别，但在讲究文采，讲究生动、活泼、让人爱读爱看上，却是一致的。特别是对某些修辞方法、描写方法的运用等，是相同或相通的。在新闻标题的制作和行文过程中，适当运用比喻、拟人、排比等修辞方法以及白描等表现方法，可以大大增强新闻报道的吸引力。一句唐诗或宋词的巧妙运用，可使整篇报道神采飞扬。一个典故、一个警言格句，可成为神来之笔。当然，新闻毕竟不是文学，不能虚构，不能合理想象，也不能过分地渲染和铺排。但在关键之处，恰当地使用文学语言来"点化"一下，也能起到化腐朽为神奇、变枯燥为生动的作用。

2000年1月13日，笔者在某省级媒体工作时，曾参加过一个全省档案工作会议。档案，是凝结的历史，是"死"的东西。档案工作会议本身，没有多少生动性可言。如果按照常规，写一篇《副省长×××在全省档案工作会议上强调　大力整合档案资源　充分发挥档案作用》的稿件，就太一般化、太没有可读性了。那么，如何让这篇报道写得尽可能活一些呢？笔者反复琢磨，觉得档案犹如藏在深阁里的"闺秀"，过去很少被人认识，现在则主动地为社会服务。这是一个突出的变化。于是，笔者拟定了这样一个标题：

走出"深闺"人初识　　（引题）

档案离经济越来越近了　　（主题）

其导语是这样写的：

昔日被束之高阁，藏在深闺人未识的档案，如今已抖去尘埃，开始越来越多地参与到为经济建设和改革开放服务中来。其本身

的信息载体功能，也日益为社会所看重。

把档案比作"藏在深闺人未识"的待嫁的"女儿"，说她已抖去尘埃，主动从"后院"走向"前厅"，参与到为经济建设和改革开放服务中来，赋予了档案以灵魂，使专业性很强的档案工作会议具有了"共同兴趣"，可读性大大增强了。

近些年，各地普遍开展爱鸟护鸟活动，人与自然的关系逐步走向和谐。在笔者印象中，有一则消息的标题制作得格外精致：

劝君莫打三春鸟　子在巢中盼母归 　（引题）

本市将开展爱鸟周活动 　　　　　　　（主题）

"子在巢中盼母归"，拟人化的表现手法何其贴切、形象！婴儿离开母亲难以存活，嗷嗷待哺的雏鸟，同样盼望着"妈妈"带来食物。如果人们开枪把鸟打死，巢中的雏鸟又将如何呢？稍微有些怜悯之心的人，看了这则消息的引题，都不能不触发联想，不能不怦然心动。如果没有这则拟人化的引题，该消息就显得很一般了。

改革开放之初的上个世纪80年代，我国肉类市场的价格发生了显著变化：肥肉便宜瘦肉贵。人们从吃不起肉、愿意吃肥肉到担心吃肥肉不利于健康转而吃瘦肉，反映了改革开放给普通家庭、普通人的膳食结构、消费观念带来的喜人变化。有一则消息的标题是这样做的：

知否？知否？应是贱肥贵瘦

这个标题，明显是从宋代著名词人李清照《如梦令》中的"知否？知否？应是绿肥红瘦"演变而来的。"绿肥红瘦"，创造的是一种境界，"贱肥贵瘦"，反映的则是肥肉便宜瘦肉贵的社会现实。虽然如此，也能让人感受到文学知识被运用到新闻中来，的确能起到"画龙点睛"的美妙作用。

上面几例，还仅仅是在标题中运用比喻、拟人等修辞方法，便收神采飞扬之成效的例证，至于在正文中运用多种修辞手法的例证就更是数不胜数。

当然，新闻报道重在报道新近发生或正在发生的事实。对于不同内容、不同题材的事实来说，它的报道基调是不同的。有的题材比较严肃，有的题材比较活泼，有的比较平实，有的则比较欢快。报道内容、题材的不同，决定了报道的基调是以叙述为主还是以描写为主，也决定了新闻语言的风格或者色彩。

对于以叙述为主的消息来说，其语言要求是准确、简洁。虽然也可以穿插少量的描写，但必须简而又简。因为消息的特点就是陈述事实而不是展示事实、描写事实。

对通讯、特写、侧记等体裁而言，在语言运用上就可以也必须调动多种修辞方法，特别是调动文学写作的技巧。因为，它们承担着展开事实、再现事实乃至解释事实的任务。它不但要让受众知其事，还要让受众明其理；不但要让受众知道事情是如何发生的、发生时的情形怎样，还要让受众有所感悟，有所思考。这样，就不能不用到描写甚至是议论和抒情等表现方法，不能不有一点文学色彩。

描写

新闻报道中的描写，和文学作品有所不同。文学作品中的描写，可以浓墨重彩，可以细致入微。有时，对一个人的面部表情或一个特定场面的描写，可以洋洋洒洒，花费几千字甚至上万字。新闻报道中的描写只能是简笔勾勒，也就是"白描"。

"白描"，原指中国绘画中的一种传统技法。它用纯墨线勾画，不施颜色，线条简练而逼真传神。这一特点，使之与工笔画法或写意画法相区别。

把"白描"运用到新闻写作中来，便是不尚修饰，不用或少用形容渲染，以质朴的文笔，简练而直接地勾勒出事物的特征。

比如："采访的那天，有那么一瞬，我看到他喉头凸动，泪要涌出眼眶。他很利索地把食指探入镜片后面的眼角，轻轻一揉，复归常态。至于那类似京剧花脸的嗓音，则一刻都没有哽咽甚至停顿，仿佛刚刚弹去的，只是眼角的一粒尘埃"。

这是《文汇报》2007年4月3日发表的通讯《方永刚：真情传播真理》中的一段"白描"。方永刚，是海军大连舰队学院教授。作为忠诚党的创新理论的楷模，近10年来，他宣传党的创新理论100多场，听众多达40万人（次），胡锦涛同志曾称赞方永刚是深入学习、坚定信仰、积极传播、模范执行党的创新理论的典范。然而，自恃身体强壮、肌肉发达的他，却总是生病，而且都是大病。有人给他总结叫"四落四起"：1988年阑尾炎；1993年休克型贫血；1997年车祸；2006年结肠癌晚期。

2007年3月，当方永刚接受记者采访并谈及含辛茹苦养育他的父母之恩时，情不自禁地激动起来："喉头凸动，泪要涌出眼眶"。然而，他毕竟是个铁血男儿，很快，他"把食指探入镜片后面的眼角，轻轻一揉，复归常态"。这里，我们不得不叹服记者观察得细致，也不得不叹服记者描写得逼真：虽然只有寥寥几笔，便把方永刚性格中既有刚强、坚韧的一面，也有知恩图报、重情重义的一面都揭示出来。

美国著名诗人惠特曼曾经说过："我决不多费唇舌，我决不在写作中使典雅、效果或新奇成了隔开我和别人的帘幕。我决不容许任何障碍，哪怕是最华丽的帘幕。我想说什么，就照它的本来面目说出来。"白描，就是"照本来面目说"。因为真理是朴素的，越是平淡的东西，往往就越有穿透力。

"照本来面目说"，是白描的具体要领，但在具体使用"白描"这一表现方法时，还需注意多用动词、多用子概念和多用大白话这样三点：

多用动词

动词，在语言中是最生动活泼的因素。人们常说，好的报道要能使人"如临其境、如闻其声、如见其人"。如何才能做到这一点？诀窍之一就是尽可能的多用动词。

比如：

在北京市北太平庄的一所住宅里，一位白发苍苍的老者正和戴红领巾的小孩对弈，只见车来炮往，"杀"得难解难分，过了一会，小孩儿将车往下一沉，一拍手跳起来："爷爷，你输了！"老人一拍额头，忙说："不跳马，不跳马，悔一子，悔一子。"小孩嚷了起来："不行，不行，落子无悔。"老人边说边抢棋子："知错能改好男儿。""你赖，你赖！"……祖孙俩争得不可开交。这时，从里屋走出一位老妈妈，将棋盘哗地一撸说："老虎洗面，重来！"于是，新的一局又开始了。

这是《经济日报》1985年1月13日刊登的通讯《华罗庚教授的星期六》中，华老和孙子下棋的一个情节。华罗庚是闻名遐迩的数学家，在人们的印象中，数学家总是不苟言笑，连日常生活都是很严谨、很"刻板"的。其实不然。这段华老和孙子下棋的场面描写，让人们看到了一个平凡的、有血有肉的华罗庚，一个可亲、可爱的华罗庚。

如果用"如临其境、如闻其声、如见其人"来形容这段场面描写的现实效果并不为过。之所以如此，一是运用了一连串的动词来表现祖孙下棋过程中的有趣场面："来"、"往"、"杀"、"沉"、"跳"、"拍"、"嚷"、"争"、"撸"等，使本该寂静无声的弈棋变得波澜四起，"争吵"不断；二是祖孙俩的对话，反衬了爷爷的童心、孙子的天真和那位老妈妈的"慈善"。一段"如实道来"的白描，把数学家华罗庚业余时间里所呈现的生活情趣、所享受的天伦之乐呈现在了读者面前。

再比如：

五叔的眼睛一下睁得大大的。他没有推辞，抓过钱来，使劲儿在手里窝来折去，又紧紧握住，从左手转到右手，从右手转到左手，嘻嘻笑着，一句话也不说。

眼睛"睁"得大大的，表明意外和吃惊；"抓"过钱来，使劲儿在手心里"窝"来"折"去，又紧紧"握"住，表明五叔太缺钱了，生活的窘境使他对金钱充满了渴盼，以至于"握"在手心里生怕跑掉。从左手"转"到右手，右手"转"到左手，表明钱毕竟不是五叔自己赚来的，对于记者"侄子"还给他的钱，心里毕竟有些矛盾，不那么坦然。一连串的动词，把五叔这个贫穷而且憨直的农村汉子的性格及其心理刻画得淋漓尽致。

多用子概念

子概念是相对于母概念而言的。借用形式逻辑中的"母概念"和"子概念"来解释，外延较大、内涵较小的概念叫做母概念，外延较小、内涵较大的概念叫做子概念。如"水果"和"苹果"，"马"和"蒙古马"，就都是母子概念。一般来说，越是小的子概念，就越具体；越是大的母概念，也就越抽象。由于子概念的内涵总比相应的母概念的内涵大得多，丰富得多，因此，多用子概念能充分唤起人们的联想和想象，并在此基础上加深对新闻的认识和理解。

比如："一位老人今天成了一件抢劫案的受害者。"这句话，给人的总体印象是比较模糊的：这位老人多大岁数？在什么地方被抢？被抢去了多少钱物？但如果将其具体化，写成"一位80岁高龄的老妇，今天傍晚在回家的路上被抢去一只钱包，内装人民币500元和××商场购物卡一个"，给人的印象就很深刻。

真实的东西都是具体的，而具体的东西往往是深刻的。"今天天很热"，就不如"今天气温高达40度"更能唤起人们对"热"

的感受；"他端来一盘水果"，也不如"他端来一盘自家种植的红富士苹果"更能打动人。这是因为，人们在接收语言信息的时候，有一个"还原"的过程，也就是把所接收的语言信息同自己以往的知识、经验相联系、相比照的过程。越是能联系、能比照的信息，越是能实现"情景再现"的信息，接收的障碍就越小，效果就越好。

子概念比母概念具体、形象、生动。新闻报道语言要尽可能使用子概念。这一点，在国外新闻界也是一种常用做法。《美联社日志》在说明本通讯社对语言的具体要求时，曾有一段颇为有趣的示例：

不要去说"乔治·华莱士神经紧张"。要像某一篇稿子那样描写："在一次40分钟的飞行中间，他嚼了21根口香糖，他洗了一副牌，数了数，又洗了一遍。他看了看头上和脚下的云彩，系紧安全带，又把它松开了。"[①]

多用大白话

语言文字大师老舍先生曾经说过："世界上最好的文字，就是最亲切的文字，所谓最亲切，就是普通的话，大家这么说，我也这么说，不是用一大车大家不了解的词汇字汇。"老舍先生的意思，是提倡搞创作、写文章的时候，要多用平易近人、通俗易懂的大白话。

新闻报道面对着最广大的受众。要让各种文化层次的人都能读懂、听懂，就要用大家都熟悉的日常生活用语来说。专业性太强的话，只有少数人能听懂的话最好不说或尽量少说。

有人或许认为：说话反映着人的文化水平，说大白话不等于

---

① 刘明华、徐泓、张征：《新闻写作教程》，中国人民大学出版社2002年版，第135页。

降低了自己的水平吗？其实不然。事实证明，短文章往往比长文章难写，说大白话往往比说专业术语更难。当然，这里的大白话，是指的虽然浅显、直白，但却含意丰富的口语，而不是没有意义的、平淡无味的一般性的话。在这方面，一些民间谚语和富有生命力的口语，大多能派上用场。比如"多个朋友多条路，多个冤家多堵墙"，是教导人们多交友，少树敌；"一个篱笆三个桩，一个好汉三个帮"，是提醒人们要搞好人际关系，发扬团队精神；"吃人家的嘴短，拿人家的手软"，是告诫人们洁身自爱，不要贪心不足；"天上不会掉馅饼"，是说有付出才有收获，没有付出的收获一定暗藏着危险。如此等等，都是言简意赅的警句格言，都可以拿来使用。

"深入浅出"，是写文章的最高境界。浅入浅出不好，深入深出也不好，唯有深入浅出，即把深刻的道理用最明白晓畅的语言表达出来，才能为人们所理解。新闻报道既然是写给大家看的，自然也要讲究语言的平实和质朴。不仅报纸，广播、电视和网络也一样甚至要更强调说大白话。

多用动词、多用子概念和多说大白话，是新闻报道语言表达贴近受众的良丹妙药。在进行"白描"的时候，尤其要注意这三个"多"。如此，新闻报道就能真正鲜活起来。

议论和抒情

让我们先来看一段文字：

感动人们的，不仅是他高超的医术，更是他高尚的医德、人格的力量！

从医56年来，华益慰用一把寻常的手术刀，划出一条璀璨的人生轨迹。

一名人民军医的道德光芒，在刀锋上熠熠闪耀！

这是通讯《闪耀在手术刀上的道德光芒》中的一段文字。从

这段文字里，可以看出：人民军医华益慰不仅医术精湛、高超，而且医德高尚。他一切为了患者，他的人生是壮丽的。

这一段文字，并没有说华益慰的医术是如何高超，医德又是如何高尚。也就是说，并没有采取叙述方法来报道事实。然而，这段文字却建立了一个高度，暗示这篇通讯既要反映华益慰的医术，更要反映华益慰的医德以及由医术、医德所构成的壮丽人生。同时，这段并没有报道事实的文字，充满着对人民军医华益慰的赞美。这样的文字，就是议论和抒情。

议论，是根据主题的需要，寓理于事，因势利导，在叙述事实的过程中进行必要的评论。

抒情，是笔下的人物、事件等深深感动了作者，作者情不自禁地抒发内心的情感。

议论和抒情是文学作品中常见的甚至是必不可少的表现形式。新闻报道由于主要是报道事实，大多采用叙述方法，所以，议论和抒情运用得相对较少。但在特写、通讯、侧记、游记以及某些评述性报道中，为了加强人物或事件的影响力和感染力，为了揭示人物的内心世界或事件的本质意义，有时也要用到议论和抒情。

议论和抒情必须缘事而发。"基础不牢，地动山摇"。如果没有充分、精到、撼动人心的事实作基础，议论和抒情就很可能是无病呻吟、画蛇添足。那么，什么时候该议论，什么时候又该抒情呢？

在前面提到的《方永刚：真情传播真理》这篇人物通讯中，至少有三处地方是在议论和抒情：

其一，方永刚带病接受媒体记者的采访时："北京海军大院的会议室刚刚消过毒，经历三次化疗、体质羸弱的方永刚，在医护人员陪护下来到这里，脱下厚厚的防寒服、帽子、口罩，在十米开外接受我们采访团的集体采访。"军姿威武依旧，嗓门洪亮如

昔，绰号"方大炮"的他一开始说话，只需两三分钟，"我就不是我了。……他那耳侧贴着的胶布和额头豆大的汗滴逃不过我们的眼睛。受访时间被主持人叮嘱控制在一个小时之内。惯性使然，谈兴正浓的他没能及时'刹车'，但多'赚'来的10分钟，冲淡了脸庞上写满的'意犹未尽'。"

重病在身，不得不"全副武装"接受采访。方永刚的那种坚强、乐观深深感染了记者，他们多想再采访一会儿，多想单独与他再谈谈。然而，"我们又怎能硬得下心肠去商约任何的专访？当他再次'全副武装'离开会场的时候，疲惫的步履踩疼了我们的视线。"

"怎能硬得下心肠"、"踩疼了视线"，就是议论和抒情（这里已很难分清议论和抒情）。方永刚强忍着痛苦接受采访，方永刚"意犹未尽"甚至忘记了正在接受采访，都让记者的心灵受到震撼。

其二，当记者深入基层采访归来时："我辗转辽宁的大连、旅顺、沈阳和本溪四地，每天都有几十个发自肺腑的声音，念叨方永刚的好，有他穷山村的乡亲，有他的亲朋好友、领导同事、同学学生，有聆听过他讲课的基层官兵、干部群众，有竭尽全力诊治的医生护士。当他们讲起与方教授相遇相识相知的点点滴滴，当他们或敬佩或唏嘘或泪眼婆娑，我便一步步走进博大的磁场，分明可以感知方永刚虎虎生威的鼻息、奔涌沸腾的热血和铿锵有力的心跳。"

没有主人公在场的补充、印证或采访，让记者感到了方永刚在基层群众中的威望和人格魅力。"金杯银杯不如老百姓的口碑。"一个人的品行、能力究竟如何，老百姓的看法就是最好的评价。于是，记者情不自禁地开始了议论和抒情：

"于是，我的笔端也就倾注了某种使命，要去谱写送给他的赞歌和祝福，祈愿他那经历严寒的生命之树，在这明媚的早春能够顽强地吐露新生的绿芽。"

2007年3月初，《文汇报》记者江胜信被点名参加"中央新闻单位方永刚事迹采访团"。按理说，这是一次"命题报道"，记者有点任务情绪也是可以理解的。然而，当作任务来写的报道和全副身心都投入进去所写的报道是不一样的，"要我写"与"我要写"的区别也是很明显的。江胜信通过大量的实地采访，心灵一次次被感染着，"使命感"油然而生。并且，不但要写好方永刚，还要通过手中笔为方永刚祈祷，希望他的生命之树能够"顽强地吐露新生的绿芽"。"无情未必真豪杰"，这种发自内心的真诚情感，激励着记者，也感染着读者。

其三，当记者坐上电脑椅上的凉垫时："北国的早春，寒气沁骨。方永刚的办公室里，椅子上那不合时宜的凉垫儿，将记忆拉回去年的夏季——把新调整好的排课表压在台玻璃底下，他兴冲冲地背上行囊前往北京，参加国防大学的短期培训。本打算'充电'后继续大干一场，回程时旋即袭上的难忍疼痛却将他送上病床。"

寒气袭人的早春，电脑椅上依然放着凉垫。睹物思人，记者能不感慨万端：

"我坐在那把电脑椅上，凉意一点点弥散全身。难道说真的天妒英才，吝啬给予他更多的时间？"

像方永刚这样的青年才俊，却没有更多的"时间"来完成他自己的心愿！记者的心被揪痛了，掩饰不住的惋惜之情涌上心头和笔尖。这里的抒情，既是抒记者之情，也是抒读者之情。

从上面所举几例可以看出：议论和抒情必须建立在事实感人的基础上。这就像熔岩喷发之前的能量集聚一样，必须找到一个奔涌而出的突破口。对事实的叙述和描写，就像在积聚能量；恰

当的议论和抒情，就是炽热岩浆的喷发。两者相辅相成，互为条件，共同去感动人的心灵。

新闻报道的语言表达，不仅仅要讲究技巧，更首先要解决为谁写、写给谁的立场和态度问题。当我们像对家人那样，时刻把受众装在心中，语言表达就会更亲切、更质朴，也就更有亲和力，更能赢得受众的心。

第八章

赏心悦目的版面编排体现亲和力

"人靠衣妆，佛靠金妆"，意思是说，光鲜的服装，能让人显得更精神、更体面；金粉装扮的佛像，也更显得庄严神圣。与此同理，新闻报道也不但要"慧于中"，而且要"秀于外"。"秀于外"，指的是承载、表现新闻内容的外在形式要好看、要能引起人的注意，让人赏心悦目，爱不释手。这主要包括报纸的版面编排和参与、互动等能吸引受众的传播形态。

内容决定形式，形式反作用于内容。新闻报道的亲和力，由外在和内在两个方面构成。这两个方面，互为表里，相辅相成。仅仅注重包装和形式上的亲和力，"金玉其外，败絮其中"固然不行，但不注重包装和形式上的亲和力，报纸无人读、广播电视节目无人听和看，内容再好，也无法取得良好的传播效果。

现代社会，人们的生活节奏明显加快，"一杯茶、一支烟、一张报纸看半天"的情形，是很少看到了。人们在上下班途中，匆匆买上一张报纸，然后快速浏览，以获知昨天或当天发生的重要信息。在报摊上林林总总、令人眼花缭乱的报刊中，读者选择什么样的报纸来买、来读？此时，报纸的外在形态往往成为选择的首要因素。那些文图并茂、富有强烈视觉冲击力的报纸，那些编排形式新颖、令人赏心悦目的报纸，会引导着读者在"五步三秒"中迅速作出购买决定（五步，是距离报摊五步之内；三秒，是选择的时间大多只有三秒）。

那么，什么样的版面编排才令人赏心悦目、才激起读者的购买欲望？这就很有一番研究和探讨的必要。

第一节　版面编排演变历程的简要回顾

我国的报纸版面，在文字编排上经历了从右向左、从竖到横、从铅字排版向电脑排版演变的过程。

新闻报道，是社会历史的纪录。版面编排，也深深镌刻着历史的印痕，反映着社会物质和技术水平的变化。

仅从铅字排版向电脑排版演变的过程来看，上个世纪 80 年代之前，我国的报纸还完全是铅字印刷。那时的印刷厂里，工人左手托着字盘，右手把需要用的铅字一个一个从铅字架上拣出来，既费时又费力，更无法表达丰富多样的编排思想。那时，报纸版面上除了少量照片，基本上都是密密麻麻的文字。人们虽然也努力追求版面编排的形式美，但限于当时的技术水平，这一美好的愿望终难完全实现。

一、铅字印刷改为激光照排

1987 年，《经济日报》率先采用计算机激光屏幕组版，一举成为全国出版速度最快的报纸。第二年即 1988 年，《经济日报》社印刷厂卖掉了全部铅字，成为世界上第一家彻底废除了中文铅字的印刷厂。

"告别铅与火，迈入光与电"。为印刷革命做出巨大贡献的，是两院院士、北京大学教授王选。王选致力于文字、图形和图像的计算机处理研究，从 1975 年开始，他作为技术总负责人，领导了我国计算机汉字激光照排系统和后来的电子出版物系统的研制工作。他最卓越的贡献，是大胆越过当时日本流行的光机式二代机和欧美流行的阴极射线管式三代机，直接研制当时国内尚无商品的第四代激光照排系统，并成为科学技术向生产力转化的先驱者。

激光照排技术的应用和推广，使报纸版面的编排更加具有了艺术观赏性，以形式体现内容的空间变得更广阔了。

二、扩版与改版

扩版、改版潮的兴起，更为编排方式的推陈出新提供了条件与可能。

1987年，《广州日报》率先扩版，即由原来的对开4版扩为对开8版。此后的20多年时间里，全国各地的报纸也纷纷扩版和改版，小报变大报、薄报变厚报成为时尚和潮流。

报纸的版面几倍、十几倍地增加了，在内容不断细分的同时，把几十个版分成A叠、B叠、C叠、D叠等，也成为一种必然。为方便读者选择和阅读新闻，不少报纸增加了导读栏；为吸引读者的注意力，大幅照片不仅上了头版，往往还能上头条。更加值得重视的，是不少新创办的都市类报纸，打破了传统的咬合类编排方法，而采用对称式编排方法。报头也由居左改为居中。有些专业性较强的报纸，在纸张的颜色甚至纸型上，也力求与众不同，凸显个性。比如，《中国经营报》就采用橙色纸印刷，使其在以白色纸张印刷为主导的报纸中异常抢眼；有的则采用国际流行的"瘦报"样式，把对开或4开报纸的尺寸加长、缩窄，使报纸在外形上显得更加"苗条"和"挺拔"，更加符合美学中的"黄金分割"即1：1.618的比例。

三、"瘦报"的流行

1999年，杭州日报报业集团旗下的《都市快报》首开内地

"瘦报"先河，报型为"4开瘦报"。新千年伊始，在国内报界掀起的新一轮改版浪潮中，随着《北京青年报》、《南方日报》等颇具影响力的报纸改成"瘦报"，"瘦报"的疏朗通透、便于阅读等特点逐步被报界所认识。有的报纸在改版宣言中直陈：改"瘦报"是"为了革新阅读方式，打破空间局限，让读者在任何角落都能舒展阅读"，"为了打破传统报型，掀起'完美风暴'，以常变常新为审美诉求，缓解读者的审美疲劳"。但不管报纸的版面样式如何改变，"全心全意为市民服务的办报宗旨不变"。从这些宣言中可以看出：新闻媒体人为了赢得读者、赢得市场，是何其殚精竭虑，何其细致入微。

需要说明的是，当今流行的"瘦报"，起源于美国。1976年9月，美国发行量最大的报纸《纽约时报》，将坚持了69年的8栏改为6栏。《纽约时报》变革的同时，《华盛顿邮报》、《今日美国》等报纸，也先后将报纸宽度变窄，与普通4开报纸的宽度相似。此后，这场瘦身运动逐渐推广开来。20多年后，我国的报纸也开始借鉴国际流行的"瘦报"样式，在某种程度上，我国媒体与国际惯例接轨的进程大大加快了。

四、彩报的面世

我国的报纸，基本上是黑灰色，白色的报纸上印刷着黑色的文字、黑色的图片，看上去一片灰，给人的总体印象是稳重有余而活泼不足。久而久之，便容易形成审美疲劳。偶有重大事件发生时，报纸的报头也会套印成红色，这时读者便会感到眼前一亮。

1978年7月9日，《人民日报》第五版的《星期画刊》栏目曾采用彩色印刷。这一期的画刊，在《发展经济、保障供给》的通栏标题下，包括北京百货大楼优秀售货员张秉贵在内的11幅彩色照片异彩纷呈，格外醒目和突出。这是否就是最早的彩色报纸，尚难以形成定论，因为前面的 4 个版面，还都是黑灰色的，但至少可以说，《人民日报》是我国彩色报纸印刷的先行者或较早的尝试者。

从世界范围来看，彩色报纸的面世时间也并不长。1982 年，《今日美国》创办，彩色成为一种固定的编排手段并迅速为众多的报社所接受。

我国报纸的真正触"彩"，是 1995 年以后，并且到 2000 年就基本上完成了从黑白报纸向彩色报纸的转型。并且，伴随着报纸彩色化的进程，报纸运用彩色的手段也发生了一系列的变化。

起初，彩色报纸仅仅是作为报纸版面的调色板来使用的，人们发现，读者接触报纸时，总是先对版面颜色有一个总体印象，其次是辨识图像，最后才是关注文字。在黑灰色主宰报纸版面的时代，人们对颜色无从选择，但读报时总是先注意图片、漫画，然后才阅读报道便是明证。因此，在进入读图时代后，一些报纸版面不仅图片五颜六色，就连标题乃至底纹都是多姿多彩的。此时的彩报，颇有"乱花渐欲迷人眼"，五色杂陈、令人目不暇接的感觉。

后来，媒体人发现，彩色不仅能把报纸打扮得更好看、更漂亮，而且具有传递信息、表情达意的功能。于是，对彩色的使用，便由最初的随意涂抹，进入到了自觉地选择。概括来说，彩色的功能大致有如下几点：

其一，指路牌功能。色彩具有影响读者视线流动的能力。一般来说，报纸上 60% 的地方是文字，而文字的组合构成了一片灰色，能够有效的衬托色彩。正如"万绿丛中一点红"的衬托效果一样，此时的彩色，能够将读者的视线集中到一个单独的点或面上，还能帮助读者将视线从某一点移到另外一点，也就是说，彩色像一个指路牌，指引读者从哪里开始，从哪里停顿，又从哪里

结束。这样，该强化的地方就能得到强化，该突出的地方也能得到突出。

其二，是传递信息功能。彩色不仅是有生命的，而且是携带着某种信息的。我们常说的"赤字"的"赤"，在财务核算和经济往来中，就代表着亏损和负债；在文章的修改中，"赤"即红色，代表着批改、评点或更正。特别是在经济数据的使用上，不同的色彩代表着不同的含义，能让人一目了然。比如，用黑线表示几种数值的变化时，只能用粗线、细线或颜色深、颜色浅的线来代表，而如果用红线、蓝线、黄线、黑线等来替代，其各自代表的意思便能立刻为人们所理解。

其三，是表情达意功能。红色、黄色属于暖色调，代表着喜庆、热烈、富贵、忠诚等；蓝色、绿色属于冷色调，代表着沉稳、安静、生命等，黑色也属冷色调，一般象征着庄严、肃穆、悲哀等。2008 年 5 月 12 日汶川大地震发生后，举国哀悼，全国几乎所有的报纸，都用整版的黑色来表现沉痛之情。尤其值得一提的，是在运用色彩来表情达意时，有些报纸匠心独运，体现出了很高的水平。比如，1999 年 5 月 8 日凌晨（北京时间），中国驻南斯拉夫大使馆遭到北约导弹袭击，馆舍严重毁坏，3 位记者牺牲，20 多人受伤。5 月 9 日的《解放日报》在报道这一突发事件时，一反常规，其报头、报头线和整版文字，均采用黑色，以表达悲痛之情，但所采用的 5 幅图片中，却有 2 幅点缀了红色：右上角照片中的红色是天安门广场低垂的国旗，右下角照片中的红色是迎接烈士骨灰专机舷梯上的红地毯，鲜艳的红色与庄重的黑色相衬托，既表明了对北约暴行的愤怒之情，对烈士的痛惜之情，还表达了祖国人民对烈士壮举的自豪之情，意义十分丰富和深远。

红、黄、蓝、黑这 4 种颜色的印刷，称之为四色印刷。由这 4 种颜色，还可以调配出多种色彩。但其前提是，颜色的运用要服

从编排的理念，根据报道的需要来确定。

报纸对色彩的运用，在程度上有很大的区别。一般来说，主流政经大报，往往"惜彩如金"，即只在关键时刻、关键部位使用彩色。都市生活类报纸，对色彩的使用则大胆、灵活得多。不仅报头使用红色，版面上的标题也分别套印黄色、蓝色或绿色，底网、底纹也根据需要分别套色。之所以如此，皆是由报纸的风格、定位所决定的。主流政经大报，传递的消息、报道的新闻往往比较权威、庄重，如用彩过多，则容易削减弱化报纸的形象；都市生活类报纸比较贴近市民，以活泼动感为版面诉求，适当用彩，更能吸引读者的注意力，提高读者对报纸的喜好程度。因此，彩色作为版面元素之一，如何用，用多少，完全根据报纸自身的实际情况来确定。

第二节　版面编排更具亲和力的方法与技巧

自上个世纪80年代以来，我国的报纸版面编排经历了从穿插式到模块式再到杂志封面式和橱窗式的转变。而发生这些转变的根本动因，是为了让报纸更加好看，更符合现代人的审美意识和欣赏水平。同时，也是为了更方便读者阅读。

在各种类别的报纸中，综合类时政报纸的版面变化相对小一些，都市生活类报纸的版面变化相对大一些。尽管版面编排只是从属性的，但对体现编辑理念，彰显报道内容，强化传播效果来说，其作用仍然不可小视。本文着重结合都市生活类报纸，对版面编排如何更具吸引力、亲和力作一番梳理和总结。

一、标示编辑理念

每家报纸都有自己的编辑宗旨、编辑理念，将这种编辑宗旨、

编辑理念以最简洁、醒目的文字，标示在报纸头版（一般放在报头的下侧或右侧），可以起到广而告之的推介作用。同时，也明白无误地告诉读者自己的信念、理想与追求。这样，不但可以显示自己的与众不同，而且有利于读者更好的监督自己。

《经济观察报》标示的新闻理念是"理性建设性"；

《广州日报》标示的新闻理念是"追求最出色的新闻"；

《北京青年报》标示的新闻理念是"有新闻的地方就有我们"；

《环球时报》标示的新闻理念是"没有什么能逃过《环球时报》的眼睛"；

《新周刊》标示的新闻理念是"就是为了新一点"；

编辑理念是高度凝练的媒体精神和价值取向的体现，是报纸的灵魂。同时，编辑理念也决定了媒体的内容走向。

将媒体编辑理念标示在头版最醒目的地方，形成一种独特的识别符号，是一种非常聪明的做法。古人说："立片言以居要，乃一篇之警策"。写文章，先要突出论点，写消息也要精心制作导语。在头版上所标示的编辑理念，无异于宣言或誓词。它除了表明媒体的追求与理想，还给读者透露出这样一种信息：这家媒体是敢于负责任的，是值得信赖的。如此一来，不但有利于稳定既有的读者群，还有利于扩展新的读者群。

比如：《广州日报》"追求最出色的新闻"这个理念，就能传递给读者这样一种信息："你看到的将是最出色的新闻"，换句话说，《广州日报》将拒绝垃圾新闻、平庸新闻。那么什么是最出色的新闻呢？首先，最出色的新闻必定是读者最想了解的新闻，最具新闻价值的新闻。这类新闻，信息含量高，能满足读者的知情需要；其次，最出色的新闻还应是角度新颖、写法独特的新闻。它摒弃旧有新闻中穿靴戴帽、概念化、公式化的弊端，把最新鲜最精彩的东西奉献给读者。同时，在文风上还应清新活泼、不拘一格。当然，对最出色的新闻还会有其他的理解，但《广州日报》敢于这样标示，就让读者吃上了"定心丸"：我订阅《广州日报》，必将物有所值。虽然读者还要检验《广州日报》是否真能做到这一点，但对"最出色新闻"的追求，也使他们充满了期待与渴望。

再比如《经济观察报》的标示语"理性建设性"，也具有同样的效果。何谓理性？何谓建设性？报纸负责人这样解释：理性建设性就是不炒作、不媚俗、不冲动、不虚伪。具体来说，理性就是注重思考、讲究方法、客观公正、准确真实，同时具有职业精神；而建设性的核心是理解、尊重，以积极正向的心态看待事物，以渐进、重过程、可持续并留有余地的技术方法推进社会经济的发展过程，强调扩张性、非零和，用增量解决存量问题的思维方式，最终实现目标群体的利益最大化。

《经济观察报》和《21世纪经济报道》、《中国经营报》一起，被称为我国三大新锐财经类报纸。据笔者理解，其理性和建设性的办报宗旨，体现在新闻报道之中，就是在尊重事实的基础上，侧重于冷静客观地分析和评论。尤其是对一些财经事件、财经现象，不仅仅告诉读者其"是什么"，还要揭示其"为什么"，更要预测其"如何"即未来的走向和趋势。在揭示其"为什么"、预测其"如何"的时候，也不仅仅依靠媒体工作者的自我判断，更要借助于专家学者的意见和建议。这样，媒体的报道就可以作为财经工作者特别是企业界人士的重要参考。"你可以不照着做，但我有责任告诉你"。把经济观察家的责任和有理有据的分析融合在一起，报道就充满着理性和建设性。可以说，理性和建设性的编辑理念，是与盲目性破坏性相对立的，是对只图痛快、不计后果倾向或现象的否定。这样的编辑理念，在《经济观察报》创办

之初便鲜明地提出并作为一种承诺刊印在头版上，颇有标新立异、让人眼前一亮之感。

《北京青年报》和《环球时报》所提出的"有新闻的地方就有我们"和"没有什么能逃过《环球时报》的眼睛"，也有异曲同工之妙。两报所宣示的，是一种"守望者"的责任担当：我们不会漏掉任何有价值的新闻，我们的目光和足迹将无所不在、无处不至。试想，没有一定的实力和勇气，敢这样标榜和承诺吗？换句话说，把自己的编辑理念公开刊印在报纸最显眼的地方让大家监督，无异于把自己架在火堆上烘烤。做到了，会极大增强自己的影响力，加快人气的聚集；做不到，也会削减降低自己的影响力，使积聚的人气迅速分散。也正因为这样标示带有一定的风险，因而反倒能激发读者的好奇心，培养读者对报纸的忠诚度。

在报纸显要位置刊发、标示编辑理念，不仅是我国报纸的独有现象。美国的《华尔街日报》，其标示的理念是"在资本主义世界探险"；《俄勒冈人报》的理念是："不可或缺"。一个标榜自己的探求冒险精神，宣称自己敢于报道别人未曾涉及的领域，敢于说出别人不能说、不敢说的话；一个宣称自己报道的有用性。这两家报纸的编辑理念，也让读者难以忘怀。

用最简短、最有特色的语言，标示编辑理念，不独报纸有，广播电视的节目、栏目也大量采用这种方式。甚至某些评奖项目的颁奖辞，也往往采用这种言简意赅、朴实中蕴含着深刻的标示性语言，这种标示性语言，像警句格言一样，会深深刻印在受众心中并得到广泛流传，从而为打造媒体品牌奠定坚实基础。

新闻创造价值。把经过千锤百炼的编辑理念标示在报纸首页，是凸现媒体形象的明智之举。

二、精心做好导读

导读，是厚报时代的产物，是帮助读者选择阅读的指南。

在报纸只有对开 4 版的时候，无需导读。当报纸版数达到十几个、二十或三十多个甚至更多的时候，导读便不可或缺。

导读，是报纸编辑根据本期报纸内容的重要和新鲜程度而设计的目录、索引，通常置于报纸的头版。一般情况下，导读只有标题或简要的内容提示，然后注明详见某某版。读者根据导读的提示，按图索骥，可以很容易地找到相关的报道。可以说，导读的设置，是为了方便读者，是媒体"以受众为本"理念的体现。

导读既是一种提示，也是一扇窗口。报纸的版面越多，导读的重要性就越能体现。

在厚报时代，媒体对新闻信息量的追逐成为一种常态。"一报在手，天下事尽知"，媒体希望通过自己的努力，让读者知晓所有新鲜且重要的新闻（资讯），以扩大自己的市场占有率。这些新闻既有时政、经济、科教等方面的，也有社会、民生等方面的。在新闻版之后的各种专刊中，既有健康、旅游、房地产等方面的，也有文化、体育、教育等方面的，林林总总，令人目不暇接。在数百条（每版按刊发稿件 10 篇计，24 版的报纸即可刊载 200 多条）新闻中，编辑最想让读者知道哪些新闻，除了采取其他编排手段，如稿件刊发的位置（俗称版序和版位，一般而言，头版比二版重要、二版比三版重要；同一个版面上，上比下重要，左比右重要），字号的大小、粗细以及是否加框、花边等予以突出和强调外，就是在导读中将其标出。比如，2010 年 2 月 5 日的《燕赵都市报》共有 24 版，其导读中便安排标题 5 个，分别是：

①两农民工讨薪　被包工头杀死（详见 13 版）

②文强财产大曝光　最大开支是嫖娼（详见 13 版）

③搭人梯救落水儿童　8青年溺亡2人（详见14版）

④被困登山者获救　装甲车护送开道（详见15版）

⑤杨澜专栏泄露天机　姚明的孩子是女儿（详见22版）

以民生立报为编辑理念的《燕赵都市报》，是河北省最有影响的都市生活类报纸。因河北毗邻京津，该报在京津地区的发行市场中也占有一定份额。在该报24个版的栏目设置中，除了两个时评版，新闻版兼顾到了本省、京津、中国和世界发生的各种重要新闻，视野非常广阔。前面所列导读中的五个标题新闻，有两个刊发在13版即《中国·热点》版，两个分别刊发在14、15版即《中国·综合》和《世界·综合》版，最后一个刊发在22版即《体育·天下》版。

再从新闻发生地来看，两农民工讨薪被包工头杀死的新闻发生在河南郑州，摘发的是《东方今报》的消息；文强财产大曝光的事源自重庆，是综合了《新京报》和《潇湘晨报》的消息；搭人梯救落水儿童的事件发生在陕西省宝鸡市，综合的是《华商报》和《陕西日报》的消息；被困登山者获救，转载的是《华西都市报》的消息；杨澜专栏泄露姚明的孩子可能是女儿的消息，是作者依据《中国日报》刊载的杨澜的文章写成的。上述五篇消息，没有一篇源于河北，也没有一篇是本媒体记者采写的。但是，《燕赵都市报》却把这五条消息的标题列入导读，这对于如何掌握导读的选择标准，具有一定的启示和借鉴作用。

从目前的总体趋势来看，新闻信息资源的整合利用，愈来愈为媒体所重视。不但区域性媒体、行业性媒体，就连全国性媒体，也不能包打天下，完全刊发由本媒体记者所采写的报道。在争快（时效性）、保全（不漏报任何重要新闻）的责任感驱使下，各媒体除了根据自己的市场定位、受众定位，保证发生在本区域本行业的新闻不漏报以外，还大量转发（摘发）其他媒体所刊发的具

有共同兴趣和较大价值的新闻。这样，不仅省时省力，节约成本，还能收到"一报在手天下事尽知"的效果，可谓事半功倍。就拿前面所述的《燕赵都市报》导读中所列五则新闻来说，尽管都未发生在河北，也都不是本媒体记者所采写，但由于这些新闻相对比较重要或新鲜，并能起到"借石攻玉"的作用，故而，编辑将其列入导读：

其一，两农民工讨薪被包工头杀死的消息被列入导读，是因为临近年节（刊载消息时的2010年2月5日，是农历腊月二十二日），农民工追讨欠薪又成热门话题。转载此消息，会引起当地政府有关部门和广大农民工的更多关注；

其二，文强财产大曝光的消息，是重庆审判涉黑案的后续报道。作为原重庆市公安局副局长的文强究竟有多少"财产"，这些"财产"是怎么来的，自然也会有很多人关心；

其三，搭人梯救落水儿童的消息，报道的是陕西省宝鸡市景华驾校师生在水中搭成人梯，前赴后继抢救两名落水儿童，结果男童获救，两施救青年却不幸遇难的事情。该消息体现了见义勇为精神，因此值得加以突出和彰显；

其四，装甲车护送，七名登山者获救的消息，报道的是七名中国登山队员在登顶大洋洲最高峰查亚峰后被困印尼，经中国登山协会、中国外交部领事保护中心和我国驻印尼大使馆的多方努力，印尼政府派出军队将登山队员营救下山的事情。该报道是"7名中国登山者被困印尼"的后续报道，有必要在导读中提请人们关注；

其五，关于姚明的孩子是女儿的报道，会吸引众多球迷和体育爱好者的眼球。

在《燕赵都市报》当天报道的新闻中，列入导读的上述五篇果真是最新鲜最值得关注的吗？这个稿件价值的判断是否准确的

问题，不仅《燕赵都市报》，其他媒体都会或多或少的遇到。固然对稿件价值的判断仁者见仁、智者见智，不会有完全一致的标准，但从读者的阅读心理来看，列入导读的报道，尽管只有标题或简明扼要的内容提示，读者还是会先找来看一看。因为，导读是最先映入读者眼帘的，先入为主的习惯力量会驱使着读者检验一下这些报道是否真正值得阅读。没有列入导读的报道，读者也会挑选着看一看，但看多看少，则要根据自己的时间和心理需要来决定。

不管是否列入导读，读者读报时都有一个基本规律可循，就是在快速浏览的过程中，记下自己感兴趣的报道，然后回过头来仔细阅读。那么，什么报道能让读者感兴趣呢？一般来说，能在读者脑海中留下"？"或"！"的报道，即有疑问并感到吃惊的报道或为自己迫切需要了解，能引起情感波澜的报道。这些报道，必定包含着重要性、新鲜性、接近性、趣味性等构成新闻价值的基本要素。一则消息，读者闻所未闻，急切地想知道究竟是怎么回事，也就是说，头脑中瞬间出现了"？"，这样的报道，读者会选择阅读，例如前面提到的《燕赵都市报》的"两农民工讨薪被包工头杀死"、"搭人梯救落水儿童 8 青年溺亡 2 人"、"被困登山者获救 装甲车护送开道"便能产生如上反应；有些消息，属于追踪性报道，特别是知名人物的近期情况，读者也有兴趣了解，例如原重庆市公安局副局长文强究竟有多少"财产"，姚明妻子怀孕后生男生女的情况，之前都曾进行过报道，此次又有新的进展，所以仍然符合"趣味性"和"新鲜性"的价值要求。

综上所述，可以看出，在厚报时代，精心选择读者应知欲知而未知的新闻，将其制成标题新闻或提要新闻放入导读栏，可以引导读者进行选择性阅读，省去了读者逐版浏览的麻烦。这对于工作生活节奏很快、时间格外宝贵的读者来说，是件好事。但是，

由于导读也会对其他新闻起到屏蔽作用，如果引导不当，则会使没有入选导读的新闻被忽略掉。因此，充分掌握本媒体当天报道的所有稿件，并根据读者的求知求乐心理，谨慎选择列入导读的稿件，便显得十分重要。

其一，列入导读的稿件要有特色、有亮点。人们到饭店就餐常要求服务员报出该饭店的特色菜、招牌菜，制作导读，也就是把本报的特色新闻、亮点新闻报出来，以吊起读者的胃口，激发读者的阅读欲望。因此，对于本媒体当天播发的所有新闻中，哪些新闻更有特点应心中有数。编发导读稿件的编辑如果自己拿不准，则可与其他人讨论，反复斟酌与遴选，而不能随心所欲，把"空"填满了事。

其二，标题应格外讲究。列入导读中的标题和报纸上刊发的新闻标题应基本一致，但也允许稍有变动。这种变动，一是"增"，即字数稍微增加一些，这主要运用在摘要类导读中；一是"减"，即导读中的标题比后面各版中的标题更精炼、字数更少。字数上增加的，字号可略小一些；字数减少的，字号可加粗一些。因为，报纸上所预留的导读栏，版面空间是相对固定的，字数太多、字号太大，会使有限的空间显得非常拥挤。而字数少些或字号小些细些，留下的空白面积就相对大些，这会使人看起来感到舒服。

导读是为读者服务的，也是体现编辑意图的窗口，虽属方寸之地，但由于位居头版，十分显赫，所以仍需精耕细作，丝毫马虎不得。

三、适当拆解分割

所谓拆解分割，是把一篇较长的报道，运用图片、关键词、相关链接拆解分割成多个部分，使每一部分的文字变得简短，脉

络也更清晰，便于读者阅读。由于版面上段落较多，留白较多，因而能有效的缓解阅读疲劳。

多年来，新闻界一直倡导写短新闻。但是短新闻并不好写。一是短新闻言简意丰，要求抓住事物核心或特点，用最精炼的文字将其再现或表现出来，这对于作者的写作技能是个不小的考验；二是"豆腐块新闻没有分量"的认识仍然不同程度地存在于部分记者的头脑中。这样一来，短新闻少，好的短新闻尤其少的现象，便一直延续下来。在中国新闻奖和各省市区所组织的好新闻奖评选中，消息类大奖常常空缺的现实就说明了这一点。

短新闻少、长报道多的状况既然暂时难以改变，那么就采取拆解与分割的办法，将长报道分成若干部分，并以关键词的形式将其区别开来。这样，报道虽然总体上仍然较长，但由于划分成若干个段落和部分，所以，每部分就相对短了下来。这一段段由关键词"率领"的单元或部分，类同于一篇篇短消息，读起来并不吃力。

2009 年 12 月 29 日，《燕赵都市报》第 17 版用将近整版的篇幅，刊登了由本报记者采写的关于我国高速铁路建设的稿子。这篇 2500 字左右的稿子，在四开的都市类报纸上发表，应该算是长报道了。但由于分割拆解得当，所以虽然用了将近整版的篇幅，却仍然比较好读。

该报道采用通栏标题《武广启幕四纵四横高铁未来 3 年后坐火车就像搭公交——高铁时代改写中国经济新版图》，标题气势宏伟、具体形象。

通栏标题下，是一幅"四纵四横高速铁路网"的示意图和"四纵"、"四横"及三大城际客运系统的文字介绍，给人一个总体的认识和印象，然后是报道的全文。全文共分六个部分，分别以"远景——中国将进入 8 小时生活圈时代"、"生活——快节奏

改变慢生活"、"贸易——区域壁垒将彻底消亡"、"竞争——第三者将改写交运行业游戏规则"、"疑问——高铁是富人的专利吗?"、"历史——中国高铁圆梦20年"为小标题。其中,"远景"、"生活"、"贸易"、"竞争"、"疑问"、"历史"就是各个部分的关键词。由于关键词铺了黑色的底网,所以显得格外醒目,给人的感觉就像是六篇短新闻。

在新闻写作中,有一种笔法叫"跳笔"即跳跃式笔法。它要求段落要短,且段与段之间可以有甚至必须有较大的跳跃。跳跃式笔法,省去了句子之间的起承转合与过渡衔接,表面上看,句句、段段之间并不具有连贯性,但由于内在的逻辑性仍然较强,所以并不让人感到摸不着头脑。跳跃式笔法的最大好处,是能够形成多个阅读兴奋点。由于段落多,段段之间既给了读者喘息、休息的机会,又以下一个兴奋点刺激、吸引着读者。在版面效果上,由于段落多,留下的空白自然也多。这样,就使得版面黑白相间、疏密有致,看上去比一大片密密麻麻的文字好多了。

将长报道拆解分割,是在外观上、形式上使版面变得赏心悦目的重要方法。有人会说,为什么不下决心压缩长报道,从根本上解决新闻篇幅过长的问题呢?这个问题切中要害、十分中肯。但冷静分析,刹长风的工作进行了几十年(1946年9月27日,胡乔木就曾发表《短些,再短些》的文章提出:新闻要五分之四是一百字到四百字的,通讯和副刊稿件五分之四是四百字到一千字的),为什么仍然不能根治"长"病呢?从每年各地的新闻奖评选中即可看到:新闻媒体报送的通讯篇目,远远多于消息。并且,只有一千字的通讯基本没有,二三千字的也不多见,多数通讯字数都在三千字甚至更多。这说明,通讯的容量确实要大许多。一篇好的通讯,要有情节、有细节、有对话,字数太少了不容易把事情说清楚,更不容易把新闻人物和新闻事件写得栩栩如生、活

灵活现。此外，这些年兴起的新闻报道策划，也要求在广度深度上进行拓展和挖掘，力求把某个人物或事件的来龙去脉、前因后果尽可能完整地呈现出来，让读者获得一个立体的认识。这样，报道就相应地变长了，"长"风难刹的现象也就持续下来。对此，也不必完全大惊小怪，在技术上作一下处理，将其进行适当的拆解与分割，也可以化解"长"所带来的阅读障碍。

四、勇于刊发更正

2003年6月30日，《北京青年报》A叠第二版出现一个加框的小栏目："本报更正"，对该报6月28、29日刊发消息中出现的差错提出更正，并为之向读者致歉。

更正是对读者负责的表现，是需要极大勇气的。一般来说，没有媒体愿意将"家丑"外扬，除非是读者投诉或上级领导批评的重大差错，很少有媒体主动更正。即使更正，也尽可能淡化和低调处理。因此，《北京青年报》的做法，在当时颇有惊世骇俗之感。

按照印刷行业允许万分之二差错率的标准衡量，几十个版、数万字的报纸中出现某些差错是情有可原的。况且，"无错不成书"似乎也为人们所默认。这样，报纸不公开进行更正也在情理之中。尽管如此，《北京青年报》和其他报纸将更正变成常态的做法，还是迎来一片喝彩。人们评价说，这体现了报社向自我挑战的勇气。哪怕十万分之一的错误也终究是错误。知错改错好男儿，知错改错也是负责任的报纸应有的表现。

新闻报道中出现一些错字别字，虽然不应该，但只要加强校对，健全规章制度，还是比较容易避免的。对于某些提法上的不准确、不严谨和一些事实性错误、评价性错误，要完全杜绝和消除就困难得多了。

2009 年是新中国诞生 60 周年，在各种纪念、庆祝性报道中，"建国 60 周年"的提法屡见不鲜。开始许多人并未觉得有什么不妥，但仔细斟酌，却发现这种提法不符合事实。"中国"一词，最早见于周朝文献，周武王称自己的国家为中央之国，后世称这块土地上的国家为"中国"。辛亥革命后，1912 年成立中华民国，简称"中国"，这个称谓才正式成为国号。1949 年成立的"中华人民共和国"，是新中国。所以，建国 60 周年的提法应改为"新中国成立 60 周年"。

上述例证，是提法上的错误。虽然不是哪家单个媒体所为，但也说明，即使是人们耳熟能详、司空见惯的某些提法，也会有不严谨、不准确之处。对这样的错误，是必须要加以更正的。

在新闻竞争愈来愈白热化的背景下，新闻报道中出现某些事实性和评价性错误，有时也在所难免。因为新闻报道为了争抢时效，需要在第一时间发出，但事实的发生、发展以及人们对事实的认识要有个过程。"萝卜快了不洗泥"，在匆忙发稿的情况下，未经核对和验证的报道便出现了某些差错。此时，若不以适当的形式加以更正，受众便会觉得报道失实。虽然责任有时并不在媒体，而在于提供事实的单位，但受众仍会觉得媒体没有尽到责任，至少是不够慎重。2010 年 2 月 10 日，中央气象台发布预报称：山西、河北中南部将有大到暴雪，会给春运带来极大困难。此时，正是农历腊月二十七，不少家庭甚为担心。然而，当天却是艳阳高照，河北中部未下雪，南部也只是飘落一点零星小雪。虽然未下雪要比下暴雪更让人们喜出望外，但再对照中央气象台的预报和河北某媒体刊发在头版头条的关于河北中南部将有暴雪的报道，人们不禁哑然失笑：这不是虚惊一场吗？此类天气预报不准的后果尚不是很严重，或者说即使报道了下暴雪而未下，提醒人们早作准备早加防范也不完全是坏事，但人们由此留下一个印象，天气预报有时是不准的，媒体报

道有时也是不可信的。虽然媒体报道的来源是气象台，但经过验证与事实并不相符时，也以发个更正说明为好。

对事实的评价是建立在事实准确基础上的，事实若不准确客观，评价自然也有失公允。尤其是经济或科技报道，若偏听偏信、妄下结论，甚至会给某个企业或行业带来灭顶之灾。2005 年 4 月 17 日，北京一家报纸以《英报称高露洁等牙膏含间接致癌物》为题，转载了英国《旗帜晚报》（有的误译为《标准晚报》）的报道。此后国内众多媒体竞相跟进，从不同角度进行了追踪报道，《佳洁士卷入牙膏可能致癌风波，宝洁承认用三氯生》、《质检总局开查牙膏致癌物》等相关报道见诸各大媒体，消费者陷入一片恐慌中，一场牙膏信任危机席卷全国。

事实上，这是一篇以讹传讹的假新闻。英国《旗帜晚报》的那篇报道中，涉及美国弗吉尼亚理工大学教授威克斯兰和一位助理教授，并言之凿凿地说包括高露洁品牌在内的数十种超市商品正在被撤架。在一片高露洁致癌声中，新华社记者颜亮采写的《"高露洁事件"呼唤媒体科学责任》、《世界新闻报》驻英国记者彭丽采写的《"高露洁"在英未下架　致癌英文报道仅一篇》和《南方周末》记者李虎采写的《"高露洁事件"——谁制造了牙膏信任危机》等，发出了与众不同的声音。他们没有人云亦云，而是追根溯源，对原报道进行了认真细致的核实，不但直接采访了彼得·威克斯兰本人，查阅了威克斯兰的原始研究论文，而且到原报道中提到的超市进行现场调查采访。结果发现，英国《旗帜晚报》刊登的《牙膏致癌警告》，与事实相去甚远，是一篇不折不扣的假新闻。

2005 年 4 月 27 日，中华口腔医学会、中华预防医学会、英国首席牙科医生主任和美国弗吉尼亚理工大学教授威克斯兰在北京提供相关证明：使用高露洁牙膏是安全的。威克斯兰宣布他的实验室研究根本没有涉及牙膏或提出对高露洁全效牙膏使用安全性的担心。至此，沸沸扬扬的"高露洁事件"被证明是媒体记者以讹传讹而导致的一场公共卫生危机。①

"笔下有财产万千，笔下有人命关天"。一篇以讹传讹报道差点毁了牙膏企业甚至行业。问题牙膏和含有牙膏致癌物的评价性语言，带来了人们心理上的恐慌，导致了一场公共卫生危机的形成。然而，传讹的媒体却没有谁站出来更正或致歉，不能不令人感到遗憾甚至愤愤不平。

建立责任追究制，是抵制假新闻的必要举措，但外部的压力，毕竟要转化为内部的动力才可能真正见成效。对于媒体来说，不管哪一类错误，都应该自觉主动地予以更正或说明解释。这不但无损于媒体的声誉，相反还能赢得受众对媒体的好感，增强媒体的亲和力。

媒体的更正体现媒体的坦诚。敢于剖肝沥胆把自己的短处示人的人，永远要比遮遮掩掩一贯正确的人更让人觉得可靠可敬可亲。新闻媒体作为受众的良师益友，更应该在知错改错方面作出表率。要知道，在媒体上开辟更正栏，不仅可以活跃版面，吸引受众注意力，更可让受众觉得这个媒体的报道是值得信赖的。因为有错的地方，自己都作了更正处理。这样，受众对媒体的信任度就会进一步增加。"塞翁失马，焉知非福"，表面上看起来，自我更正暴露了媒体的短处，实际上恰恰把短处转化成了长处。如此好的事情，何乐不为呢？

五、革新版面设计

版面是报纸编辑根据一定的原则和意图，将各类稿件有机组

---

① 丁素云：《从"高露洁事件"看记者对新闻线索的甄别和使用》，《新闻知识》2005年第8期。

合在一起所形成的整体结构。

报纸的版面包括版面内容和形式两部分。其中，版面内容是决定性的，支配、制约着版面形式；版面形式服从服务于版面内容，并对版面内容起到或积极或消极的影响。一个完美的版面，能极大地丰富内容，强化内容的传播效果；一个不适宜表现内容的版面，也会使本来精彩的内容为之减色。

版面的作用主要表现为：通过稿件在版面上的不同位置，表现稿件的不同价值和意义，从而体现报纸的倾向性；通过各种版面要素（线条、色彩、字号等）的运用，把稿件间的特点和联系清晰地反映出来，并使之主次分明，眉清目秀，形式优美，从而带给读者美感，吸引读者阅读。

版面就像人的脸面，给人以直观的认识。比如，《人民日报》的版面比较端庄大方，简洁明快；《中国青年报》的版面内涵丰富、充满活力；《南方都市报》的版面多姿多彩、时尚前卫等等。版面也像身份证一样，显示着每家报纸的独特风格。有时不看内容，仅从版面风格上读者就能识别出是哪家报纸。有的版面，通过字体、字号的变化来体现新鲜、活泼的风格；有的则不用黑体字，以保持淡雅朴素；有的版面通过加大行距，以显得明朗悦目；有的版面则用较长的行宽，体现其庄重典雅。总之，版面的设计与其编辑理念紧紧相连，与其独特风格休戚相关。

版面设计，是在一定大小的纸张（对开或 4 开）所提供的空间内，确定版面各要素的合理布局以及文字的排版形式、字体字号、行间空距、图表位置等，使版面具有美感并形成独特风格。

从目前我国报纸版面的设计来看，综合时政类报纸为体现其权威、庄重的风格，大多采用咬合式或称非规则对称式编排法。这种编排法的特点是整体对称，而对称的形式不工整、不完全，它不拘泥于左右对称，不要求对称的同形等量，而是在对称中有变化，以变化形成对比。稿件与稿件之间，可以有穿插和咬合。比如，头条稿件如果横排，占到6栏或4栏的话（一般为8栏，瘦报为6栏），二条稿件则采用竖排法，占到2栏。反之，头条如果竖排，占到2栏的话，二条则横排，占到6栏或4栏。其他稿件在标题的位置安排上，讲究有高有低、错落有致。咬合式或称非对称式编排法的亮点或特点就是"变化"：今天的版面和昨天的版面不同，一版和二版的版面不同。稿件与稿件之间，标题和标题之间相互叠压，就像砌墙时的砖缝一样，给人一种紧密结合不易"倒塌"之感。

都市生活类报纸为体现其信息含量大、内容丰富多彩的风格，在版面设计上大多采用规则对称式编排。这种编排法，有的是以版面的垂直均分线为中轴线，左右两侧安排的稿件的长短和标题的大小完全相同；有的是将版面分成三部分，中间的几篇稿件篇幅较长，标题自上而下排列，两侧则完全是短讯，在形式上类似于斑马线。这种编排法，版面形式较为固定，设计版面较为容易，每天每版的样式整齐划一、均衡。特别是报头居中的报纸，中间部分安排篇幅较长的稿件，分量显得较重，给人以厚实饱满之感；两侧的稿件虽篇幅较短，分量较轻，但由于条数多密度大，因而和中间的稿件形成了对称，规则对称式版面由于讲究均衡对称，给人的感觉是眉目清晰，阅读方便。但由于变化较小，时间长了也显得呆板、僵硬，容易让人产生审美疲劳。

无论是非规则对称还是规则对称，版面设计都要遵循对称与平衡（相对而言）、对比与协调、变化与统一、动感与静感的原则，处理好上述几种辩证关系，做到重点突出，整体协调，文图搭配，长短相宜，疏密相间，让人觉得大气、流畅。

对称与平衡：对称，既可以是左右两边整齐排列（例如前面提到的斑马线设计），也可以是左上与右下或右上与左下的斜角对

称（例如版面左上方的头条稿件与右下方的倒头条稿件或版面右上方的报眼稿件与版面左下方的稿件）。这些稿件，分布在版面的四个角，标题字号较大较粗，给人的直观印象是分量较重。若不讲对称，就会有失衡之感。比如头条稿件占据着左上位置，右下也要安排一篇分量较重的报道与之相呼应。如果没有合适的稿件，至少也要将右下的稿件加框或标题加黑，不然就会不平衡，就会显得头重脚轻。

对比与协调：文字与图片，长报道与短报道，新闻与言论等等，都会形成对比。版面上只有文字没有图片，只有长报道没有短报道，或只有新闻没有言论，都不是版面安排的理想状态，都不会让读者感到美观和协调。因此，在稿件的题材品种搭配上要注意图与文、长与短、轻与重结合，使之相得益彰。

变化与统一：不同的字体字号是一种变化，文字与图表交错也是一种变化。就连适当的留白（没有文字的空白）也是为了追求变化。有变化才有起伏，才符合"文似看山喜不平"的阅读心理。变，是绝对的，但也是讲求规律的。"乱中有整，违中有合"，是变中求统一的美妙境界。乱和违，是指的参差错落，不拘一格，而不是不讲章法、随心所欲。整和合，就是整体和谐，亦即统一。这不但指各个版面之间的变化要大体一致，不能"各吹各的号，各唱各的调"，即使是同一个版面，也不能随意而为，不讲对称和平衡。

动感与静感：一般来说，文字给人以静感，图片给人以动感；方方正正的宋体字给人以静感，舒展秀气的行楷给人以动感。在版面的设计安排中，常常要根据内容的需要，对动感与静感给予不同程度的突出与强调。比如，读书版宜强调静感，图片用一束玫瑰、一抹灯光来衬托更使人觉得静谧安详；体育版宜强调动感，适当多发几幅图片尤其是运动中的图片，会让人荡气回肠。这些虽是辅助性的，但对于强化阅读效果，亦很有帮助。

版面设计，不仅仅是技术工作，更是一种服务观念的延伸和体现。富有美感，令人赏心悦目的版面，会让受众觉得是一种享受。同时，也能体味到媒体为受众着想的良苦用心。粗制滥造、随意堆砌的版面，会让受众感到媒体的不负责任，不用心。我们常说，"细节决定成败"，版面的设计与安排看似小事，实则是影响媒体有无亲和力或亲和力大小的大事。在革新版面，不断提高版面设计水平的过程中，借鉴和参考本章提到的诸如标示编辑理念、精心做好导读、适当拆解分割、勇于刊发更正等方法，使版面不但重点突出，而且阅读方便、感觉温馨，是有一定作用的。当然，由于不同媒体的受众定位、内容定位等不同，各自的风格也不尽相同。但万变不离其宗，无论有多大差别，为受众提供贴心服务，让受众赏心悦目这一点，却是共通的。

第九章

别具一格的图片运用助力亲和力

"读图"时代的到来，使得以新闻照片、图表、新闻漫画等为主体的图片，日益从报纸的配角变为主角。别具一格的图片运用，也理所当然地成为增强报道吸引力、感染力和亲和力的重要手段，以至于不得不用专门章节来阐述这一问题。

第一节　图片成为视觉中心的理由

何谓"读图时代"？读图时代即对图片的解读成为主流阅读方式之一的时代。

图片何以能成为主流阅读方式？这首先是因为图片形象直观，且内涵丰富。"一图胜千言"，用文字很难说清的事情，一幅图片能够很容易地将其显现出来。比如，要清晰地反映我国 2009 年在经济建设方面取得的成就，就要用上几千字，并且充满了数字和百分比，很难让人细细读下来。而如果用图表来反映，则一目了然，读者看起来也省力得多。再比如，要表现一个刚刚竣工的宏伟工程，用文字来叙述工程的状貌规模不仅冗长累赘，给人的印象也不够深刻，而如果用新闻照片来表现，则立刻使人"全局在胸"，并有"如临其境"之感。正是因为图片本身具有形象与直观的特点，所以读者在阅读时更喜欢图片。

更重要的是，随着生活节奏的加快和各类信息的增多，人们

的眼睛专注于某个事物或信息的时间越来越短。尤其是那些需要花费较长时间和更大耐心去阅读的文字，已经不能快速有力地吸引人的眼球。在这种背景下，以图片为代表的视觉符号，便日益成为人们注意的中心。特别是对于生活在电视、网络时代的青少年来说，没有形象已变得不能忍受。"快餐文化"，便是在这种意义上形成的。人们试图用最短的时间获知最多的信息，同时在获得的过程中使自己的精神得到放松，身心得到愉悦。照片图表及漫画等适应了人们的这种心理和生理需求，只要用眼睛一扫，便能大体知道所表现的内容，有些还能令人会心一笑。因此，人们在接受媒体传播的信息时，首先或更愿意接受图片，便是不难理解的。

图片比文字更形象直观，但并不能完全取代文字。要交代事件的来龙去脉，揭示现象背后的深刻内涵，还必须依靠文字。即使是用图片来报道新闻，也还要有一定的文字说明。也就是说，图片和文字不能相互取代，而只能相互配合，才能更好地发挥传播信息的作用。

改革开放之前，我国报纸上的图片是比较少的，每个版上，有一两幅图片就算不错了。那时，图片充其量只能起到点缀和陪衬作用，占主导地位的是文字。有时一个版面上，都是密密麻麻的文字，很少见到用图片的形式来解读文字。不过，由于当时新闻媒体数量少，更没有手机和网络，没有视频，所以人们尚能耐住性子（有时是出于完成任务如学习报纸上刊登的文件或领导讲话）读这些文字。

自20世纪90年代起，尤其是进入21世纪以来，新闻媒体的数量以几何级数增长。人们选择媒体的自由度大了，阅读方式也发生了变革。从报纸来说，上个世纪90年代中期开始创办的都市生活类报纸，不但在内容上贴近百姓，民生新闻、社会新闻、文

化娱乐体育新闻等过去较少为党报报道的新闻，铺天盖地，在办报的形式上也发生了极大的转变，报纸的头版，不再是最重要的新闻版，而逐渐演变成由标题新闻、导读、图片和各种服务性信息如天气预报等构成的橱窗或封面。在这类报纸上，图片的使用量大大增加：单幅图片、组合图片以及用来烘托气氛的压题图片等，几乎占了新闻报道的半壁江山。用图片来报道各类突发事件（如矿难、车祸、火灾、水灾等）和典型人物，更成为常态。在有些情况下图片可以上头条，甚至可以占到整版。所有这些均是为了引起读者的充分注意，提高读者的阅读兴趣。

党报在图片的运用上，也有了很大的变化。最显著的是在重大会议的解读上，不是照抄照转，黑压压地发一整版文字，而是用各种图表（柱状图、饼状图及各种资料照片），条分缕析地进行说明和解释。在重大事件、重大成就报道上，图片也成为一种重要的报道形式。虽然在图片和文字的比例上，还没有一个可以量化的标准，但图片的数量在快速增长，却是不争的事实。据《河南日报》总编辑在《读图时代的挑战与报纸总编辑的应对之策》一文中透露，该报自 2007 年以来，每年见报照片都以 30% 甚至 50% 以上的幅度在增长就是明证。

报纸上图片运用数量的增长，呼唤着媒体内部组织机构的变革。"图片制作中心"、"图片总监"等应运而生。图片制作中心不但涵盖了过去摄影部的工作内容，而且将图表、美术等诉诸视觉形象的内容融会在一起，使得图片的制作和使用有了机制上的保证。与此同时，图片总监作为专职负责人，在签发各版图片，尤其是在决定图片在版面上的位置、大小等方面，拥有了更多的自主权。

图片作为与文字等量齐观的重要一翼，其地位和作用日渐提升。为了使图片在版面上形成视觉中心，有的媒体大胆革新，在

一版或其他版的中心位置刊发一幅或多幅高质量的照片，并曰之"中心开花"。这种做法，不仅美化了版面，使版面变得生机勃勃，更富有视觉冲击力，而且将图片的报道事实或说明阐释事实的功能发挥了出来。

图表、照片、漫画等图片既然也是传播信息的重要形式且更为读者喜闻乐见，因而，契合读者的阅读心理，适应"读图时代"的发展要求，精心制作、拍摄、编辑、运用内涵深刻、形式新颖别致的各类图片，对于增强报纸媒体的吸引力和亲和力，力求使其在多种媒体竞争的新格局中，稳固地占领发行市场并有所扩大，是具有战略意义的。

第二节　新闻照片的"抢眼"效应

新闻照片，是以照片的形式报道已经或正在发生的有价值的事实反映，其特点是快捷形象，现场感强。

新闻照片与艺术照片不同。艺术照片本质上属美术作品，虽然同样诉诸人的视觉，但更强调照片给人带来的美感。其拍摄的对象，不一定是新闻事件或新闻人物。在拍摄手法上，艺术照片更强调光线和角度，以力求把拍摄对象最美的一面、最能撼人心灵的一面展示出来。新闻照片，虽然也讲究拍摄技巧，也有光线和角度上的要求，但由于拍摄的对象必须具有新闻价值，且在拍摄上往往要抢抓时效，因而在美感程度上常不如艺术照片，但在真实客观反映事实的原貌上，却远远胜于艺术照片。新闻照片的作用，主要体现在纪实性、证实性和实感性三点上。

一、新闻照片的作用

1. 纪实性。新闻是已经发生或正在发生的事实的报道，新闻

照片同样要真实客观地记录已经发生的事实（包括遗迹、痕迹等）和正在发生的事实。新闻照片可能不如艺术照片完美，有时甚至是模糊和残缺的，但由于其没有经过人为加工，是原汁原味的现场实录，因而仍能满足人们"百闻不如一见"的心理需求。特别是拍摄突发新闻的照片，由于其能把转瞬即逝的某个片断定格或凝结下来，就更显得宝贵。这一点，在 2008 年 5 月 12 日汶川地震救援报道中，看得格外清楚。照片《震撼人心的那只手》，用特写手法再现了绵竹市汉旺镇东汽中学发掘现场的一幕——一名死难学生紧紧攥着一支笔的左手。这只手的五个指关节和手背处，是已经凝固的血渍，手心里攥着的圆珠笔，笔杆是红色的，笔帽是白色的。这表明，正在学习的学生，至死也没丢弃用来写字的笔。《被救出的孩子向解放军叔叔"敬礼"》的照片，相信很多人记忆犹新。这位被解放军刚刚从废墟中救出来的男孩，躺在由八位战士托举着的窄窄的门板上，不但面露微笑，还伸出右手向解放军行了个举手礼，其景其情令人动容……新闻照片用镜头将那不可复制的瞬间拍摄下来，使其成为历史的一个个精彩片断，其纪实性作用是难以替代的。

2. 证实性。新闻照片具有较强的核实和印证作用，和文字报道结合在一起能更好地再现事实，增强文字报道的真实感。比如，报道农村的新民居建设时，配上一幅新民居的实景图，以及新民居和旧民居的对比图，就可以生动反映出社会主义新农村建设在改善居住条件方面所发生的变化；同时，也可以回答人们的诸多疑问：新民居毕竟不同于城市楼房和别墅，农村居民要养猪养鸡，要有盛放杂物的地方。这些设施怎样安置？摆放在什么地方？通过照片，读者就可以获得直观清晰的印象。由于有照片做证明，人们就可以相信：新民居建设不是"面子工程"，而是立足于农村实际，具有美观和实用价值的惠民工程。

照片的证实作用，使其往往具有无可辩驳的说服力。2010年2月21日，阿富汗总统卡尔扎伊召开新闻发布会，指责英美联军在清剿塔利班的过程中滥杀无辜，致使12名平民死亡。在新闻发布过程中，卡尔扎伊拿出一张八岁女孩的死亡照片，立刻让其所说的英美联军滥杀无辜变得铁证如山。照片的证实作用由此可见一斑。在这里，照片比"说"更显得真实。话可以这样说，也可以那样说，话中可以掺水分，可以造假，而照片一般难以造假。因此，用照片来证实或证伪，是比较令人信服的。

3. **实感性**。感就是如临其境、如闻其声的现场感。白雪皑皑的山坡，疏密相间的白桦林，挥舞长鞭带着皮帽子的牧马人和数十匹飞奔的马，构成了《骏马踏雪贺新春》的美妙画面（见2010年2月22日《保定日报》），观赏着眼前的照片，人们好像置身于牧马现场：乍暖还寒的冷风吹拂在脸上全然不觉，马群的奔腾和嘶鸣声响在耳畔。有雪、树、人、马构成的照片给观众带来了激越的情思和难以按捺的兴奋。与此同理，红红的灯笼、精致的中国结和各式各样的年货，传递着春节市场的喜庆与热闹；川流不息的车辆、高大巍峨的楼房，带来的是城市的喧嚣与繁华；崎岖的山路、斜挎的书包和干粮袋，阐释着山区孩子求学的艰难……

新闻照片在定格人物或事件的同时，把人物所处的环境和事件发生的环境一并记录下来，这就给人带来了很强的实感性。

二、新闻照片的运用类别

从报刊媒体的运作实践来看，在新闻照片的使用上大致有插图照片、单幅照片、装饰照片和成组照片四种形式。

1. **插图照片** 这种照片是配合文字报道使用的，与文字报道相互印证，构成一个不可分割的整体。比如，某个重要会议开幕或闭幕时，便配发一幅开幕或闭幕时的会场照片；刊发某位典型

人物报道时，配发这位典型人物的工作或生活照片。这种插图照片是为了使读者在了解新闻报道内容的同时，对相关的人物和场景也能有直观的印象。另外，插图照片的使用，也可以美化版面，使读者在阅读报道时获得短暂的休息，缓解视觉疲劳。

2. 单幅照片　这是以新闻照片为主的报道形式，照片本身即是一条新闻。一般情况下，这种单幅照片配上简要的说明文即可，不需要另加标题。在报纸上，最经常使用的就是单幅照片。

3. 装饰照片　这种照片也叫压题照片，主要是为了烘托气氛，渲染环境。特别是在整版报道某件事情，需要制作通栏大标题时，用大幅横式照片做栏头，在照片上压制栏题字，可以使版面很有气势，很抢眼。比如，每年3月12日是植树节，各地报纸在报道植树造林活动时，往往用"让山川绿起来、美起来"或"植下一片绿，留住万顷田"等通栏标题。此时，用山清水秀的照片或植树造林的现场照片压题，就使植树节的主题更突出，更能形成规模效应。

4. 成组照片　使用两幅以上的照片反映某个事物不同侧面的报道形式。成组照片又分成专题性和对比性等。专题性的成组照片，报道的是同一对象，但各张照片的侧重点不同，景别也不同。比如报道某地农村春耕备播时，可以有农资部门送化肥下乡的照片，有农业技术人员在田间现场指导的照片，有农民正在浇地的照片。这些照片集中反映春耕备播这个专题；对比性的成组照片，是报道事物之间的反差，以说明变化或差距。比如，用"过去"和"现在"比，以体现纵向变化，用"好与差"、"喜与忧"以体现横向差别。对比性成组照片，由于反差强烈，给人的印象尤其深刻和强烈。

成组照片需要有文字上的总说明和分说明，总说明用于交代照片反映的新闻内容、背景或意义，一般需加标题。分说明即对

每幅图片的说明。总说明文字略多些，分说明一两句话即可。

三、阻碍新闻照片"抢眼"的若干因素

新闻照片与文字报道相比，更能吸引人的眼球，更具有视觉上的冲击力。但并不是说，所有的照片，都天然具有吸引力和感染力。实际上，有许多不痛不痒、题材不新、角度不奇、平淡如水的照片，不但不具有抢眼效应，相反，还让人看了不舒服甚至反感。那么，是哪些因素，阻碍了照片的抢眼效应呢？

一是题材不新，画面内容缺乏吸引力。新闻照片如同文字报道一样，言之无物或一般化，与读者的阅读需求没有关联，便不能引起人们的充分注意。比如，某些照片基本上属于黑板报式的表扬稿：今天是某个企业的产品质量过硬，明天是某地农民正在浇麦等等。不是说这样的照片不能拍，而是说，泛泛地换个单位或个人名称便能通用的照片，除了起到部分表扬作用，让被拍照的单位或个人略感兴趣外，一般人很难产生对照片的兴趣。理由就是，这样的照片缺乏针对性。假如说，某企业的产品质量过硬，是由于曾遭遇过退货或起诉，市场份额的丢失和信誉度的下降，使企业深刻认识到，产品质量是企业求生存促发展的命根子，而抓质量体现在一丝不苟的抓细节上。这样，照片就有了某些新意。因为从细节着眼抓质量，不仅工业企业需要，各行各业都需要。"细节决定成败"，从细节入手抓质量这一点就有了共同意义和普遍价值。如此一来，人们就有了关注照片的可能；再比如农民浇麦，是最一般的农事活动，春天里随便到农田里走一走，转一转，就能拍到这样的照片。然而，一幅农民浇麦的照片能说明什么呢？这和战士正在操练、学生正在学习又有什么区别呢？没有。但如果浇麦的农民浇的并不是自己的地，而是家有病人或家无劳动力的人家的地，以此说明农村的互助合作，解除了许多困难家庭的

后顾之忧，或者浇地时采用了某项新技术，节省了成本，节约了水资源，照片就有了新意。

二是摆拍痕迹明显，可信度低。新闻照片，特别强调抓拍。抓拍，是在事物的自然进程中或人物的自然活动中，抓住某个精彩瞬间进行拍摄。摆拍，则是人为地制造出某个场景或要求人物作出某个动作来进行拍摄。摆拍的情况是常有的，个人或家庭照相基本上都是摆拍。摆拍虽然拍摄效果较好，但由于经过了摄影师的摆布和安排，其真实性往往要差一些。不过，由于某些照片无须大范围传播，因而人们并不去深究其真实性如何。新闻照片则不同。新闻照片是对事实的报道，而事实应该是也必须是自然发生的。这个自然，不但包括场景，也包括人物的活动。如果改变了事实的自然状态，人们就觉得很虚假，很不可信。在电视报道中，常常采用"模拟现场"或"模拟情境"的办法来帮助观众理解某个事件。模拟，是为了复原、还原已经发生过的事实，但不管模拟得多么逼真，毕竟不是原来的事实。所以，有些比较蹩脚的模拟，漏洞百出，让人觉得可笑。摆拍也是如此，它不仅让参与摆拍的人对新闻产生误解：啊，原来新闻是摆出来的，从而失去对新闻的信赖感，也让看过新闻照片的人产生怀疑：都说眼见为实，看来眼见的也不一定真实。

三是主角缺失，见物不见人。人是新闻的主角，没有人参与其中的新闻照片和风光片、艺术片不同，一幅反映山川田园风光的照片或以某个景物为拍摄对象的艺术片，可以激发人的审美情趣，使人对自然的壮美或婉约美向往之。新闻照片是以照片的形式报道事实，核心是让读者知道发生了什么事。然而事又是人做的，照片中没有人物出现或人物没有成为主体，照片的景物就变得没有意义。比如，一个渔民捕到了一条上百斤的大鱼，一个农民种出了祖祖辈辈没有见过的大个冬瓜，一个山村娃用上了电脑，那种喜悦之情是很感染人的。如果只表现鱼、冬瓜和电脑，而不去表现渔民、农民和山村孩子的喜悦、兴奋之情，照片的意义就不明显。在报纸刊发的新闻照片中，时常会看到缺少人物主角的照片：车间里，先进的机器设备旁没有人，虽然照片说明中提到：最新研制的具有国际先进水平的某机器设备已投入运营，但看不到人们对这种先进设备所引发的自豪感。这样一来，设备再先进也只是设备，而设备是缺少情感和暖意的。由于没有人物出现或人物被放在无关紧要的位置，照片让人感到冷冰冰的没有暖意。

四是内涵不深，信息量小。正如新闻报道要有一定的思想内涵，能引人思考回味一样，新闻照片也应有内涵，能让人思考和回味。提到中国的"希望工程"，让人记忆最为深刻、最难忘怀的是那幅"大眼睛"的新闻照片。照片里的苏明娟长着一双大眼睛，眼睛里充满求知的渴望。看到这张照片，人们不禁会陷入思索：在中国，该有多少这样天真无邪、充满求知欲望的孩子因家庭贫困上不起学？每一个有良知的人应该如何尽自己的一份力量去资助他（她）们，国家又该采取什么样的扶持政策，让贫困地区的孩子都能上得起学？总之，这幅成为"希望工程"标志的"大眼睛"照片，提供给人们的不仅是图像，还有图像背后的故事以及由图像引起的情感波澜。采写新闻要用脑子，拍摄新闻同样也要用脑子。思想决定行动，没有思想性的照片，"一望便知"、缺少内涵的照片，就不会产生视觉上的冲击力。我们经常看到：每当某个新闻人物出场时，摄影记者们往往蜂拥而上，"咔嚓"、"咔嚓"，狂拍一通。但拍回的照片能用不能用、好用不好用，只有记者们自己知道。对于读者来说，照片放得再大，如果没有内涵，不能引人思索，也称不上是有冲击力的。

阻碍新闻照片"抢眼"的因素可能还有一些，如拍摄器材的陈旧、编辑部对照片的重视程度不够等等，但主要的是上述几点。

四、让新闻照片"抢眼"的措施与办法

根据受众对新闻报道求新、求奇、求活、求深的心理,新闻照片的采编也要解放思想,转变观念,不拘一格,真正把事物或人物最精彩传神的一面,真实地记录下来,让照片传递出更多的信息,更丰富的情感,并以此感染读者的心灵。

1. 把领导同志的照片拍"活"

领导同志参加公务活动的照片是时政类报纸采用最多的,特别是领导同志开会、视察、报告的照片,更是常常见诸报端。在这类照片的拍摄上,记者们最为谨慎和拘束,拍出的照片大都比较严肃或者说比较呆板。对此,领导同志自己又怎么看呢?笔者曾接触过一位省政府主要领导同志。他对电视台的摄像记者和报社的摄影记者说:我作报告的时候,不光是板着脸孔念稿子,也有放下稿子即兴发挥的时候,你们能不能选点这样的镜头来拍?不然人家会觉得我这位省长太严肃、太死板、太不联系群众了。从这位省长对记者提的建议看,领导同志也未必喜欢那些中规中矩、不苟言笑的照片。领导同志也是活生生的人,也愿意留给公众一个平易近人、和蔼可亲的形象。因此,摄影或摄像记者不妨胆子再大些,思想再解放些,敢于并善于抓取最能体现领导同志风采以及亲民爱民、务实求实作风的瞬间来拍摄。作为媒体的编辑,在照片的选用上也要不拘一格,把最能体现领导同志个性和工作生活特点的照片安排在报纸的显著版面,这样领导同志参加各种公务活动的照片也就变得生机盎然,不但为领导本人喜欢,同时也为广大读者喜欢。

笔者在某省级报社工作期间,对领导同志照片选用与否曾坚持过这样一个标准:面部无表情的不用,缺乏现场情景的不用。笔者的理由是:照片刊印在报纸上,是给广大读者看的,如果看不出领导同志正在做什么，看不出领导同志的喜怒哀乐，这样的照片，如同一座泥塑的神像，传递不出任何信息，刊登了也是浪费版面。

2. 把工作照片拍"新"

在工作类照片的拍摄上，最要紧的是寻找新角度，挖掘新特点，把照片的普遍价值提取出来。在"阻碍新闻照片抢眼的若干因素"中，笔者曾谈到题材不新、画面内容缺乏吸引力的问题。这类照片因拍摄对象往往是某个单位的工作情况或取得的成绩，既属于正面报道，又属于非事件性新闻，因而比较缺乏视觉上的冲击力。就目前情况而言，要杜绝这类照片显然不太现实。特别是对于时政类综合性报纸来说，就更是如此。原因在于，时政类综合性报纸（基本上是党报）作为某级党委的机关报，有责任反映其区域内各行各业的工作动态，并且由于其本身的权威性，各行各业也希望在报纸上看到有关本行业、本地区的包括照片在内的报道。这就形成了一个矛盾：内容本身缺乏吸引力但又不得不报道。解决的办法是抓特点、抓亮点、抓个性，把照片内容与读者兴趣结合起来、联系起来。关于结合和联系的办法，可在抓特点上做文章。

共性中包含着个性，个性蕴藏于共性之中。即使是反映工作动态、工作成就的照片，只要认真分析也能抓住个性特点。世界上没有完全相同的两片树叶，差别总是存在的。有差别就有矛盾、有问题，从差别或问题处着手，就能发现事物的个性与特点。比如，同是果树种植，里面也有个品种、市场、管理、价格、品牌问题。就以品牌为例：河北泊头的鸭梨，皮薄肉厚味甜，为省内优质果品。但多年来却以"天津鸭梨"的包装出口，世人只知"天津"，不知"泊头"，这里就有一个创品牌问题。河北深州市的"深州蜜桃"，名气很大，牌子很亮，尤其是象征含糖量很高

的那个"蜜"字，更是代表着桃子的美誉度。然而，前些年的滥施化肥，却使桃子的质量下滑。这里，就有一个名牌果品如何维护名牌形象的问题。如果以"品牌、名牌"为题，刊发一组相关照片，说明在市场经济条件下，如何创立名牌、维护名牌，就有了新意，有了特点。

3. 把突发事件的照片拍"准"

突发事件，往往与灾难、损失、伤亡联结在一起。在所有的新闻照片中，关于突发事件的照片最能刺激人的感官，最能撼动人的心灵。但是，反映突发事件的照片，又往往充满着令人窒息的血腥，让人感到压抑和沉闷。因此，拍摄突发事件的照片要把握一个"准"字：尺度要准、基调要准。

地震、海啸、矿难、车祸和火灾、水灾等突发事件，都会带来巨大的生命财产损失，也都会出现一方有难、八方支援的感人场面和顽强自救或相互救援的动人镜头。以照片的形式报道突发事件，除了有选择的反映灾难造成的危害，更多的，是报道抗灾的人。也就是说，既要让读者了解灾难本身，也要让读者了解党和政府的抗灾部署和社会各界的抗灾活动。要通过报道，让人们鼓起劲来，同舟共济，而不能令人绝望以至于产生"世界末日来临"的恐慌感。尤其是对血流遍地、尸横遍野场面的拍摄，更要慎之又慎。除非某些具有特殊意义的照片（如汶川地震中一幸存男子将亡妻尸体带回家显示了夫妻情深），否则对死亡场景不宜渲染，这一点几乎已成为国际惯例。2010 年 1 月 13 日海地地震和 2 月 27 日智利地震，关于房屋倒塌、交通中断的照片很多，但关于尸体成堆的照片基本都在禁拍禁播之列。

照片是凝固的历史。除报道最新发生的事实的新闻照片外，一些历史资料照片在帮助人们回忆过去或见证历史事件方面，也有极其重要的作用。年代愈久，这类资料照片就愈珍贵。因此，媒体要建立包括照片在内的历史资料库。有些新闻照片因考虑到多种因素而不宜马上采用,但若干年后这些照片就可能派上用场。

总之,新闻照片并不天然具有视觉上的冲击力,只有赋予照片以新的内涵,把新闻照片拍活拍新拍准,再加上适当剪裁,照片的价值才会凸显出来。尤其是当新闻照片与相关新闻报道结合起来,既让人们直观形象地了解某件事情或某个人物,又让人们深刻理解事实的意义和人物的精神世界,既能获知时间、地点、人物、事件以及如何等显性要素,也能获知为什么等隐形要素,读者才会对事件或人物有一个综合、立体的认识,才会从根本上满足自己的知事明理需求。

第三节　发挥信息图表的形象解读功能

本节所论的信息图表,主要包括标明新闻事件发生位置的地理简图、说明事件过程的示意图和将抽象概念具体化的形势分析图以及反映增减变化的统计图等等。

报纸的读图时代,并不意味着只是用鲜艳的色彩和大幅照片形成报纸的视觉中心,还要考虑以多元化的设计方法,对新闻的相关要素、相关知识以及新闻的深层意义和影响进行形象化解读,以让读者在最短的时间内获得最丰富的信息。信息图表的绘制和运用,就是这多元化设计方法之一。

一、信息图表的基本类型

结合新闻报道绘制的图表,同样给人以直观清晰的印象。"一图胜千言"不仅指照片,也指具有说明解释等功能的图表。

依据用途的不同,图表大致分为如下几类。

1. 地理简图

在新闻报道中，地点是一个基本要素。新闻事件发生在哪里，周围的环境如何？这些在新闻报道中都要详细交代。然而，新闻中交代了，读者因缺乏参照，仍然不能清晰地了解。此时，就需要依据地图，绘制一个能标明事件发生地点的简图。不然，读者在阅读新闻的时候，还要在头脑中建构这样一个简图。对于地理知识相对匮乏的读者，因无法建构简图而影响对新闻的深度理解。报纸配合新闻刊发地理简图，就使读者省去了诸多麻烦。比如，2010 年 2 月 27 日，地处南美洲的智利发生 8.8 级地震。智利在南美洲的什么位置？震中在哪里？许多报纸在刊发新闻报道的同时，配发地理简图予以说明。从简图上可以获知：智利是一个东西窄、南北长的狭长国家，西濒太平洋，东与阿根廷接壤，震中位于智利中部，距离智利城市康塞普西翁 100 公里。有了这幅简图，读者对发生地震的智利就有了一个大概的认识。有的报纸在配发简图时甚至别出心裁，制作了一幅类似切开的蛋糕的模型图。通过模型图可以看到：震源深度为 59.4 公里，地震级别为 8.8 级，震源的经纬度为南纬 35.8 度，西经 72.7 度。智利地震前一个半月，中美洲的海地也发生了 7.3 级地震。有报纸甚至配发了智利地震和海地地震对比表。对比表分别从地震级别、死亡人数、经济损失、地震能量、灾区状况、各国援助、国内自救、余震情况、中国救援情况和地震海啸方面，一一进行对比，有的媒体还刊发了近百年来国际大地震一览表。这些简图、模型图、对比表等，不仅深化了读者对智利地震的认识，而且还学习到了许多相关知识，增长了新的见识。

在国内重大突发事件的报道中，配发地理简图已成为设身处地为读者着想的标志。每逢有地震、矿难、火灾、交通事故等发生时，相关媒体都要配发地理简图，使人感到格外方便，也能深

切体会到媒体为受众服务的良苦用心。

2. 示意图

对于某些涉及科学原理，非专业人士很难弄明白的自然现象以及较为复杂的运行轨迹、重大行动等的报道，要绘制示意图来进行解说和阐释，让外行人也能看懂。这是媒体的职责之一，也是媒体赢得亲和力的举措之一。

2009 年 7 月 22 日，天文奇观日全食引起了无数天文爱好者以及广大群众的浓厚兴趣。此次日全食自西向东，经过西藏南部、四川中部、湖北、河南、安徽、江苏南部、浙江北部和上海等地，几乎覆盖了长江流域。有些城市，观察日全食的时间可长达 6 分钟。有的地方则只能看到日偏食。对这个天文奇观，媒体自然不肯错过报道的机会。除了文字之外，许多报纸媒体绘制了多幅示意图。对日全食的形成原理，观测日全食的最佳城市和日全食的运行轨迹等进行了形象的解说。通过文字报道和示意图，读者便能很容易地了解日全食从发生到复原的全过程，并对如何观测、什么时候观测有了心理上的准备。

在反映战争的电影和电视片中，观众常会看到指挥员站在敌我态势图前沉思或指着地图来进行战斗部署，在地图上则醒目的标示着用红蓝颜色的箭头或圆圈构成的进攻与撤退、包围与反包围的示意图。尽管这些箭头或圆圈标设的位置并不一定精确，但观众也能一目了然地掌握战争的总体态势。这就是示意图的用处和好处。与此同理，在有些追踪追捕性报道中，为了说明某些犯罪嫌疑人或犯罪分子作案逃跑的路线及我公安干警的追捕围剿活动，有时也需要绘制一些示意图来说明和解释。

2010 年 2 月 22 日，一名在押犯罪嫌疑人在被河北省魏县公安局刑警三中队押送时，竟然戴着手铐脚镣驾警车脱逃。此事非同小可。冀豫警方立刻出动 500 名警力搜捕，13 个小时后，嫌犯落

网。为了说明嫌犯脱逃及抓捕过程,《燕赵都市报》在报道此事时配发了一幅示意图。从图中看出,嫌犯驾驶警车逃跑的路线并非现实中的逃跑路线,而只是大致表示方位的示意图。示意图中对各个关节点的说明,与文字报道相印证,使读者对此事件的认识变得更清晰了。

3. 分析和统计图

概念和数字是经常运用的,尤其是对经济形势、经济现象的分析,一连串的数字和专业术语更不可或缺。由于数字和概念比较抽象且读起来沉闷和枯燥,因而有必要用分析和统计图表的形式使其变得易读。

柱状图和饼状图是运用较多的分析和统计图。要反映数字的增减、涨跌变化,用高低不同的柱状图最为适宜;反映某个事物的构成比例,用饼状图更为恰当;要解读某些较为抽象的概念,用人们熟知的具体事物来指代则更容易理解。

2006年1月8日,是《燕赵都市报》创刊十周年纪念日。在该报创刊十周年典藏特刊(100版)的第69版,是关于该报发行、广告战略的专版。为了清晰地展示该报十年来的发展演变轨迹,名为"十年履痕"的专版上半部,是一幅河北地图的示意图,其中石家庄和秦皇岛、唐山市因单独发行《都市时讯》和《冀东版》而构成了哑铃的两端,中间的广大地区则构成了哑铃的把手。该报首创的哑铃型报纸发行模式,因示意图而变得清晰明白。该报下半版,则用饼型图和箭头图,显示了该报读者的文化程度分布,单位、个人订阅和零售的所占比例以及发行量、广告收入的增长情况。由于恰当使用了示意图和形势分析、统计图,所以,该版言简意明,具有很强的视觉冲击力。

在回顾、总结、盘点类的新闻报道以及关于未来发展规划的报道中,各种分析和统计图表的运用更为广泛。一张饼形图,能

把各个构成部分在整体中的所占比例显示得清清楚楚；一张或几张柱形图，则能把盈亏增减表示得明明白白。图表的运用，不仅阐释了报道内容，而且装饰了版面，使版面留白更多，避免了由整版或半版文字带来的沉闷、压抑感。读者在阅读或浏览时，也更轻松便捷，从而有效地缓解了阅读疲劳感。

二、信息图表的深度解读功能

信息图表虽然只是用各种图形（配以数字）来表达设计者的意图或愿望，看上去所承载的信息量较小，只是对文字报道起一种辅助的说明和解释作用。但实际上，图表在信息传递上的作用非同小可。有时，基本上运用图表就能将比较复杂的事物解说得条理分明，并让读者记忆深刻，其传播效果甚至比单一的文字报道要好得多。

2009年12月，笔者在广州暨南大学参加全国新闻学研讨会。一位与会代表的论文宣读成为该次研讨会的亮点。这位代表开宗明义地说："我是学数学的，文字表达能力较弱，但用图形来解说的能力较强。"说完，他便用多媒体开始进行演示。无论是师资队伍的构成，还是课程的设置，抑或是新闻传播学与其他学科的关系，都用图形图表来标示。尽管没有多少文字说明，但所介绍的各种情况及所阐述的观点，却明白无误。这让笔者感到惊奇，也使笔者深刻感觉到图片在信息传递中具有的无可替代的作用。

对抽象概念的具象化表述，对事件全过程的全景式再现以及对复杂逻辑关系的解析，是图片的基本解读功能。

1. 对抽象概念的具象化表述

人是抽象的，张三或李四却是具象的。新闻报道不是科研论文，抽象度太高，便让人难以卒读。运用图片将较为抽象的概念具象化，易于读者的理解和接受。比如："我省今年大力实施

'助残'工程"这句话是抽象的,而"每个县市有一所特教学校"、"新安置残疾人就业 1 万名"、"免费为 2554 例贫困缺肢残疾人制作和安装假肢"、"对新生的白内障患者出现一例治疗一例"等就是具象的。将具象的内容用图片形式表现出来,就更好地理解了前面提及的抽象概念。

2. 对事件过程的全景式再现

用地理简图或示意图来勾画某件事情的来龙去脉、前因后果(配以文字说明),可以使事件得到全面、立体地呈现。特别是在报道案件侦破时,犯罪嫌疑人何时何处作案,公安干警如何追捕,其情节和过程往往比较复杂。为了使其更加清晰易懂,借助简图是一种非常有效的方法。

3. 对复杂逻辑关系的解析

要表述从属关系、涵盖关系和其他种种关系,用树状图形或大小圆形非常简便。特别是在解释某个组织的内部结构时,图表更具有直观形象的优势。此时,文字不需太多,只要绘制一幅浓淡相宜的图表,就能把复杂的逻辑关系揭示明白。

总之,图表和照片一样,在传递新的信息,说明、解释用文字难以说清的复杂事件,帮助读者理解事实上,有极佳的作用和效果。以前,媒体尤其是地方媒体往往不太重视图片的运用,是欠妥的。如今,随着读图时代的到来,是该补上这一课的时候了。

第十章

会议报道亲和力

　　会议报道的亲和力，是各种报道中首当其冲，最值得重视和研究的。

　　搬文山、填会海的呼声历来十分强烈，改进会议报道，也历来为新闻媒体所重视。然而，在现实生活中，以会议落实会议，以文件落实文件的现象却仍十分普遍。部署安排工作，要通过会议，落实和总结检查工作，仍然要通过会议。会议多，会议报道自然也多。因而，报纸的主要版面，几乎被各种各样大大小小的会议报道垄断。在某种程度上，本应以传递新闻信息为主要功能的新闻纸，变成了会议纸、文件纸。

　　会议报道得过多过滥，引起读者的强烈不满，也引起了党中央的高度重视。2003 年 3 月 28 日，中共中央政治局召开会议，讨论并制定了《关于进一步改进会议和领导同志活动新闻报道的意见》。此后，中央领导同志又多次讲话对新闻宣传提出"贴近实际，贴近生活，贴近群众"的"三贴近"要求。各地各级党委也相继出台文件，对会议和领导同志活动的报道进行压缩和规范。

　　作为新闻报道品种或类型之一的会议报道，竟然引起党中央的讨论并制定专门文件，足见会议报道存在问题非常严重。此后，各地厉行改革，采取种种措施和办法，精减会议报道，提高会议报道质量，取得了令广大读者较为满意的阶段性成果。不过，近几年来，会议报道和领导同志活动的报道又逐渐多了起来，各地

曾下决心革除的会议报道弊端，又有重新抬头之势。

那么，会议报道是否天然不具有亲和力？会议报道为何总是缺少亲和力？会议报道如何才能增强亲和力？诸多问题和矛盾，不能不引发对会议报道亲和力的思考。

第一节　会议报道为何总是缺少亲和力

会议，是由若干人聚集在一起，围绕某个议题进行信息或思想交流，在充分讨论、协商的基础上，对某件事情做出决定的活动。

会议报道，是以新闻的形式，对会议的主要精神进行宣传，对会议传递出的最新信息或作出的决定进行反映和阐释。

在我国，各种类型、各种层次的会议是经常召开的。会议报道，也因此成为新闻报道不可或缺的重要组成部分。那么，新闻媒体是否可以不报道会议，这样就可以避开令人生厌的会议报道，从而使报纸真正回归到新闻纸的本位呢？

答案是否定的。

首先，新闻媒体作为党的舆论宣传阵地，肩负着宣传党和政府路线、方针、政策的重要使命。尤其是党报和电台、电视台等主流媒体，是党和政府的喉舌，在党和政府召开重大会议的时候，及时地传播会议精神，对会议制定的政策，决定的事情进行解读和阐释，以使千千万万的人了解和掌握政策，并把思想统一到党和政府确定的路线、方针上来，是媒体义不容辞的职责。不如此，媒体的喉舌作用，组织、鼓舞、激励、推动作用就无法体现，媒体作为党的新闻事业的重要组成部分，作为党和国家舆论宣传阵地的性质就无从体现。

其次，会议是新闻的发源地，是非常宝贵、值得开发的信息

资源宝库。平时，记者采访报道需要东奔西走，到处寻找新闻线索，从不同的人那里了解情况、信息和观点。尽管费时费力，所搜集的情况、信息与观点也不一定完整和全面。而会议则是围绕着某个主题或议题，把相关人士聚集到一起，大家面对面地进行交流。此时，各种人才汇聚，各种情况汇聚，新闻信息密集。况且，会议上还要进行讨论，不同观点可以自由交流，各种意见可以得到充分表达。最后，会议还要作出某种决定，制定某种政策。这些决定和政策，关系到某些事物今后的发展走向，关系到某些问题的解决途径。参加并深入地报道会议，对媒体来说，不仅可以极大地丰富媒体的报道内容，全面、完整地向受众提供最重要的事实及观点，充分体现媒体报道的权威性，而且，可以获得平时难以获得的情况和线索，为以后一段时期的报道奠定坚实的基础。

必须报道和需要报道，是会议报道具有存在合理性的缘由，那么，会议报道是否和广大群众没有联系，天然缺少亲和力呢？答案也是否定的。

一、会议报道并非天然缺少亲和力

在"有用且有益的报道内容"一章中，笔者曾经谈道：利益的相关性，是新闻有用性的直接体现。此处的"利益"，又可分为眼前利益与长远利益，直接利益和根本利益。眼前利益和直接利益，带有很强的现实性，与受众的当下需求密切相关。

比如，要买房、购车、上学、就业，自然对房价、车价的涨落以及上学、就业的相关信息格外关注，因为这会直接影响到眼前和直接利益。如果暂时无此需求，对这些信息的关注度相应要低一些。而长远利益和根本利益，则与所有人都有关系。比如，党和国家制定的宏观发展战略以及各项方针政策等等。表面看上

去，这些宏观发展战略和方针政策与普通百姓关系不大，但实际上，根本和长远利益却决定和影响着直接和眼前利益。比如，国家制订的"十二五规划"，决定着五年内我国经济和社会各项事业的走向；国家正在讨论的中长期教育改革发展规划（2010—2020），则制约和影响着我国教育在 10 年内的繁荣和发展。无论是涉及眼前利益还是长远利益，直接利益还是根本利益，都应该让人民群众知道，人民群众也希望知道。

更进一步讲，保障人民群众对重大事情的知情权、参与权、批评权和监督权，是社会主义国家赋予人民的权利。在这四方面的权利中，知情权是最基本的。没有知情权，就不可能行使参与权、批评权和监督权。知情权，就是对国家的重大事情包括政策、决策等的制定依据、制定过程等具有知晓的权利。我们常说，一些矛盾的产生、激化，在很大程度上是由信息不对称造成的。所谓信息不对称，就是政府掌握的信息和人民群众了解的信息不均衡、不对等。一边掌握的情况多，一边掌握的少或根本不掌握，这样，掌握少或根本不掌握信息的一方，就失去了话语权：你不了解情况，怎能说到点子上？由此看来，保障人民群众的知情权，满足人民群众对决策、政策信息的需求，是社会主义民主的题中应有之义。

那么，政府是如何保障人民群众知情权的呢？利用新闻媒体的会议报道，将有关决策、政策以及制定依据、制定过程公开予以披露，以广泛地动员公众参与和监督，是最有效的方法和最重要的渠道。新闻媒体强大的传播手段和能力，能使这些信息最迅速、最广泛地与群众见面。特别是在网络媒体已成为获取信息最快捷手段的背景下，这种传播能力是其他手段无法比拟的。

会议报道，是承载如上所述各种重要信息的载体，是沟通政府与民众的桥梁，是满足公众知情需要，保障公众知情权的必不

可少的手段。因此，会议报道，特别是关涉国家发展和人民群众根本和长远利益的重大会议，如全国"两会"，就不但为广大群众关注、关心，而且为群众渴望和期待。可以说，这些重大会议及会议报道本身，有着非常强的亲和力。

2010年3月3日和5日，全国政协十一届三次会议和十一届三次全国人大会议在北京召开。会议除了例行的审议和讨论政府工作报告以及其他各种报告外，广大群众最为关心的，就是与民生有关的各种问题如何得到解决。比如，如何抑制高房价的问题，如何实现教育公平问题等等。这些问题，在政府工作报告中均有涉及，在会议代表和委员讨论中均能得到反映。可以说，凡是影响和制约社会发展，凡是有关人民群众根本和长远利益的问题，"两会"都会涉及。因此，这样的会议就是非常具有亲和力的。

举个例子来说。近几年，我国的农业、农村、农民即"三农"问题，在很大程度上得到了解决。几千年来的农业税被免除，农民种粮获得了财政补贴，参加新型合作医疗保险的农民就医报销的比例逐年提高，60岁以上农民养老金发放在部分地区开始实施等等。所有这些，不但农村居民格外关心，可以说，全国人民都很关心。而这些惠农政策，就是通过各种会议制定和颁布的。

会议，并不缺少亲和力。尤其是涉及国计民生、改革发展的重大会议，因其无可置疑的权威性，对于国家民族命运的重要性，就更具有亲和力。作为载体的会议报道，理所当然，也应该具有亲和力。

当然，有些会议本身是欠缺亲和力或亲和力不强的。比如，某个行业或部门召开的专业性会议，除了该部门的人员比较关心外，其他人并没有兴趣了解，这样的会，不具有普遍意义。如果只是一般性地报道会议，而没有把会议的亮点或与社会公众有某种联系的特点挖掘和表现出来，该会议报道就是"无用"或"无

效"的。

二、会议报道缺少亲和力的表现和症结

会议报道本身并不天然缺少亲和力，然而，为什么大多数会议报道并不吸引人，难以感染人、打动人呢？要弄明白这个问题，就要看看会议报道本身究竟存在哪些问题。

1. 会议报道缺少亲和力的诸种表现

千篇一律，缺少实质性内容；高高在上，和读者缺少情感联系；语言干瘪，缺少文采等，是会议报道存在的突出问题。

（1）千篇一律，缺少实质性内容。

会议报道，从根本上来说，也应报道新闻。换句话说，它不仅仅是告诉读者开了一个什么会，哪些领导参加了等程式性的东西，更应该告诉读者会上披露了什么消息，这些消息将会在什么程度上对社会产生影响。因为读者阅读报道的终极目的，就是获知新的信息。如果会议报道没有提供新闻的信息，他自然不会有兴趣阅读。但从目前的会议报道来看，有许多都空洞无物，缺少实质性的内容。如果把那些程式化的东西排除掉，会议报道就只剩下干巴巴的几条筋。

例如，某市于2010年3月9日召开了共青团十七届二次会议，市委常委、组织部长×××出席会议并要求全市各级团组织深入学习贯彻党的十七届四中全会精神，团结带领广大团员青年，坚定信心，开拓进取，推动共青团工作再上新台阶。

刊发在某报头版的会议消息，对此进行了报道。报道全文共500字，其中将近300字是摘录该组织部长的讲话：

×××指出，全市各级团组织要把学习贯彻党的十七届四中全会和市委九届八次全会精神作为这一时期的重大政治任务，精心组织，周密部署，找准共青团工作的切入点和着力点，推动共青团工作，把握新机遇，实现新突破，再上新台阶．要充分发挥职能作用，引领团员青年为加快新型工业化进程不懈努力，积极投身社会主义新农村建设，广泛参与和谐社会建设。

×××强调，全市各级团组织要进一步解放思想，开拓进取，以改革创新的精神加强自身建设，不断提高做好新时期共青团工作的能力和水平，为开创共青团工作的新局面奠定坚实的组织基础。

平心而论，这篇会议报道并不长，甚至还应算比较短的。但是，该会议消息向读者提供了什么新的信息呢？没有。

首先，该会议报道平淡无奇，若将报道中的"共青团"换成"妇联"、"工会"或者其他单位，照样可以。也就是说，除了开会的单位不同，报道具有很强的可替代性。我们之所以说会议报道千篇一律，就是因为这类报道就像提前铸好的模板，只要换个名称，就可以通用。

其次，摘录的领导同志讲话基本上属于套话，没有新的内容。在新型工业化和新农村建设中，共青团工作的切入点和着力点究竟是什么？没有任何说明。关于这个问题，其实正是本次会议的核心，领导同志或许讲了，或许没讲。但无论如何，记者应该抓住这一点进行挖掘，因为这才是能反映本次会议与其他会议的不同之处，才是活生生的"这一个"。试想，在新型工业化进程中，团员青年的作用主要表现在技术创新还是其他方面？在农村青年纷纷外出打工的背景下，农村团组织究竟该做些什么？这些读者关心的实质性问题，报道完全没有提及，而只是例行公事般地把领导讲话摘录两段。这样的报道，报与不报一样。

（2）高高在上，和读者缺少情感联系。

这是许多会议报道的通病。会议报道之所以不吸引人甚至惹人厌烦，其主要原因，就是口气生硬，完全像上级对下级讲话。

要知道，新闻报道并不是公文，不能命令谁，不能"必须"怎样。你越是板着面孔提要求，我就越是不买账，"牛不喝水强按头"的做法，效果往往适得其反。但在媒体的实践中，不看对象，不讲传播效果的情况却比比皆是。

（3）会议报道重领导、轻群众。

无论何种会议，总要有领导同志出席讲话，哪怕是各种类型的形势报告会或学术报告会，主角本来是某方面的专家和学者，但在报道时，专家和学者报告的精彩内容基本不予提及，领导同志礼节性、介绍性的讲话俨然成为报道的重点。其他的还有典型经验交流会等也是如此。在报道者看来，领导同志的讲话，在任何时候都是重要的，无论说什么，都是需要报道的。没有领导职务的人，哪怕你是专家学者，不论你讲得多么精彩，也可以不予报道。这种以官为本的意识，严重制约着会议报道的改革和创新。结果，越是这样报道，读者就越反感：我想了解的东西你不说，我不想听的东西你偏要说，那我只好不去读你的会议报道。

（4）会议报道重工作、轻生活。

大多数会议报道，往往是从工作的角度切入，很少涉及民生。因而，"要求"、"强调"就成为会议报道出现频率最高的词语。当然，新闻报道也要求对实际工作有一定的指导性。不过，这种指导性在传播中属于刚性协调，不易对读者产生较大影响。这样，就有一个将刚性协调转变为柔性协调的问题。所谓柔性协调，就是力求找到工作与生活的结合点，通过工作对生活的影响，说明利害，让群众切实感受到某项工作与自身有千丝万缕的联系。比如，钢铁、水泥、木材、玻璃等工业产品，就与建筑、桥梁以及各种电器关系甚为密切。老百姓要住房子，要买汽车，要使用家庭电器，而所有这些，都离不开钢铁、水泥、木材和玻璃。工业产品的质量和价格，无一不与百姓生活休戚相关。假如在报道上述方面的会议时，不但说明如何调整工业结构，而且说明工业结构调整和人民群众生活的关系，或者索性从人民群众生活质量改善入手，说明抓质量、促转变、增效益的紧迫性和重要性，那么，就可以改变会议报道远离生活、远离群众的弊端。由于报道工作的会议和群众的生活建立了联系，读者就会有兴趣关注这类会议报道。

（5）会议报道重程序、轻内容。

对于许多较为重要的会议，如党代会、"两会"以及其他具有全局意义的会议，程序性报道是必不可少的。应到多少人，实到多少人，是否符合法定人数等，一点都不能漏报。否则，会议的人数达不到法定或规定要求，所召开的会议就不合法或无效。但对于许多一般性会议来说，则不必完全按照会议的程序和议程来报。因为读者的兴奋点，并不在于这些程序和议程，而在于会议中是否有新的内容。也就是说，对于一般性的会议报道，要挖掘其亮点，展示其特点，把会议中最具有新闻价值的信息报道出来即可。否则，所有会议报道都按照程序性的东西来写，必然流入公式化、概念化的窠臼。

（6）语言干瘪，缺少文采。

许多会议报道，给人的感觉非常沉闷、压抑，让人难以卒读。其原因，就是语言干巴、抽象，没有动感，缺少文采。"言之无文，行而不远"。语言不吸引人，怎能让人产生阅读冲动？类似前面举的某市召开共青团会议的报道就是这样。团员青年是最具有活力的人群，团的组织也应是充满勃勃生机的。然而，会议报道却死气沉沉，除了一些永远正确的套话，看不出会议究竟要解决什么问题，更看不出新型工业化和新农村建设中，企业和农村的团组织有什么特点。这样的报道幸亏比较短，稍长一点，更会令人昏昏欲睡。不过，正如毛泽东同志当年在《反对党八股》一文

中曾深刻指出的那样：长而空不好，短而空就好吗？也不好。一切没有实质性内容，没有新鲜资讯，而只靠装腔作势吓人的东西，都在淘汰和摒弃之列。

2. 会议报道缺少亲和力的症结

从客观上说，会议报道不如事件或人物报道那样，有情节、有细节、有个性化语言，因而不容易写活。一群人坐在那里开会，不是报告就是讨论，场景变换不大，矛盾冲突较少，记者进行发挥的空间和余地比较小。这一点，是需要正视和说明的。但是，会议报道缺少吸引力、感染力和亲和力，归根结底，还在于报道会议的新闻工作者的主观原因。这些原因主要来自心理和认识方面，大致有以下几点。

（1）照抄文件和讲话最保险。

既然开会总少不了传达文件，少不了领导讲话，那么，在写报道时，就照抄照录。话是领导讲的，错了由领导同志负责。这种"明哲保身、但求无过"的"保险"意识，深深扎根在许多新闻工作者的意识里，使新闻工作者不愿越雷池半步。之所以会有这样的"保险"意识，是因为长期以来，以官为本已成为思维定式，具有强大的惯性力量。不少人认为：领导总比群众高明，领导的话总是正确的。再说，媒体以及新闻工作者自身的政治生命，往往操控在领导手里，会议报道如果不把领导讲话作为重点加以突出，万一领导同志不高兴，将会给媒体及新闻工作者自身带来很大麻烦。所以，宁肯让读者不高兴，也不能让领导不高兴。这种"自立菩萨自烧香"的心态，严重制约着会议报道的改革和创新，以致于会议报道改革搞了那么多年，收效却依然不够明显。

（2）会议报道少有人看，费力再大也难以讨好。

会议报道不受读者欢迎，是许多人心知肚明的事情。因而，记者便也产生了应付、交差心理。反正少有人看，写得再好也白搭，在这种心理支配下，会议报道的模式便形成了：某月某日，某某会议在某地召开，某某领导出席了会议并讲了话。接下来，便是某某指出，某某要求，某某强调等等。照这样的模式去写，一般不会出错。但这样写了，有没有人看，有没有人喜欢？只有天知道。反正记者完成了任务，该报的报了，该登的登了，谁也不好说什么。

（3）会议报道难以有所作为。

前面说过，会议报道不如事件或人物报道那样容易写活，但这并不意味着会议报道只能当"传声筒"，只能照葫芦画瓢而难以有所作为。以领导同志讲话为例：某领导强调，某领导要求，是最常见的会议报道用语。但是，某领导是针对着什么问题强调或者要求的，非常有必要把这个问题交代出来。也就是说，在强调和要求这两个常用语之前，可以简要地叙述背景。这样，强调或要求就有了对象，有了目标。同时，报道也会形成起伏变化。比如前面提到的某市召开共青团工作会议报告中的一段：

×××强调，全市各级团组织要进一步解放思想，开拓进取，以改革创新的精神加强自身建设，不断提高做好新时期共青团工作的能力和水平，为开创共青团工作的新局面奠定坚实的基础。

这段话针对着什么问题讲的？应该把这个问题予以交代。

农村的团员青年去城里打工了，企业的团员青年参加活动的积极性减弱了，团组织已经名存实亡，无所作为了。针对着这些新情况、新问题，×××强调……

这样一改，会议报道的指向性就比较明确了，读起来也不那么空洞、干巴了。当然，如果有切实的改进办法和措施，就会更好一些。

会议报道并不必然缺少亲和力，关键是要钻进去，吃透会议精神，研究会议要解决的问题。至于会议报道的报道角度、切入

点选择，也总是能够找到新办法的。要紧的是，改变传统的思维方式、写作习惯，把会议报道当成新闻报道来写，而不是应付差事，敷衍塞责一番了事。

第二节　会议报道如何提升亲和力

提到会议报道亲和力，不能不提到新华社记者郭玲春采写的《金山同志追悼会在京举行》和《全国优秀新闻工作者表彰大会在京举行》。这两篇著名的会议消息，曾一度成为会议报道的典范，雄辩地证明了会议报道是可以写好，可以有亲和力的。

一、郭玲春会议报道的标本意义

让我们先来看被新闻界广泛称赞并被许多人效仿的追悼会消息《金山同志追悼会在京举行》：

新华社北京 1982 年 7 月 16 日电（记者郭玲春）鲜花、翠柏丛中，安放着中国共产党党员金山同志的遗像。千余名群众今天默默走进首都剧场，悼念这位人民的艺术家。

"雷电、钢铁、风暴、夜歌，传出九窍丹心，晚春蚕老丝难尽；党业、民功、讲坛、艺苑，染成三千白发，孺子牛亡汗未消"，悬挂在追悼大会会场的这副挽联，概括了金山寻求光明与真理，为人民鞠躬尽瘁的一生。人们看着剧场大厅里陈列的几十帧照片，仿佛又重睹他的音容笑貌，他成功地塑造的爱国诗人屈原的形象，他在电影《松花江上》的拍摄现场，他为演《风暴》与"二七"老工人谈心，他在世界名剧中饰演的角色，他在聆听周总理的教导，他与大庆《初升的太阳》剧组在一道……他 1911 年生于湖南，1932 年加入中国共产党，自此献身革命，始终不渝。

哀乐声中，人们默念着他的功绩。30 年代，他在严重白色恐怖中参加中国反帝大同盟和左翼戏剧家联盟。抗战爆发，他担任上海救亡演剧二队副队长，辗转千里，演出救亡戏剧，尔后接受周恩来同志指示，组织剧团远赴东南亚，向海外侨胞作宣传。解放前夕，又担负统战工作。他事事以党的利益为重，生前曾对他的亲人说："我首先是一个共产党员，演员是我的第二职业。"

解放后，他将全副心力献给党的艺术事业，不断进取、探索、求新，被誉为人民的艺术家。

他遭受过"四人帮"的摧残，但对自己的信仰坚贞不移。近年致力于戏剧教育，并以多病之身，担负起繁荣电视文艺事业的重任。

夏衍在悼词中称金山的不幸辞世，是我国文学艺术界的重大损失，高度评价他几十年来的革命、艺术活动，号召活着的人们学习他对党的事业的忠诚，学习他在艺术创造上认真刻苦，精益求精的精神。

他半个世纪前便结下革命情谊的挚友阳翰笙在追悼会上的讲话中说，是党造就了金山，是党把他培养成革命的、杰出的人民艺术家。

与金山一起工作、生活过的大庆人，惊闻噩耗后，派代表星夜兼程，来和他的遗体告别。在今天的追悼会上，他们说，金山是人民的艺术家，人民将会怀念他。

文化部长朱穆之主持追悼会。参加追悼会的有习仲勋、王任重、胡愈之、邓力群、周扬、贺敬之、周巍峙、冯文彬、罗青长、唐克、吴冷西、李一氓、傅钟、刘导生、赵寻、荣高棠以及文艺界人士林默涵、陈荒煤、司徒慧敏、艾青、吴作人、李可染、江丰、吴雪、袁文殊、周而复、张君秋、戴爱莲、陶钝等。

郭玲春采写的这篇追悼会消息，不仅在当时，就是在将近30年之后的今天，仍然给人们清新扑面之感。简要分析，可以看出

该消息所具有的几个鲜明特点。

一是把人民艺术家金山放在了报道的中心位置，着力表现他的不凡经历和艺术成就。参加追悼会的党和国家领导人以及著名艺术家，因不是报道主角而放在了最后，这不仅是结构顺序的改变，而且是思维观念的突破。在今天的许多会议报道中，仍有一种惯性思维在起作用，那就是无论什么会议，只要有领导人出席，就一定把领导放在前面。郭玲春这种打破常规的做法，颇让读者有耳目一新之感。

二是情感充沛、激情四溢。金山作为人民艺术家，德艺双馨，令人敬仰；其坎坷经历和追求光明与真理的精神，催人奋进。作为新闻工作者，在报道时自然要客观，但客观并不等于完全置之度外、冷漠无情，而是要通过对事实的选择和对字词的巧妙运用，含蓄地表达自己的或喜爱或憎恶的思想情感。在本篇追悼会报道中，郭玲春通过挽联、照片以及悼词，形象地概括了金山同志鞠躬尽瘁、任劳任怨的高尚品德，表达了自己（也代表读者）对金山的崇敬、仰慕之情。这种情感，并不损害新闻的真实性，但却深深地感染着阅读此篇报道的读者。

三是结构灵活，散文笔法运用得当。郭玲春是新华社记者，却率先突破"新华体"（新华社消息的写作模式，规范、简洁但比较刻板）的束缚，运用散文式笔法写新闻。阅读该篇消息，可以明显感到作者挥洒自如。报道具有一定的跳跃性，虽然看上去有点散，但又处处围绕中心。比如，追悼大会会场的挽联，"概括了金山追求光明与真理，为人民鞠躬尽瘁的一生"；人们看着剧场大厅里的几十帧照片，"仿佛又重睹他的音容笑貌"；哀乐声中，"人们默念着他的功绩"等，看似信手拈来，却是环环相扣。从整篇消息来看，作者是把观察、采访得来的材料融化于心，然后，将这些掰开揉碎的材料，拌合进自己的情感，再自然而然地倾吐

出来，从而给人以深深的感动。

郭玲春采写的另一篇会议消息《全国优秀新闻工作者表彰大会在京举行》也很有特色。现将该消息的导语摘录于此：

以新闻报道为己任的 350 余名记者、编辑、播音员，今天成为被报道的新闻人物。这些常年活跃于社会各阶层，反映人民群众的成就、愿望和呼声的新闻群英荟萃北京，参加建国 35 年来首次举行的全国优秀新闻工作者表彰大会。

这篇获得全国好新闻一等奖的会议消息，其导语的基本特点，就是着眼于人，而不是着眼于会，异常准确、鲜明地把参加会议的人即优秀新闻工作者的形象凸显出来。"以新闻报道为己任"的人成为"被报道的新闻人物"，概括精到、准确，让人眼前为之一亮。这篇消息之所以获奖，导语非常精彩是其重要原因。

郭玲春采写两篇获奖消息的实践证明：会议报道，是能够写活、写好，充分体现其内在亲和力的。许多会议报道之所以缺少亲和力甚至拒人于千里之外，并不完全是管理体制或媒体内部运作机制上的原因，记者怕担责任、怕费力，也是不容回避的事实。如果像郭玲春这样，既钻进会议中，又能跳出会议外，悉心琢磨、研究会议的特点，把读者最想了解的内容，以读者最喜闻乐见的方式呈现出来，会议报道岂能写不好、写不活？

郭玲春采写获奖消息的标本意义，还在于会议报道的改革和创新是能够做到的。有些新闻工作者认为，会议报道审查严格，如果审稿的领导不喜欢创新，记者的劳动岂不是白费？其实，领导同志也未必都喜欢那些所谓中规中矩的报道。程式化的东西他们见得更多，应该最喜欢那些有所突破，有所创新的报道。"奇文共欣赏"。真正写得好的报道，有思想、有眼光的人都会认同。我们总担心领导同志不识货，不懂新闻，其实，往往是为自己不够投入找一点理由和托辞而已。

二、抓亮点提升亲和力

根据会议的规模、规格和重要程度，会议报道也有繁简之分。某个行业、某个部门就某项工作召开的会议，一般发一篇报道即可。全局性的、涉及重大决策事项的会议，报道的力度和报道的规模、声势则要大得多。比如，全国和省、市的"两会"、党代表大会或经济工作会议等，就不仅仅是发几篇报道，而是各种媒体一起上，集中、连续地进行报道。但不管何种会议，在报道上抓亮点是共同的。因为，亮点是新闻报道亲和力之魂。

对于只发一篇即可的会议报道，更要抓亮点，体现会议的特色。所谓亮点，就是会议中最吸引人的，最能让人眼前一亮的东西。把这一点抓住，并在标题和导语中加以突出，就能使整个会议报道显示出很强的亲和力。

2010 年 3 月 17 日，国务院召开常务会议，专项研究《政府工作报告》所提任务的落实问题。会议的亮点，是把任务逐项分解落实到各部门。新华社的一则会议报道，直接以《今年政府工作主要任务逐项分解落实到各部门》为题，把这一亮点呈现出来。为什么这会成为一个亮点呢？因为在刚刚闭幕的全国"两会"上，《政府工作报告》围绕着转变经济增长方式，提出了许多新措施。同时，出台了许多提高人民生活质量和水平，让人民群众更有幸福感的新政策。当时，不但参加"两会"的代表和委员兴奋异常，而且新政策能否得到切实的执行，自然更为人们所关心。新华社的会议报道明确告诉大家：国务院已将今年政府工作主要任务逐项分解落实到各个部。也就是说，国家不仅描绘了美好的发展蓝图，而且还下决心把这个蓝图一笔一画地变成现实。这则消息，打消了人们的疑虑，让人们吃了一颗"定心丸"：国家说到做到，一定不会辜负全国人民的希望。

对于某个部门召开的部署、检查、总结工作的会议，在报道时，可完全避开程序，直接将会议的核心内容披露出来。比如，河北省工商局 2010 年 3 月 10 日召开动员会，中心议题就是支持企业融资，推动产业结构调整。过去，企业发展受资金制约问题非常突出，许多好项目因贷款困难而无法上马。河北省决定出台的这一政策称，利用股权出资、股权质押和动产抵押、商标专用权质押等手段融资，可以盘活企业资产，降低融资成本，使企业能够在较短的时间内缓解资金压力。同时，登记程序简便易行，不会给企业造成负担。河北省工商局支持企业融资，对于一般读者来说，可能无法了解其价值和意义，但对于企业界人士来说，这无疑是一则利好消息。因为过去向银行贷款太困难了，特别是中小企业，更是难上加难。现在，省工商部门在企业和银行间架起一座桥梁，在国家法律法规允许的范围内，促进银行和企业实现双赢。《燕赵都市报》于 2010 年 3 月 17 日的报道中，也直接把省工商局支持企业融资做进标题，突出了省工商局的改革之举。但遗憾的是，没有进行相关的背景介绍和名词解释，一般读者可能看不太懂。

对于一般性会议，在报道时凸显其亮点，是避免枯燥乏味的一剂良药。读者对会议本身不感兴趣，但对会议中传递出的新信息感兴趣，这也就为会议报道亲近群众找到了通道。有时，甚至可以不出现会议的名称，而直接把会议中的新信息当作新闻来报道，也就是"报会不见会"。这种方法，对于没有主要领导出席的会议特别值得推广。即使有领导同志出席，在报道的最后提上一句×××同志对此给予肯定之类的话，也完全可以交代过去。

抓亮点提升亲和力，最要紧的是能发现和捕捉亮点．同时，也要像前面提及的新华社记者郭玲春那样，敢于突破会议报道的某些条条框框，把亮点展示出来。

三、善策划提升亲和力

对于比较重要或特别重要，需要集中力量予以连续报道的会议，策划是必不可少的。在某种意义上甚至可以说，策划决定着重要会议报道的成败，决定着会议精神、会议决定的大政方针，能否在更大范围、更多人群中得到传播。

近年来，在重大事件的报道如"神五"、"神六"、"神七"飞船遨游太空，四川汶川大地震和新中国成立 60 周年等方面，各类媒体殚精竭虑，在报道的及时性、全面性、深刻性以及知识性、贴近性上，有了长足进步。受众越来越感到：媒体的受众意识空前强化，作为社会守望者的角色意识、服务意识也越来越明确和清晰了。

会议报道同样需要策划。这从近些年的全国"两会"报道中，可以得到有力的佐证。

2005 年的全国"两会报道"，是比较有特色的。尤其是中央媒体如《人民日报》、《经济日报》以及人民网的报道，更是亮点频出，特色鲜明。

《人民日报》的报道特点

作为党中央机关报的《人民日报》，最为抢眼的是针对当时改革发展中所遇到的许多"节点"问题做出的连续报道。

1. 资源城市的一场"赛跑"

2. 东西南北中：身边变化看发展

3. "走出去"：这条短腿要变长

4. 循环经济：突破发展瓶颈

5. 东中西合作，增长整体财富

6. 让"金字塔"变为"橄榄球"（调整收入分配构建和谐社会）

7. 非公经济：拿到平等入场券

8. 政府权力：在阳光下运行（依法行政）

9. 教育公平：社会公平的起点（公民享受教育权）

10. 奏响时代主旋律（精神文明建设）

11. 本报记者眼中的"两会"——民主、求实、团结、奋进

上述 11 个话题，是《人民日报》记者在采访"两会"代表、委员时，与其对话连线的中心内容，也是当年《政府工作报告》中重点阐述的热点和难点问题。《人民日报》以专题报道形式，从各个侧面诠释以人为本、全面、协调、可持续的科学发展观，既准确体现了"两会"精神，又比较好地反映了人民群众的所思所盼。可以设想，如果没有对报道的精心谋划和设计，这些话题就不会提炼得如此集中和鲜明。

《经济日报》的报道特点

《经济日报》是综合性经济类报纸。在此次"两会"报道中，该报的经济特色十分突出，形成的报道亮点主要有以下几个类型。

评论类

该报以《总编辑手记》的形式，先后推出 12 "说"：

1. 说"和谐"

2. 说"公报"

3. 说"统领"

4. 说"报告"

5. 说"会风"

6. 说"调控"

7. 说"反哺"

8. 说"环保"

9. 说"区域"

10. 说"权益"

11. 说"民营"

12. 说"创新"

这 12 "说"，是该报时任总编辑冯并同志，审时度势，对"两会"主要精神进行的个性化解读。这种解读，既体现了当时社会的舆论热点，紧扣了"两会"主题，又独具行文活泼、议论风生的个性特点。在该报的"两会"报道中，发表在头版的每天一"说"，颇能吸引读者的注意力。

专题类

改革与发展，是 2005 年"两会"的主题。《经济日报》在《东西南北中，共同话发展》的专栏中，推出关于改革与发展的系列报道：

1. 推进改革：今年是个改革年

2. 金融改革：体制破冰之喜

3. 国企改革：徘徊观望之感

4. 农村改革：后续配套之忧

5. 财税体制：稳健转型之望

6. 投资体制：责任追究之盼

上述 6 篇报道，有总有分且有喜有忧有感有望有盼，之间的逻辑关系十分清晰，足见是动了脑筋费了心思。

特刊类

在日常报道之外，《经济日报》还推出了《两会特刊》。该刊的特色报道主要有：

和谐社会的中国故事

科学发展：我们高扬的旗帜

公平正义：我们不懈的追求

以人为本：我们坚定的信念

让"十五"告诉"十一五"①

五位代表的五次感动

五位委员的五个心愿

五位记者的五种感受

仅从上面的部分报道中，就可以看出《经济日报》此次的"两会"报道独具匠心。这些报道，代表着《经济日报》的策划水平，标志着《经济日报》求新图变的决心。仅仅一个 12 "说"，就使《经济日报》从众多媒体的"两会"报道中凸显了出来。其他媒体虽然也有若干评论，但以"说"的形式进行议论，且自成体系，《经济日报》应该是独一份。独一份就是人无我有。人无我有的东西就是"新"。类似的"新"还有许多。比如，五位代表、委员、记者的五次感动、五个心愿和五种感受；再比如，三个"张家人"（张家口、张家港、张家界）共话发展观，就让人感到惊喜和钦佩：记者们是如何想到这些点子的。

人民网的报道特点

网络媒体近些年异军突起，尤其是在反映民意方面，发挥了传统媒体不可替代的作用。2005 年全国"两会"期间，人民网开辟了《两会经济眼》等栏目，许多报道显示了网络媒体的独特优势。

《两会经济眼》报道内容摘选：

1. 就业、低保、彩票、教育议案扫描

2. 任务、机遇，中部的崛起

3. 生、死，各界激辩经济适用房得失

4. 代表、委员、网友，热议四大关键词

5. 二奶财产是否保护，政府到底该咋管

---

① "十五"指第十个五年计划，"十一五"指第十一个五年规划。

6. 加息、春运涨价无解释，26 个人"养馆"

7. 免征农业税，贫困孩子能念书

8. 百姓的十大期待，对高消费征税

9. 中部投入应加大，个税起征要提高

10. 老百姓最关心什么

从人民网《两会经济眼》的部分内容来看，选题更加贴近百姓。就业、低保、教育、经济适用房、春运涨价等，直接关涉广大人民群众的切身利益。人民网以与网友互动的形式征集选题，并就这些选题展开讨论，在一定程度上反映了群众的意愿。这一个个"草根"选题犹如一条条纽带，把参加"两会"的代表、委员与千千万万网民联系起来，体现了网络媒体的亲和力。

2010 年的全国"两会"报道，媒体策划力度进一步加大。无论是报道内容还是报道形式，无论是会上会下，还是会内会外的沟通交流，都实现了新的突破，达到了新的高度。尤其是 2009 年改版后的《人民日报》，更是全方位、立体化地显示了其策划水准，选题不但超过 2005 年时的"两会"报道水平，也超过了以策划见长的其他中央级媒体。

且看《人民日报》开设的一些专栏。

报道类专栏

1. 《论政》

2. 《问计》

3. 《碰撞》

4. 《发言席》

5. 《代表委员热议"八个加快"》

6. 《书记省长纵论经济方式转变》

……

言论类专栏

1. 《两会快评》

2. 《两会感言》

3. 《两会博客》

4. 《世界眼》

......

在上述这些栏目中，报道类的《碰撞》和言论类的《世界眼》，给人以很强的新鲜感。《碰撞》刊发的是代表委员就某个话题所持有的不同意见。比如："以贪污治罪，能遏制公款吃喝？"、"慈善立法，能终结捐助尴尬"等。这些话题，是公众非常关心的热点，但并没有形成定论。代表和委员就此各抒己见，仁者见仁，智者见智，可以开启思路，体现了民主风气。再比如《世界眼》这个栏目，是反映外国人对我国"两会"的认识和评价，其中刊登的《外媒看"复杂"》、《了解中国的"必修课"》等，很能引起公众的兴趣。这些栏目的开设，从一个方面反映了《人民日报》已经摆脱了四平八稳、缺少棱角和锐气的传统报道风格的束缚，开始变得生机勃勃，贴近现实和受众了。

在《论政》、《问计》等栏目里，《人民日报》刊登的一些报道，无论是内容还是形式，也都很有气势，很让人提神。比如，在书记、省长纵论经济发展方式转变时，刊发的报道题目有：

1. 东西南北中，加快、加快、加快

2. 转变！以绿色的名义

3. 观念先行："转变"形成共识

4. 考核体系：发挥"指挥棒"作用

5. 政策制定：围绕"转变"布局

......

从 2005 年、2010 年两届全国"两会"的报道分析中可以看

出：策划带来了创新，创新源于策划。尤其是 2005 年《经济日报》和 2010 年《人民日报》的报道，特色鲜明，亮点多多。如果没有报道之前的精心谋划和设计，《经济日报》的 12 "说"和五位代表、委员、记者的五次感动、五个心愿和五种感受以及三个"张家人"共话发展观就不可能问世。同样，《人民日报》2010 年的"两会"报道也不会像现在这样精彩纷呈，新风扑面。策划，缔造了特色，提升了亲和力；策划，使会议报道也变得可读、耐读了。

四、巧解读提升亲和力

2010 年《政府工作报告》，首次附上了 7 条"注释"，对物联网、森林、碳汇等进行了解释。小小的变动，不但反映了为读者服务的贴心与细致，还鲜明地发出了一种信号：包括报告、讲话在内的所有文件，都要让人看得明白，弄得清楚。不然，再重要的政策，再权威的观点，不能很好地为人理解，其效果也会大打折扣。

这为会议报道解读提供了学习的样板。

解读，就是用通俗易懂的话语进行解释、分析，以帮助人们阅读。会议报道中的解读，可以使受众更好地理解会议的报告、文件和讲话精神，有利于人们把握重点，消化难点。

解读的方法有许多种。通常使用的有专家解读、新闻解读。

1. 专家解读

邀请相关方面的专家、学者，就报告、文件和讲话中的重要问题进行解读。专家，顾名思义，是从事某个方面的研究并具有某种专长的人。因而，其解读也比较具有权威性和专业性。不仅如此，由于专家本身的非官员身份，其解读相对具有说服力。

2010 年 3 月 6 日，《人民日报》第 6 版刊登长篇解读：回升

向好再出发——经济专家解读政府工作报告。其主要篇目为：

　　1.8%，好字优先谋发展

　　　　——解读人：国家统计局经济师

　　2."三农"向好全局主动

　　　　——解读人：中央农村工作领导小组副组长

　　3.转型注重内生力量

　　　　——解读人：中国（海南）改革发展研究院院长

　　4.生活更幸福更有尊严

　　……

　　8%，是政府工作报告中提出的 2010 年国内生产总值增长幅度。为什么提出这样一个目标，依据是什么？国家统计局有关专家利用大量数据，进行了较有说服力的解释和分析。

　　在连续 6 年增产增收之后，"三农"问题还能否一如既往地得到重视？2010 年国家在强农惠农方面，还有什么新的政策出台？中央农村工作领导小组的同志一一进行了阐释。

　　加快转变经济发展方式，大力推动经济进入创新驱动、内生增长的发展轨道，是政府工作报告的一个核心内容。然而，什么是内生增长，经济转型和内生增长关系如何？有关负责人对此进行了解读……

　　既然有了报告、文件和领导讲话原文，为什么又需要解读呢？主要原因是报告、文件或讲话简练、概括、高度浓缩，就像压缩饼干一样，内涵丰富却比较抽象。解读的过程，就是化抽象为具体的过程，就是把高度浓缩的东西进行拆解、还原。其用途，就是帮助读者理解和消化报告、文件以及讲话。另外，整版整版地刊登报告、文件或讲话，读者看起来也很累，而连续地刊发解读文章，则看起来比较轻松一些。

2. 新闻解读

用新闻报道的形式，把报告、文件或讲话的要点反映出来，称之为新闻解读。

2010年3月11日下午，第十一届全国人大三次会议举行第四次全体会议，听取和审议最高人民法院和最高人民检察院工作报告。"两院"的报告，以前很少进行解读，人们关注的程度，较之政府工作报告要低。那么，如何让"两院"工作报告也能引起人们的阅读兴趣？用新闻的形式进行解读就是一个不错的办法。

2010年3月12日，《燕赵都市报》根据新华社播发的"两院"报告内容，用整版篇幅刊发了两篇新闻，分别是："最高法：一年判处罪犯99.7万人；最高检：反腐查办省部级干部8人。"从标题来看，两篇新闻都报道了人们最关心的判处罪犯和反腐败问题，体现了新闻价值。由于是对"两院"报告的解读，新闻还必须忠实于报告原文，反映报告的整体面貌。所以，新闻列出了许多小标题：

其一，最高法：一年判处罪犯99.7万人

·审判工作：一年判处罪犯99.7万人

·打黑除恶：3231人涉黑获刑

·国家赔偿：450起案件判赔3406.8万元

·执行难题：清理积案340.7万件

·审判监督：改判错误判决11669件

·队伍建设：795人违法纪，司法处理137人

其二，最高检：反腐查办省部级干部8人

·保障民生：重大事故查处失职渎职1075人

·打击犯罪：批捕各类疑犯94万余人

·反腐倡廉：查办厅局级204人，省部级8人

·强化监督：清理牢头狱霸，严处司法犯罪

此外，新闻还分别对 2010 年法院和检察院的工作安排进行了摘录。

这样的解读，使"两院"报告的要点得到了突出。没有时间或没有兴趣阅读报告全文的人，通过解读大体明了了报告的梗概，对报告中的主要事实有了一个基本认识。

新闻解读的形式比较活泼，与受众的关系更密切。它既要忠实于报告，不能违背报告的原意，更要贴近读者，着眼于满足读者的要求。近年来，有些新闻解读从普通群众的角度进行，具体解读方式是请读者联系个人实际，结合自己的所思所想谈对报告的体会。由于这类解读既有典型事例，又有观点，因而更受欢迎，传播效果更好。

五、多互动提升亲和力

"您心头的难题，总理关心，您心头的疑问，总理想听。在 2010 年全国两会召开之际，中国网联合腾讯网推出两会品牌栏目《我有问题问总理》，征集社情民意。您有什么话想对总理说，您有什么建议想给总理提，欢迎您留言。中国网记者将带着您的问题直达总理见面会现场"。这段话，是中国网在"两会"期间推出的《我有问题问总理》栏目的开头话。

在这段开头话下面，开列了"我最想留言的话题"共 12 个方面，分别是房价调控、防腐倡廉、教育公平、促进司法工作、新农村建设、公平就业、医患关系、劳动者权益、贫富差距、文化建设、打黑除恶和户籍改革。

值得注意的，是网友参与的情况：在"总理您辛苦了"的问候语之后，有 43 万多网友参与；在"我给总理倒杯茶"之后，有 40 万位网友参与；在留言人数后面，则有 5 万多位网友。

《我有问题问总理》，是网络互动的典范。这样的互动，把普

通网民与一国总理联系在一起，具有极强的亲和力。试想，一个大国的总理，日理万机，工作何其繁忙？不要说普通百姓，一般官员想与总理交谈，也非常不易。然而，网络的优势，消除了地理距离，也消除了心理距离。普通百姓有了想说的话，可以和总理说，有了想问的问题，可以向总理提。互动，把普通网民和总理置于同一个平台。虽然网民所提的问题，总理不一定都能看到，更不能一一作答，但这种形式，却给人异常温馨的感觉，好像总理就在大家身边，真诚的目光里，充满着对提问的渴望和期待。

对于报纸来说，由于其版面空间有限，时效上也不如网络快捷，在互动上有一定的局限性。但是，仍需要采取互动形式，让读者尽可能参与进来。因为，互动能够引起人们的更多关注。会议报道，尤其需要这种互动。

前面多次讲过，会议报道，最可怕的是自说自话，即少数人开会，少数人看会议报道。要改变这种情况，除了在报道中突出多数人感兴趣的内容，找准会议与读者的关联点、结合点之外，引导读者参与，是一个行之有效的方法。

近几年，媒体在会议报道上的一个创新，就是在会议召开之前，公开征求会议议题，请大家就国计民生中的有关问题发表意见。比如在全国"两会"召开前夕，有些媒体就把人大代表和政协委员请来接听热线电话，回答读者提出的种种问题。由于事前刊发了公告，热线电话几乎被打爆，公众参与的热情特别高。接听电话听取意见的代表和委员也兴奋不已。他们感到：大家所提的问题，既开阔了他们的视野，使自己提交的提案更有针对性，也使他们感到肩上的责任重大，因为许多人的目光正看着他们；他们不是孤军奋战，而是代表着一群人在说话，参政议政的主动性更高了。

除了全国性会议，地方上召开的比较重要的会议，也应采取互动的方法。这样，关注会议的人数无疑会更多，会议报道的影响自然也更大。除此之外，还可以考虑邀请部分读者代表参与会议报道，邀请会议参加人员与读者见面等。总之，互动的形式可以多种多样。会议报道的亲和力，需要提升，亟待提升。全国"两会"的报道做出了榜样，地方上的各种会议报道，也应循此进行。只要在观念意识上切实进行转变，会议报道亲和力的提升就指日可待。

第十一章

典型报道亲和力

　　一提起典型报道，人们眼前就会立即浮现出雷锋、焦裕禄等人物形象来。雷锋的"对待同志像春天般温暖，对待工作像夏天般火热"，焦裕禄的"吃别人嚼过的馍没味道"等虽然朴素、朴实，却富含哲理的话语，至今鸣响在人们耳旁。他们的事迹，感染、教育了一代又一代人，不但中老年人们永远铭记着他们，就是今天的年轻人，也从课本上、电影电视作品中熟知了他们。这些可称之楷模的典范或英雄，犹如蓝色天幕上的群星，虽然经历了时间长河的磨砺，但当人们抬头仰望的时候，依然会引发温柔的凝视。

　　一个没有英雄的民族是可悲的，一个没有典范的时代是平庸的。尤其是在我们这样一个拥有13亿人口的中国，要凝心聚力谋发展，使中华民族自强自立于世界民族之林，更需要各种类型的英雄和典范。这里的英雄和典范，就是我们常说的典型。

　　有典型，就有典型报道。典型报道承担着传播典型事迹，彰显典型精神，使典型深入人心并生根发芽开花结果的重任。在传播媒介多元化，传播渠道多样化的今天，典型报道虽然不再像上个世纪90年代之前那样，一经媒体刊出或播出，便不胫而走，立即在社会上引起强烈反响，但时代毕竟需要典型。所不同的是，人们的注意力日益被多姿多彩的事物分散，人们的兴奋点也在以空前速度和频率进行转移和变换。要使今天的典型报道还能取得

较为理想的传播效果，就要根据变化了的新形势，从受众的需求出发，对典型以及典型报道的内涵、特征进行再认识。在充分了解典型报道得与失的基础上，把握典型报道的分寸，使典型报道既能起到鼓舞人心，引领时代潮流的积极作用，又能避免由拔高、浮夸等引起的负面效应，从而使典型报道更加亲近受众。

第一节 典型的内涵与作用

一、典型的内涵

何谓典型？

典型原指模型、模范，是古代用来制造器物的工具。"以木为之曰模，以铁曰范，以土曰型"，后引申为典型。在现代，典型是指同类中最具代表性的人或事物。

典型这个概念被普遍用于文学创作中。恩格斯曾提出，作家应该塑造"典型环境中的典型人物"。这里的典型既有着鲜明的个性，是活生生的"这一个"，又集中体现着共性，是个性和共性的统一，是巴尔扎克在为《一桩无头公案》所做序言中指出"类"的样本。文学作品中的典型，既来源于生活，又高于生活。别的典型且不说，在我国古代的四大名著中，诸葛亮的足智多谋，黑旋风李逵的忠勇鲁莽，孙悟空的神通广大和林黛玉的多愁善感，都给人留下了极为深刻的印象。

新闻报道中的典型和文学作品中的典型既有相同、相似之处，比如，都有坎坷曲折的经历，超乎常人的智慧和能力，都在某方面做出突出贡献，都折射出某种思想、信念和精神等等，但又有诸多的差别。据有关学者的研究，这些差别主要体现在：

1. **真实性不同**。文学典型是作者"塑造"出来的，是人们所

"熟识的陌生人"。虽然文学典型也讲究真实，但那只是艺术的真实而非生活的真实。也就是说，我们在阅读文学作品时，常常觉得某个典型就在身边，但在现实生活中却无法寻觅这个典型。因为，典型"是一个拼凑起来的角色"。如果有谁非要较真儿，人们反而觉得较真儿的人不正常。新闻典型则必须实有其人，实有其事。人物的一举一动，一颦一笑，都必须百分之百的来自生活。如果生活中找不到这个人，也无法验证他（她）做的事，那就是造假，就是失实。

2. 侧重点不同。文学典型侧重人物性格的展示和内心世界剖析，新闻典型则侧重人物的行为（事迹）表现和思想境界挖掘。

3. 时效性不同。文学典型重视时代感，强调人物形象的经久不衰和千年不老。新闻典型则与时俱进，强调时下的教育意义。

4. 表述方式不同。文学典型讲究含蓄、内敛，人物形象在不断品味中才能逐渐清晰起来。新闻典型则较少铺陈，力求让人一看就明白。[①]

概而言之，新闻典型是同类人物或事物中最具代表性的样板。就人物来说，他（她）具有同类人所具有的共同特征，但又不同于一般人。他（她）在整体上或某个方面上，比同类人更突出，更具有特点，更值得崇敬和效仿（反面典型则更具警示意义）；就事件或经验、问题来说，典型所具有的种种特质则更具有普遍意义，更能起到引路和示范作用。

二、典型的作用

典型宣传并非始自现代，而是从古代就已经开始了的。历朝历代的统治者，为教化人心，树立道德楷模，都竭尽全力，彰显

---

① 参见朱金平《新闻典型论》，长江出版社 2004 年版，第 2—3 页。

本时代的道德典型。经过数千年的流传和积淀，这些典型已是家喻户晓，人人皆知。特别是在伦理道德，在忠、孝、仁、义、礼、智、信等各个方面，已形成了众口传诵、为不同社会广泛认可的一大批典型：屈原的去国怀乡，岳飞的精忠报国，孔融的礼让谦和，司马光的机智聪慧……都在人们的心中打上了深深的烙印。尽管这些"典型"的传播并非通过新闻报道而是通过文学作品或口口相传的形式，但由于契合了社会的道德规范，符合人类社会对真、善、美的追求，因而还是赢得了广泛的认同。

典型之所以能得到推广和认同，是因为典型具有极强的感染力和极大的昭示作用。比如"百善孝为先"，是被广泛推崇、倡导的一种理念。这个理念之所以生生不息，成为一种规范和修正人们行为的尺度，就是因为作为社会这个肌体的最小细胞，家庭的秩序和稳固是最重要的。不孝顺、不尊老，家庭就不会和谐。而没有家庭的和谐，就没有社会的稳定。所以，历朝历代，都非常重视孝道，都把是否尊崇孝道，作为衡量道德水平高低的标准之一。由于孝道既符合统治者追求社会稳定的利益诉求，也符合深深植根于人们心底的儒家道德规范，因此，孝的典型才不断被传播，被颂扬。我国古代的 24 孝，就是这方面的有力佐证。

在典型的发现和传播上，掌握着国家政治和经济命脉的统治者无疑有着最大的话语权。符合他们统治需求的，他们便以各种形式予以彰显；违背他们的意志，动摇其统治基础的，便千方百计予以封杀，例如秦始皇的"焚书坑儒"，清朝时期的"文字狱"等等。当然，统治者对文化包括典型传播的控制并不总能见效。一些符合社会伦理规范，代表社会发展趋势和潮流的典型，因其具有强大生命力，依然会在民间得到传播。

新闻典型，是在近代新闻媒体出现之后，借助新闻报道的形式得到传播的。就我党新闻事业而言，比较成熟的典型报道始于

1942 年延安《解放日报》改版时期。当时，为了打破国民党反动派对于陕甘宁革命根据地的封锁和围剿，解放区军民自己动手，开荒种地，纺布织衣，掀起了轰轰烈烈的大生产运动。为推动这一运动的深入进行，《解放日报》先后推出了吴满有和赵占魁两个典型。吴满有多打粮食，是农业劳动的典型；赵占魁"劳动态度好，技术水平高，很能团结人，在坏人煽动工人闹事的时候，坚守岗位，用实际行动进行抵制"，是解放区工人的典型。对这两个典型的宣传报道（分别刊登于 1942 年 4 月 30 日和 9 月 7 日的《解放日报》），使解放区军民学有榜样，赶有目标，进一步坚定了战胜困难，打破封锁，生产自救的信心，为解放区的壮大和发展发挥了不可磨灭的重大作用。

自此以后的 60 多年里，我党充分运用典型引路这个行之有效的宣传方法，在各个不同的历史时期，推出了各个方面的先进典型。抗日战争、解放战争、抗美援朝战争时期，一批不怕牺牲、英勇杀敌的典型，鼓舞着中国人民前赴后继，夺取了一个又一个伟大胜利。在社会主义建设时期，一批艰苦奋斗，勇于奉献的典型，激励着人们克勤克俭，忘我拼搏，使各项事业迅速恢复与发展。改革开放以来，一批勇于创新并做出不凡成绩的典型，推动了人们解放思想，转变观念，在建设物质文明、精神文明、社会文明、政治文明上实现了全面跨越。进入新世纪以来，一批执政为民、廉洁奉公、情为民系，利为民谋的典型，又在和谐社会建设和落实科学发展观的伟大实践中，发挥了率先垂范、凝神聚力的作用。

典型就是样板，就是旗帜。典型的作用可简要概括为如下几点。

1. 率先垂范，引领社会潮流

社会在发展、变革过程中，人们常常会产生某种困惑：究竟

应该怎么做？什么是应该倡导、应该发扬光大的，什么又是应该禁止、抵制或反对的？此时，就需要树立一些榜样，推出一些典型，以供人们学习和效仿。典型的引路和示范作用，此时就会格外突出地表现出来。这些典型，就像"手把红旗旗不湿"的弄潮儿，在社会激流的旋涡中，左冲右突，闯出了一条属于自己的道路。而发现并报道典型，就是明白无误地告诉人们：应该像典型那样，坚持正确的理想、信念。典型的精神，就是需要倡导的精神。比如，在20世纪80年代初，人们的思想曾一度产生混乱：人生的价值究竟是什么？生命的意义究竟在哪里？有人说，人的本质是自私的，"人不为己，天诛地灭"。也有人说，人活着，主观上是为自己，客观上才是为他人，就像太阳之所以光芒四射，并不是为了照亮和温暖人类，而首先是自身核聚变的结果。对于这些思想认识、价值观念领域的问题应该如何回答，就需要典型来说话。因为典型事实最有说服力。此时，张海迪这个典型，就发挥了引领社会潮流的作用。

张海迪（现任中国残联主席），1955年生于济南。5岁时，她因患脊椎血管瘤，高位截瘫。虽然没有进过学校，但她凭着顽强毅力，先后自学了小学、中学、大学的部分专业课程，还学了英语、日语、德语和世界语，先后翻译了数十万字的英语小说，编著了大量书籍。她还自学十几种医学书籍，为群众无偿治疗一万多人（次）。在张海迪身上，集中体现着人生价值和生命意义等为当时青年感到迷茫和困惑的东西。因此，报道张海迪这样一个典型，就具有极大的现实意义。

1983年3月2日，《中国青年报》发表通讯《生命的支柱——张海迪之歌》，鲜明地提出："能使大多数人幸福的人，他自己本身也是幸福的"，"战胜消极悲观，你就是生活的强者"等观点。在那个年代，人们还没有完全走出"文革"的阴影，在遇

到新的挫折时不知该如何面对。这些观点，回答了"人为什么活着，应该怎样活着"等时代的提问，因而在社会上引起极大的反响。

1983 年，中共中央作出了《向张海迪同志学习的决定》，邓小平也亲笔题词："学习张海迪，做有理想、有道德、有文化、守纪律的共产主义新人。"张海迪"活着就要做个对社会有益的人"的信念和以保尔为榜样，勇于把自己的光和热奉献给社会的事迹，感动了亿万青年。从此，张海迪成为 80 年代初自强不息的标志性人物。

2. 标新立异，树立时代楷模

时代造就英雄，英雄反哺时代。英雄模范人物，是人们景仰的目标，在某种程度上，甚至成为人们崇拜的偶像。在战争年代，英雄是在血与火的洗礼中成长并在血与火的考验面前，做出惊天地泣鬼神的英雄业绩的。和平时代，英雄则是在平凡的岗位上或在突如其来的灾难面前，因其不平凡的举动而成为英雄的。英雄的身上，明显镌刻着时代的印痕，是时代造就了他们。反过来，他们又以其贡献和成就，推动着时代的进步与发展。

今天，我们谈及的英雄典型，往往是在改革开放的背景下，以求实创新的精神，在平凡岗位上作出了不同寻常的业绩。他们的一个突出特点，是打破旧思想、旧观念的束缚，敢于走前人未走过的路，因而在本职工作中有所作为，有所创造，为社会做出了巨大贡献。这种典型的作用，就是昭示人们：不能因循守旧，永远跟在别人后面走。要敢于标新立异，敢于否定自我，敢做第一个"吃螃蟹"的人。

被誉为"当代毕昇"的著名科学家王选，发明了汉字激光照排技术，成就了一个产业，使我国印刷业划时代地告别了铅与火，进入了光与电。他的实践，向后人证明了科技创新的力量。

1974 年 8 月，经周恩来总理批准，中国开始了一项被命名为"758 工程"的科研攻关。该科研项目分为三个子项目，即汉字通信、汉字情报检索和汉字精密照排。当时，在激光照排领域，最先进的是英国，其研制的四代机即将面世。中国的研制之路该怎么走？有的主张搞二代机，有的则选择三代机。王选认为：不能搞二代机，也不能搞三代机，要直接研制西方还没有产品的第四代激光照排技术。

1979 年，王选开创性地研制出第四代激光照排系统，并在世界上首次使用控制信息描述汉字笔画特征的方法。这一发明，把我国印刷业的发展历程缩短了半个世纪，从而创造了一个汉字印刷革命的神话。

作为以一粒种子改变整个世界的"人工杂交水稻之父"，袁隆平取得的科研成果，使我国杂交水稻研究及应用领先世界各国水平。这项技术推广应用后，不仅解决了中国的粮食自给难题，也为世界粮食安全做出了杰出贡献。

20 世纪 80 年代，美国经济学家布朗曾提出了一个严峻问题："21 世纪谁来养活中国？"20 多年后，我国已通过杂交水稻的种植和推广，增产了 3500 亿公斤粮食，增产的稻谷可以多养活 6000 万人。袁隆平以自己的创新，对布朗的疑问作出了明确的回答：中国人完全有能力自己养活自己。无怪乎很多农民说，中国吃饭靠"两平"，一是邓小平（责任制），二是袁隆平（杂交水稻）。

王选在印刷领域、袁隆平在人工杂交水稻领域做的杰出贡献，是他们孜孜以求的探索和奋力创新的结晶。他们不迷信外国，不迷信教条，是标新立异的典型，是改变了印刷和粮食生产进程的英雄。一位省级官员在评价袁隆平的成就时感叹道："有人说他的人工杂交水稻可以和中国四大发明相比，我认为毫不过分。大家如果追星，就应该追袁隆平这样的科技明星。"遗憾的是，王选、

袁隆平这样的创新典型，只是在受到党和国家表彰的时候，才被媒体重视。平时，媒体把关注的目光更多地集中到了体育明星和演艺界明星身上。应该说，这种情况，固然和科学家以及其他所有在某一领域做出突出贡献的人们甘于平淡、不事张扬的个性有关，但是，也在一定程度上反映了媒体单纯追求"眼球效应"的媚俗倾向和娱乐化倾向。当我们更多地把目光转向在科技创新等方面标新立异，堪称时代楷模的典型时，我们的社会才更有希望。

3. 解疑释惑，推动问题解决

除了方方面面的典型人物，新闻典型还包括典型经验等。所谓典型经验，是指某个单位、某个集体在某个方面的做法，具有很大或较大的现实意义，值得普遍学习和推广。

我国的改革开放事业，是在坚持中国共产党的领导，坚持社会主义制度的前提下进行的。我们着力建设的，是中国特色的社会主义。这里的中国特色，就是依据我国国情，一切从实际出发。因此，我国的改革开放，在初始阶段，必然是"摸着石头过河"，即在实践中探索，在实践中丰富、完善和发展。其中，最重大、也最为世人称道的创举，是我国的特区建设和"一国两制"构想的提出及实施。此外，安徽省凤阳县小岗村的包产到户，石家庄造纸厂的"引包入厂"等，也都具有划时代意义。这些重大创举或称典型，在推进我国经济、政治体制改革方面，做出了不可磨灭的贡献。

典型经验的推广，往往包含着某种政治意义，甚至可以说，典型是政治舆论的晴雨表、风向标，直接引导着社会的发展。无论是深圳、珠海等地的特区建设，还是安徽凤阳小岗村的"包产到户"抑或是马胜利的"引包入厂"，都在一定程度上回答了这样一个带有根本性、方向性的问题，即什么是社会主义以及如何建设社会主义。没有这些典型的推广，很难想象中国的改革开放

能成为今天的样子。

"先试点，再推广"，是我国运用比较成熟的一个工作方法。也就是说，在实施某项政策、措施时，为稳妥起见，先要在某个地方进行试验，待取得经验后再大面积推广。有时，也需要先行发现较为成功的典型，在对其经验进行总结、提炼的基础上，向社会予以宣传推广。这种方法，被称为"典型示范"或"典型引路"。

比如，江苏省华阴市华西村，就是社会主义新农村建设的典型。社会主义新农村建设的内涵是：生产发展、生活富裕、乡风文明、村容整洁、管理民主。其中，核心之点是发展农村生产力，增加农民收入。那么，社会主义新农村究竟应该如何建设？华西村可谓是一个样板，一面旗帜。从发展生产力来说，该村以发展工业企业为契机，通过工业企业的发展带动农村政治、经济、文化、教育、卫生等事业的综合发展，使得工业企业与乡村融为一体，成为和谐发展的一种新农村建设模式。华西村的经验，在全国新农村建设中，具有极大的昭示意义。为此，自 2005 年 12 月 24 日起，由《人民日报》、新华社、中央电台、中央电视台、《经济日报》、《光明日报》等 30 多家中央和地方重要媒体组成的联合采访团，抵达江苏省江阴市华西村。各路新闻媒体的记者在华西村实地采访，与农民同吃同住。通过全方位的深入采访，获得了大量生动、鲜活的材料。之后，各媒体在 2006 年 1 月相继刊发报道。这些报道，系统、全面地反映了华西村极不平凡的发展历程以及在经营管理、共同富裕、科学发展和精神文明等方面的经验。此次典型报道，规格之高、规模之大、时间之长、影响之深，在我国的"三农"报道中均属罕见。

典型报道，是我国特有的新闻报道品种，尤其是在各级党委机关报上所占比例很高。它的报道选题，偏重于较为成熟的经验

以及由此带来的新观点、新思路。一般来说，典型经验"典型"与否，主要是看其针对性、指导性如何。实际工作中存在的问题越突出，矛盾越尖锐，人们越感到困惑，典型经验报道的价值就越大。这就要求在报道典型经验时，要胸有全局，明确党和政府当前的工作中心是什么，明确所采访行业、地区当前最需要解决的问题是什么。"面"上的题目有了，"点"上的文章就好做了。因为，对典型经验的报道，并不是要表扬某个地区，某个单位，而是要通过报道，回答"面"上的问题。"点"与"面"结合得越好，典型经验的影响就越大，典型报道释疑解惑的功能就越能得到发挥。

4. 鼓舞激励，展示建设成就

成就宣传，也是我国新闻宣传的重头戏。尤其是在重大会议召开、重大纪念日到来之际，成就宣传常常成为新闻媒体报道的主要任务。此时，选择一批最能反映今昔变化的典型，就显得分外重要。

成就宣传的主要目的是鼓舞人心，增强人们的自豪感和自信心。它通过展示建设成就，反映方方面面的巨大变化，说明党和政府领导的正确以及制定的路线、方针、政策的巨大成功。成就宣传中的典型，既可以是典型人物，也可以是典型事件，还可以是典型风貌。无论哪种典型，只要能集中、鲜明地反映人类在改造社会，改造自然中付出的艰辛努力和取得的成就，反映出某种理论、方针、政策在指导实践并接受实践检验的过程中，能够转变为巨大的生产力，就应当说是可行的。

"不比不知道，一比吓一跳"。这是人们在运用比较，特别是横向比较的方法，来找出自身差距，明确努力方向和目标时常说的一句话。成就宣传也需要比较，但这种比较却往往是纵比，即用现在同过去比。"不比不知道，一比真奇妙"，就是通过纵比给

人们带来的真切感受。

横比发现差距，纵比体现变化。成就宣传，大多通过纵比来发现典型并通过典型来讴歌、赞美变化。在这方面，我国各类媒体都积累了比较丰富的经验。从党报来说，典型成就的报道大多选择较为宏观的方面，如综合实力的增强，国际地位的提高等等，都市报、晚报等则大多选择较为微观的方面。宏观方面包括工业、农业、交通、科技、教育、文化、体育等，微观方面更多地体现在衣、食、住、行以及单个家庭或个人方面。但无论是宏观还是微观，所选事例都应该是最具代表性，最能说明问题的。当然，把宏观和微观两个层面结合起来，既有宏观，又有微观，形成多元、立体的报道结构最好。

典型的作用是多方面的。就其主要之点来说，是教化人心，净化环境，起到榜样、标杆、示范、引领作用。可以说，典型是每个时代都需要的。在落实科学发展观，建设和谐社会的今天，典型依然不可或缺，并且，典型的内涵和外延已经开始发生变化。就人物来说，典型已不再像过去那样是完美无缺的"神"，普通人也能成为某个方面的典型；就某种典型经验来说，也不再"放之四海而皆准"，而是根据实际情况的不同，可以部分地学习。但不管如何，"典型"还需要继续抓下去，典型宣传的生命依然旺盛。

第二节　典型报道的得与失

典型是客观存在的，而不是人为制造或培养的。但典型之所以成为典型，除了其自身具备典型的内在条件，客观上也离不开媒体的发现和报道。没有媒体的发现和报道，典型就不会广为人知，就不能充分发挥其榜样示范和引导作用。

媒体对典型的发现与报道，可称之为典型报道。

典型报道，对于引导舆论，宣传政策，指导工作，都具有重要作用。成功的典型报道，往往提出并回答人们普遍关心的重大问题或表明对某个问题、某种事物的态度和看法，因此，我党的新闻宣传，历来十分重视典型报道。

半个多世纪以来，各种类型、各个方面的典型报道层出不穷。仅就典型人物而言，工业战线上的孟泰、王崇伦、郝建秀、王进喜、徐虎、许振超等；农业战线上的李顺达、郭凤莲、吴仁宝等；解放军的董存瑞、黄继光、邱少云、王杰、雷锋、李向群等；领导干部的焦裕禄、孔繁森、牛玉孺等；知识分子的李四光、栾弗、钱学森、钱三强、袁隆平、王选等；体育界的许海峰、邓亚萍、李宁等……所有这些英雄、模范人物的报道，曾经在全国范围内掀起一阵阵的学习热潮。其中的一些典型，甚至成为人们的偶像。人们崇拜他们，敬仰他们，把他们作为人生坐标。可以说，典型报道产生的影响，发挥的树立样板、聚合人心、统一意志、推动社会主义物质文明、精神文明、社会文明和政治文明建设的作用，都是显而易见的。

典型报道，是我国主流媒体的优势和强项。毋庸讳言，也是一种以宣传为主要目的的报道形式。这种报道形式，在我党夺取并巩固政权乃至实行计划经济时期，都是必要的。因为党需要通过典型报道，来明确提倡什么，应该怎样做。不这样，就无法把全党的思想统一起来，无法把人民有效地组织起来。但在我国改革开放，尤其是建立社会主义市场经济体制以来，随着解放思想力度的不断加大，人们的视野更宽阔，思想更活跃。此时，人们已不再像过去那样，"用一个脑袋想问题"，用一种声音来讲话，舆论环境日渐宽松，信息渠道日渐增多，使人们能够比较自由地对信息进行选择，比较自由地发表个人对事物的见解和看法。这种"百花齐放，百家争鸣"的状况，在今天互联网时代得到了进

一步的提升和扩展。

前面讲过，在过去的 60 多年中，我国的典型报道确实发挥了巨大的鼓舞、激励作用，以至于今天的人们依然非常重视典型报道。但不可否认的是，传统典型报道的一些弊端和缺陷，也日渐暴露出来。毫不夸张地说，受众对典型报道的关注度开始弱化。在一些媒体，典型报道在整个新闻报道中的地位，正逐步由主流转向边缘。

那么，传统典型报道的弊端或缺陷主要表现在哪里呢？

其一，过分强调教育性而忽视新闻性。

长期以来，典型报道被当作宣传、教育的手段而不断得到强化。宣传，就是自上而下的灌输，就是"我打你通"，即通过典型来传播某种思想观点，来统一人们的认识和行动。这种把典型报道等同于宣传教育的情况是极其普遍的。正是由于典型报道的功能过于单一，因此，典型报道就成为了表达传播者意志的载体或者工具。有人曾一针见血地指出：新闻典型之所以成为典型，是因为政治宣传需要这种典型，因此，迎合某种理论、观点、态度、主张的典型就应运而生了。这就是说，典型报道往往被贴上政治的标签，成为图解政治的脚本。本来，典型报道只是新闻报道的一种类型，归根结底，要遵从新闻价值规律，传递受众关心、需要了解的最新信息。但在被贴上政治标签以后，典型报道的新闻性就被忽视和淡化了。取而代之的是政治概念，是宣传口号，是虽然正确却空洞乏味的说教。不过，由于人们曾历经各种"运动"，不敢不关心"政治"，再加上信息传递渠道极少，因而就只能被当作"靶子"，去接受典型宣传折射出来"教育"的枪弹了。幸而这种情况，现在已有了很大的改变。

其二，过分强调"完美"而忽视真实。

典型人物，往往是英雄、模范人物的代名词。既然典型是供

人们学习和效仿的样板，自然就要完美无缺，不能有半点瑕疵。在这种理念影响下，典型被神化、被人为拔高了。有的典型，身患重病，却不到医院治疗，而是把诊断书或病假条锁到抽屉里，顽强地带病工作，直到去世后，人们在整理其遗物时才发现这些诊断证明或病假条。有的典型，其家人遭遇种种不幸，作为家庭的顶梁柱，典型本来应该赶回去处理。然而，典型却装作没事人一样，硬是坚守在工作岗位上。笔者在某省级媒体工作时，就曾处理过一篇这样的稿件：稿件报道的是一位县国税局局长，他为了完成某项工作任务，竟一连三个月没有回家，而其家庭距离工作单位不过几百米远。这样的报道，"完美"倒很"完美"，却无半点真实性、合理性而言。试想，有什么工作能重要到、紧张到需要连续三个月工作在局机关呢？不仅如此，人们进而追问：是否这位局长家庭关系不够和睦，甚至正和妻子闹离婚呢？不然，距离只有几百米远的家，为什么就顾不上回去一趟？这样反映典型人物，背离了人之常情，不但不能为其增光添彩，反倒使其成了不食人间烟火的"神"，变得没有人性，不近情理了。

典型人物也是人，并且首先是个有血有肉的"人"。既然是人，就必定有喜怒哀乐诸般情感，有衣食住行用诸般需求。典型所以成为典型，并不是因为其脱离一般人，不具备一般人的共性特征，而是因其在精神上比一般人更高尚，在意志上比一般人更坚强，在对自我的控制上比一般人更严格，所以在行动上更突出，更为一般人所不能及。比如说，新时期领导干部的楷模孔繁森这个典型：组织上安排他第二次进藏，作为党员领导干部，他必须服从组织安排，但是，他同时又是母亲的儿子，妻子的丈夫和孩子的父亲。尤其是他年迈的母亲，更会令他牵挂在心。他深知，当他完成任务归来时，不知是否还能见到母亲。为此，报道孔繁森的长篇通讯《领导干部的楷模孔繁森》，毫不隐讳地细致描写了孔繁森与母亲告别时的情景：

> 要走了，孔繁森默默地站在母亲的面前，用手轻轻地梳理着母亲那稀疏的白发，然后俯身在老人的耳朵旁，声音颤抖地说：
>
> "娘，儿又要出远门了，到很远的地方去，要翻好几座山，过好多条河。"
>
> "不去不行吗？"年迈的母亲抚摸着他的头舍不得地问。
>
> "不行啊，娘，咱是党的人。"孔繁森的声音哽咽了。
>
> "那就去吧，公家的事误了不行。多带些干粮、衣服，路上可别喝冷水……"
>
> 想到也许这是同年迈多病的老母亲的最后一面，孔繁森再也抑制不住内心的感情，"扑通"跪在母亲面前。"自古忠孝不能两全，娘，您要多保重！"说完，流着眼泪给母亲深深磕了一个头。

不但对母亲，对妻子王庆芝，孔繁森也表现得有情有义：

> 一天，孔繁森对妻子王庆芝说："我带你和孩子们到北京玩几天吧？"妻子感到很奇怪：别说去北京，就是在聊城，孔繁森从来没闲空陪自己和孩子们出过门，这一次是怎么了？带着疑惑的心情，王庆芝和孩子们跟着他到了北京，游览了天安门和长城。途中，孔繁森话里有话地对妻子说："到了北京，就等于走遍了全国。以后我无论走到哪里就像到了北京一样，你和孩子们别牵挂。"听了这番话，王庆芝似乎有了某种预感。从北京回到聊城后，孔繁森一直在想怎样对妻子开口。一天夜里，他终于鼓起勇气说："庆芝，组织上又安排我进藏了……"话还没说完，王庆芝的眼泪已经像断了线的珠子滚落下来。看着妻子难过的样子，孔繁森的心里也一阵阵发酸。他动情地说：
>
> "庆芝，我欠你的太多太多了！等从西藏回来，我一定加倍地补偿。"

无情未必真豪杰。上述两段描写，细致入微地表现了孔繁森

对家人的那种难以言状的愧疚之情和做儿子、做丈夫的一往情深。就是这样一个有情有义的汉子，在党需要他，西藏人民需要他的时候，他能够舍小家为大家，不是更能反映"咱是党的人"的那种觉悟和境界吗？只有凸显了孔繁森的内心矛盾，才能更加表现出他能正确处理这些矛盾的高尚情操。"大雪压青松，青松挺且直，"说的就是这个道理。

其三，过分强调个人影响而忽视集体的培育作用。

"墙内开花墙外红"，是典型报道存在的一个突出问题。其症结，就是不能很好地处理典型人物与周围人群的关系。我们常常见到这样一种现象：某个典型人物被报道之前，人们还很佩服、拥护他。而一经报道，马上被孤立、被疏远，以至于外地的人们赞扬典型、学习典型，本地的人却学不起来，甚至对典型颇有微词。这其中固然有嫉贤妒能的成分，但也不能排除典型报道本身不够实事求是，不仅拔高"典型"，而且有意或无意地贬低、伤害典型人物周围的人的因素。例如，为了表现典型的崇高、坚强，就把他周围的人写得很自私、狭隘，对典型不是刁难、压制，就是讽刺挖苦，以此来衬托典型人物的威武不能屈或贫贱不能移。这种以打击别人来抬高典型的做法，不仅不符合生活的真实，也容易引起人们在感情上与典型的疏远甚至对立。更为恶劣的是，有些报道还采取"移花接木"、"张冠李戴"的做法，把别人的功劳，算在典型人物身上。所有这些，都缘于对典型的理解和认识存在着误区：典型不能有缺点，典型必须超过别人。这种超越，不是水涨船高，不是绿叶配红花，而必须是"鹤立鸡群"，"一览众山小"。思想认识上的片面和绝对，使典型与组织、与同事甚至与家人形成了对立。这样，典型人物固然被突出了，但却失去了基础，而没有群众基础的典型，犹如建筑在沙滩上的高楼，经不起时间之浪的冲刷和浸泡。一有风吹草动，便轰然坍塌，消失得

无影无踪了。

其四，过分强调普适性而忽视特殊性。

任何一个典型，都是在一定历史时期，一定环境条件下形成的，也只适合于那个特定的历史时期和环境条件。没有万能的、适应各种环境和条件的典型。这就是说，典型具有时代性和局限性。"什么树开什么花，什么藤结什么果"，硬让桃树开出玫瑰花或硬让西瓜茎结出苦瓜来，虽然在现代科技条件下通过嫁接的方法也能做到，但变异的花和果已失去了原有的本色，不再是有鲜明个性的"这一个"了。

在以往的典型报道中，通过着装打扮、强扭角度而使典型具有普适性，就是一种并不罕见的做法。具体表现为：一个人一旦成为典型，就事事是典型，时时是典型。只要宣传需要，尽可以按照主观意志随意变换角度。事虽然还是那些事，但今天从科技的角度进行报道，就是科技创新的典型；明天从精神文明的角度进行报道，就成了乐善好施的典型。后天，发挥党员模范作用成了宣传重点时，则又成了带头致富的典型。也就是说，只要宣传或形势需要，任何时候都可以把典型抓来，给他（她）洗漱一番，换上一身新装，就可以堂而皇之地报道出来。这样的典型，就像报道者手中的"万金油"或橡皮泥，怎么涂抹，怎么揉搓都可以。典型成了道具，成了傀儡，这无疑是典型报道的悲哀，同时，也是典型本身的悲哀。

第三节　典型报道的嬗变和回归

检视和盘点今天的典型报道，不难发现，在报道理念，报道对象，报道内容等诸多方面，已经和正在发生着或显著、或微小的变化。这些变化，使得典型报道从远离生活、远离实际、远离

群众的"隔膜"状态中走出来，逐步向其"源于生活"的本义回归。总结、梳理这些变化，对于增强典型报道的亲和力具有重要借鉴意义。

一、报道理念的变化

报道理念，即报道的指导思想和观察视角。视角决定立场，思路决定出路。不同的报道理念，影响、制约甚至决定着对典型的总体认识与把握。在典型人物的报道中，理念的变化最主要、最显著地体现在由"神"向人的回归。无论什么样的典型人物，他（她）首先是一个现实生活中的人，具有人的思想特点和行为特征。他（她）也有七情六欲，内心矛盾，也有家庭生活和个人追求。所不同的，是在种种矛盾冲突面前，他（她）的思想境界，道德情操能支配他（她）作出正确的选择。比如，在公与私、个人与他人、小家与大家、生活与事业等发生对立、冲突，二者必须择其一的情况下，他往往牺牲个人而保全他人，牺牲小家而顾全大家，牺牲生活而服从事业。

这一点，是许多人难以做到的。也正是因为典型人物做到了，所以他（她）比一般人更突出、更高尚、更值得人们去赞美与崇敬。当然，典型人物在做出这种牺牲与奉献的时候，可能会有短暂的痛苦、犹豫甚至一度放弃的念头，这都属于正常。假如没有这些正常的反应，他（她）反倒不像一个正常人了。

传统的典型报道，之所以引起人们的诟病，就是因为不能、不愿、不敢去正视和涉及典型人物作为正常人可能会有的痛苦、犹豫甚至放弃的念头，以为那样会有损典型人物的高大与完美。因此，呈现在读者面前的，就只有结果而没有过程，只有做了什么而没有为什么做。即使讲到为什么做时，也只有干巴巴、硬邦邦的"豪言壮语"。这些"豪言壮语"，基本上都是当时最为流行

的政治口号，不近人情，违背常理。这样，典型人物就被"神化"了，变成了没有人的思维情感甚至不懂人性的闪着"金光"的泥胎。

按照弗洛伊德的理论，人格结构分为本我、自我和超我三个部分：本我与生俱来，包括以性冲动和侵犯冲动为主的本能冲动，由"快乐原则"支配，不受道德规范的约束。本我的唯一要求是获得快乐、避免痛苦。求得个体的舒适、生存及繁衍乃是本我的目标。自我的机能是寻找本我的"冲动"得到满足，而同时保护整个机体不受伤害，所遵循的是"现实原则"，为本我服务。超我是人格结构中代表理想的部分，是个体在成长的过程中通过内化道德规范，内化社会的文化环境的价值理念而形成的，其机能主要在于监督、批判及管束自己的行为。超我要求自我接受社会可接受的方式满足本我，所遵循的是"道德原则"。

烈火烧在身上疼不疼？割下自己的肝和肾以挽救别人的生命行不行？只要是正常的人，那种撕心裂肺、痛不欲生的感觉就会是共同的。然而，邱少云为了不暴露目标，宁可活生生被烧死，这就是超我战胜了本我。河北省行唐县的一位好儿媳张建霞，为了没有血缘关系的公爹能存续生命，割下自己 70% 的肝脏。为自己的亲生父母或同胞兄弟姐妹捐肝捐肾，一般人也能做到，那位好儿媳的捐肝行动，则是为了丈夫的父亲，这就非同寻常了，同样是超我战胜了本我。

在典型人物报道中，忠实地记录下超我与本我的博弈过程（如果典型人物已经牺牲，这个博弈过程则无法采访到手，合理想象是不允许的），不但不会损害人物的形象，反而会使人物的行为显得更真实，更具有撼人心魄的力量。比如，在报道邱少云的通讯《伟大的战士邱少云》（刊于 1953 年 5 月 18 日《人民日报》）中，描写了邱少云的手深深的插在泥土中，尽管在他的左面 3 米

处就有一条小河，只需一滚，就可活命的情况下，他仍然与痛苦搏斗的感人事件。在那位好儿媳的报道中，也忠实、客观的记录了她割肝救公爹的原因：没有了公爹，这个家就破了，公爹也是爹，救公爹是为了保全这个家。这样的报道，合情合理，令人信服。

报道理念上的变化，就是把报道典型首先当成一个人来观察、描述和评判，使其实现了由"神"向"人"的回归。由于逼近了社会生活中真实存在的"人"，因此才逼近了真实，这正是新闻报道感染人、吸引人的魅力所在。

如果说，正面典型人物的报道已经开始从高不可攀的"圣坛"上走下来，那么，反面典型报道则从"妖魔化"、丑化和脸谱化的泥淖中挣脱出来，逐步实现了由"鬼"到人的回归。这一点，也是值得称道的。

反面典型包括腐败、堕落的贪官和行凶杀人的罪犯等。过去的报道在写到这类负面人物时，作者出于憎恶、义愤的情感以及深深烙印在心底的划清界限的意识，往往对其进行简单化处理：对其做过的好事、有益的贡献只字不提，浓墨重彩渲染的，是其贪婪、凶残的本性甚至"兽性"，好像这个人一出生，就注定是恶魔的化身。他（她）来到世界上，就是专门干坏事的，是与人类、与社会为敌的。他们的被惩处，是天意，是必然。这种片面性、绝对化的思维，使反面典型只能令人痛恨，而很难起到社会的警示作用。因为，报道给人的印象，就是坏人天生坏，好人则本质上是好的，只能犯错误，而不能成为罪人。这种"人的命，天注定"的宿命论，是十分有害的。

近些年，对反面典型的报道也逐渐变得理性，变得实事求是起来。我们看到，对于一些贪官的报道，在描写到他们犯罪之前时，大多比较客观。比如，青年时代，他们也曾拼搏奋斗。犯罪之前，也曾立下过誓言，力求不贪不沾，洁身自好。只是随着环境的变化，警惕性的放松和监管的缺位，内心的权力欲、占有欲才开始膨胀起来并恶性发展下去，此时，他们的权力观、道德观和世界观发生扭曲甚至蜕变。在从"好官"到"坏官"的演变过程中，有几个显而易见的转折点、变化点，有造成这种逆转的环境因素、机制因素。这样，对反面典型人物的报道就比较实事求是，比较令人信服。不然，人们就会产生种种疑问：既然某个贪官污吏本质上是个坏人，并且从头坏到脚后跟，何以能一步一个台阶发展到现在？何以在数十年的时间里，党组织还能不断地提拔重用。就算其善于伪装，难道能伪装几年、几十年？由此看来，脸谱化、贴标签式的报道是经不起推敲的。"人之初，性本善"，人之所以由善变恶，是有一个演变、蜕化过程的。把这个过程表现出来，把发生演变和蜕化的内因、外因揭示出来，才能真正起到反面教材的警示作用。

二、报道对象的变化

典型，是指在同类中"具有代表性的人或事物"。

就典型人物而言，只要其在某一个方面具有一定或较强的代表性，就可以成为典型。也就是说，典型人物的涵盖对象可以十分广泛，并不一定就是英雄模范人物。

近些年，典型人物的报道对象已从过去单一的英模人物，扩展到新闻人物和各种类型的"小人物"以及曾被边缘化的"冰点人物"。

就英模人物来说，除却具有全国意义的时代楷模，还有具有地方或行业意义的先进人物。具有全国意义的，大多由中央媒体推出，或先由地方、行业媒体推出，然后再推荐到中央媒体，由中央媒体推向全国。这类人物，是典型报道的主体，分量最重，

影响也最大。焦裕禄、孔繁森、牛玉孺等领导干部的典型，徐虎、李素丽等爱岗敬业的工人典型，王廷江、吴仁宝等农村基层干部典型和张瑞敏、滕增寿等企业家典型，都是具有全国意义的先进典型。

就新闻人物来说，其之所以成为媒体关注的典型，是缘于各种各样的新闻事件。换句话说，他们是因"事"而显，因"事"而成为典型。没有新闻事件，他们可能永远默默无闻，不为社会所知。当然，新闻人物和新闻事件相互依存，互为因果。试想，没有"神五"、"神六"、"神七"的相继上天，航天英雄杨利伟、费俊龙、聂海胜、翟志刚、刘伯明、景海鹏就不可能成为家喻户晓的新闻人物；没有四川汶川大地震，普通民警蒋敏也不会像现在这样名闻遐迩。可以说，新闻事件为新闻人物提供了施展作为的舞台，新闻人物又使新闻事件变得波澜壮阔、丰富多彩。

就"小人物"典型来说，是变化最突出、最引人注目的。这里的"小人物"，是指没有显赫的社会地位、经济地位的"草根阶层"中的小人物，也就是平民百姓。相对于官员、企业家、知识分子来说，他们属于"弱势群体"，是媒体较少关注的人群。不过，由于他们某一方面的品质契合了社会道德观，也因此而成为报道对象。

在"感动中国"的年度人物评选中，许多这样的"小人物"当选，就是最有力的证明。

2003年，中央电视台经过周密策划，推出了"感动中国"人物评选活动，首开国内媒体以"感动"为主题评选年度人物的先河。该活动的基本观点是：梳理过去一年所发生的感人肺腑的事，发掘新闻事件主角的特点和亮点，感性地刻画历史长河，放大历史细节。值得注意的，是一些名不见经传的"小人物"，在经过反复遴选之后，成为"感动中国"的年度十大人物之一。

　　仅以 2005 年为例，该年度当选的十大人物中，包括在台风"麦莎"袭来时为救落水者三次跳入巨浪的打工青年魏青刚，坚守在深山区为农民治病的乡村医生李春燕，连续工作 12 年自强自立并带着妹妹上大学的洪战辉，为一句承诺在北大荒为烈士守墓 37 年的上海知青陈健，20 多年来行走在马班邮路上的投递员王顺友。仅从职业身份而言，他们都是最普通的人，他们的事迹，说不上轰轰烈烈；他们的业绩，谈不到惊天动地。然而，他们的那份执着，那份坚守，却实实在在地令人感动。

　　洪战辉是这些"小人物"中比较有代表性的一位。他要上学，要为自己挣生活费、学费，还要负起哥哥的责任，把妹妹带好。既无依靠，又无经济来源的洪战辉，稚嫩的肩膀上担着成年人也难以肩负起的担子。他的行为，很难说高尚，但绝对体现了自立自强，永不言弃的传统美德。对这样一位"小人物"该怎样报道？一篇题为《洪战辉 7 年挣了 10 万》的报道，描写了他的"经商天分"。

　　卖笔芯时投机取巧。因为他知道同学使用笔芯一般只看外表，而不太注意里边装着多少墨水，于是从市场批回塑料壁做得很薄，里面的墨水却装得很少的笔芯。此外，洪战辉做的最大一笔生意，是高二时卖教辅书《文言文翻译》，挣了 2 万。再比如，他还在学校里推销矿泉水，在新生开学时，"偷偷"给新生装电话，甚至抢了后勤部门的生意。

　　又是"投机取巧"，又是"抢生意"，这样的事也能报道？这样的人也能成为典型？如果离开洪战辉生活窘迫这个现实环境，简直都有些不可思议。然而，以此来表现洪战辉，却是不可多得的。假如他不是自食其力，不是变着法地挣生活费、挣学费，他用得着绞尽脑汁挣这些小钱吗？这就是生活中的洪战辉，不但不让人觉得可怜甚至可憎，相反，让人觉得他很聪明、很可爱。对

他特殊际遇的关切，使读者原谅了他的某些小过失。

就"冰点"人物来说，"冰点"人物报道的加盟，使典型报道的领域更加宽广，内涵更加丰富了。

所谓"冰点"人物，是指社会关注较少，经常被忽略或被遗忘的人物。这里的"冰点"，是与"热点"相对而言的，并非就是完全没有报道价值的人物。

人是有差异、分阶层的。任何一个社会，即使再公平、再和谐的社会，因为人的能力，所占有的资源不同，其社会地位也不完全相同。"金字塔"结构，是社会的基本结构。在这个结构中，由极少数精英分子所构成的"塔尖"，受到社会最多的关注和追捧。毫无疑问，他们的领导和管理能力，使他们更多地掌握着决策权和话语权，他们能够决定一些人物的命运，甚至决定着社会的发展方向；他们的社会地位，又使他们具有较大的影响力。这种重要性和显著性，决定其行为和话语往往有较高的新闻价值，因而也比较容易得到媒体的关注和追捧。而处于"金字塔"最底层的人，没有或很少占有各种社会资源，他们追求的首先是最基本的衣、食、住等生存需要，娱乐、享受等对于他们来说无异于梦想。虽然在社会的不断演化和进步中，"金字塔"结构会逐步被"橄榄型"结构所替代，也就是说，最富有的和最贫困的都是少数，处于中间状态的是绝大多数。但不管如何变化，总会有一部分处于社会最底层。这样的人，是否也有报道价值，是否应该纳入媒体的报道视野呢？

1995 年元月，《中国青年报》开设一个名为《冰点》的专版，每周一次，大多报道普通生活中的普通老百姓，或者说以普通人的视角去"关注普通人的命运和想法"。专栏之所以定名为"冰点"，一是显示选题的不同寻常和"逆潮流"（当时，许多媒体开设"热点"栏目），二是突出其构想的独特和不一般（这就是逆向思维)。进入"冰点"的人物,大多没有突出的业绩,平平常常,毫不起眼。只是因为他们的命运,他们的生存状态值得社会关注,具有一定的认识价值,所以才被作为报道的对象。

乞丐、拾荒者,无疑处于最困难、最窘迫的境地。近些年,以这些人物作为报道对象的通讯、报告文学并不少见。搬运工、殡葬工、屠夫、高楼清洗工等特殊行业人群的生存状态,也日益引起媒体的关注。1999 年 10 月 10 日,刊登于《江南都市报》的《我是"蜘蛛人"》的体验式报道,就真实地再现了进行高楼清洗作业,俗称"蜘蛛人"的农民工的生活和工作状况。他们来自贫困山区,租住在简陋的房子里,在钢筋水泥森林的枝干上讨生活。一根随风飘荡的大绳,系着他们疲惫的身体和一家人的期盼。这篇获得中国新闻奖二等奖的报道,对呼吁社会尊重农民工,关心农民工,维护和保障农民工的权益,起到了较大的作用。

典型报道对象的变化,反映了"以人为本"、关心人、重视人的社会意识逐渐成为主流意识,反映了典型报道由单一向多样、由宣传教育向既注重宣传教育又注重反映社会全貌,为人们提供真实生活全景的转变。这种转变不是偶然的,是思想进一步解放,改革步伐进一步加快的标志,是实施新闻报道"三贴近"(贴近实际、贴近群众、贴近生活),使新闻报道更具感染力、吸引力和亲和力的标志。

三、报道方式的变化

典型人物的报道,不但在理念、对象上发生了许多新的变化,在报道方式上,也有一些值得称道的地方。

首先,在典型报道的发现上,渠道更加多样。除了党政机关领导同志根据总体任务的要求确定典型,记者在采访过程中发现典型以外,广大群众主动向媒体爆料推荐典型也是一条重要渠道。

特别是随着网络、手机等现代通信设备的普及，人们把身边的人、身边的事及时介绍给媒体和社会，使典型的发现变得更加快捷和方便。

其次，媒体联动，形成典型报道的规模化，扩大了典型的影响力。对于重大典型，往往是由宣传部门牵头，报纸、电台、电视台、网络等共同参与，并约定播（刊）出的时间，使典型报道在某一段时间里形成强势效应。

再次，受众与媒体、与典型人物（如果健在的话）互动，也使得典型更加深入人心。过去，典型报道基本上采取自上而下的灌输式，受众（读者、听众、观众）如何认识典型，有什么评价和感想，由于缺少表达的渠道和机会而不为社会所知。如今，受众互动已成为与典型报道相得益彰的不可或缺的重要方面。人们不仅可以登门拜访，还可以打电话、发短信，甚至在博客上撰写文章。这些，都增强了典型报道的传播效果，使典型报道更加贴近生活、贴近群众。

第四节　让典型报道更有亲和力

在论述了典型的内涵与作用，典型报道的得与失、嬗变与回归之后，再来谈典型报道的亲和力，就水到渠成，比较容易把握和操作了。

笔者认为，在新闻媒体的典型报道中，目前存在着亟待解决的几个问题。

一是抓典型报道的主动性不够。

这主要表现在：把典型报道当作"任务"来完成，认为发现和报道典型是上级宣传部门的"规定性"动作，媒体只需"听招呼"，定期安排采访报道就行了。因此，存在着"拨一拨，转一

转，不拨就不转"的被动等待现象。

这种对典型报道的片面认识，源于长期以来对典型宣传"高、大、全"的逆反心理。实际上，走出传统的报道误区之后，便可以发现：典型报道也是一种宝贵的新闻资源。无论是典型人物还是典型经验，对典型的全面和深入报道，都可以丰富报道的内容，彰显媒体的影响力。特别是在重大事件较少，新闻处于"琐碎"和"平淡"状态时，典型报道可以奇峰突起，令新闻更有意义。当然，典型报道的频率也不能过快过密，但每月推出一至两个典型报道，媒体还是能够做到的。这里的关键，是把典型报道当作媒体自己的职责，自觉地、主动地去抓、去搞。尤其是在"规定动作"之外，适当搞些"自选动作"，就会起到"人无我有"的作用，收到出乎意料的效果。

二是求新求活意识不强，侧面报道偏少。

在信息杂芜，人们的注意力越来越分散的今天，典型报道要能引起社会的关注，就必须具有吸引力和感染力。在典型报道的选题上，要从单纯报道英雄或先进的窠臼中突围出来，根据社会发展的需要和人们普遍感到困惑、焦虑的难点、热点问题，选一些能起到解疑释惑作用的人物典型来报道。在角度上，要奇特、新颖，不一定面面俱到，可以选择某个侧面，突出最有特点的一点来报道。比如，报道某个企业家，就不一定"大而全"，从其经营意识、管理能力、策略方法等方面一一铺排，把其写成"全能"、"全才"式的理想人物。

1990 年，《人民日报》报道的反映浙江东方集团总经理滕增寿的人物通讯《温州奇人》，在表现角度上就别具一格。这篇通讯，围绕着一个"奇"字，选择了滕增寿的"吹牛哲学"、"三轮车"理论以及"和尚"厂长等几个侧面，着重表现他作为优秀企业家的胸怀、眼光和处事能力，突出了其果敢、执着、机智甚至

有些鲁莽的个性特征和人格魅力，让人感到滕增寿这个典型不但可敬，而且可亲、可爱。

比如，在"吹牛哲学"小标题下的通讯写道：

一接手濒临倒闭的玻璃钢建材厂，滕增寿就在职工大台上讲"我要是完不成任务，到时候买一把快刀，站在这个院子中间，抹脖子！"有的领导劝他，这话不要再讲了，留一点余地。他不以为然。此事发生在1984年。

亚运会前，北京市副市长张百发说，准备工作出问题，他要从京广中心跳下去。滕增寿问领导，张百发说的如何？领导说："好"。他笑了："张百发说的和我一样，怎么官大就对了？"

他热衷抬杠的理由是："现在有的人，事还没办完，就想好了退路。我这样吹牛，就是不给自己留后路"。

又是"吹牛"，又是"抬杠"。表面上是贬，实际上却是褒。这样的明贬暗褒，就是一种很新鲜、很奇特的角度。

典型报道，除了选题新、角度奇等报道要求外，还需要做好后续报道，扩展性报道。目的只有一个，让典型报道深入人心，产生最好的传播效果。

三是报道手段单一，传播效果差。

典型报道，最常见的形式就是长篇通讯。长篇通讯含量大，可以比较全面地反映典型人物的事迹。可以展开情节，描写细节，还可以适当地议论和抒情。因而，采用长篇通讯的形式表现典型人物无可厚非。但问题在于，典型报道如果只采取这一种形式，未免太单一，因为它没有留下互动的空间和侧面报道的余地。如果有的读者恰好没有看到当期报纸，那么，对典型人物的报道便会茫然无知。况且，一次性的集中报道，由于篇幅太长，读者没有时间或没有兴趣全部读完，也会使传播效果大打折扣。

针对上述种种问题，典型报道要增强其亲和力，就要努力做

到如下几点。

1. 以平常心看待典型

前面提及，典型报道长期以来背负着"宣传"、"说教"的名声，以至于媒体抓典型报道的积极性不高，主动性不够。这固然与以往过分强调典型报道的作用，夸大典型报道的功能有关。但如果剔除那些"绝对化"、"片面性"的毛病，以平常之心来看待典型报道，就会发现典型就在我们身边。他（她）很平常，平常得和周围的人没什么两样，然而，他（她）又很不平常。也就是说，他（她）是不同寻常的"平常人"。以这样的心态来看待典型，典型报道就让人容易接受，就有亲和力了。

2010 年 4 月 14 日，我国青海省玉树地区发生 7.1 级地震。在成千上万赶去救援的人中，有一名叫吴殿华的 75 岁老人。这位老人，从唐山地震到汶川地震再到这次的玉树地震，在 30 多年里，他多次赶到震区，担当志愿者。

吴殿华原是河北省衡水市冀州职工医院院长，外科主任医师，有着近 60 年的治病救人经验。4 月 14 日，青海玉树发生地震后，他组织了一支医疗小分队，经过 30 多个小时、3000 多公里的跋涉，走过了河北、山西、陕西、甘肃、青海 5 个省，终于在 16 日下午赶到了玉树灾区。4 月 18 日，前往灾区慰问的胡锦涛同志握住他的手亲切地说："你辛苦了"。

吴殿华以 75 岁高龄，赶到条件恶劣、海拔接近 4000 米的灾区救人，巨大的勇气哪里来？吴殿华说："不是我要来，是我不能不来。医生的价值体现在什么时候，就是现在这个时候。"

救死扶伤是医生的天职，吴殿华老人以年迈之身，始终不渝地履行自己的职责，显示了吴殿华不同寻常之处。新华社为此作的报道《总书记灾区亲切问候吴殿华》，让人感到格外亲切。

2. 在矛盾冲突中表现典型

以往的有些典型报道，之所以让人感到可敬而不可亲，原因之一，就是这些典型在各种困难和挑战面前，意志非常坚定，自始至终，从来没有任何犹豫和彷徨。尽管事实也可能如此，但给人的直观印象，就是这些典型是生活在云端里的"神"，既不食人间烟火，也没有七情六欲。所以，一般人是学不了的。学不了就干脆不学。典型报道与普通受众的心理距离便由此拉开了。

典型也是人，具有一般人所常常具有的某些人性弱点。在各种困难和挑战面前，典型也会有烦恼、苦闷、犹豫和彷徨。即使前面提到的 75 岁的吴殿华医生准备到玉树救灾时，其家人开始也有些不赞同。不赞同是正常的，合乎情理的。如果家里人一开始就非常支持，反倒有些令人不解了。虽然最终由于吴殿华心意已决，家人没能阻拦住他西行的步伐，但有了家人的这种因担心而产生的不赞同，就让人觉得很真实。

在矛盾冲突中表现典型，更能使典型的思想境界得到升华。不仅如此，还明白无误地告诉读者，典型不是没有遇到过矛盾和问题，而是他（她）能够化解矛盾，解决问题。他（她）之所以能如此，是因为他（她）有着坚定的人生信念和奋斗目标，有一般人不具有的胆识和操守。这样，典型人物报道就有了令人信服的基础。

矛盾冲突多种多样。可以是典型与环境的矛盾冲突，比如恶劣的天气，物质的匮乏等等；可以是典型与周围人的矛盾冲突，比如身边某些人的猜忌、排挤等等；也可以是典型自己的内心冲突。把典型人物化解矛盾冲突的心路历程展现出来，典型人物报道就丰满了，就变得有血有肉有思想，能够感染人、吸引人了。

3. 调动多种表现手段再现典型

在典型报道中，可以调动多种方法来增强其亲和力。其一是

借用抒情、议论等修辞方法，让典型人物呼之欲出，栩栩如生；其二是运用消息、通讯、评论以及记者札记、侧记等多种新闻体裁，特别要注重典型（或典型的家人、领导、同事等）与受众的交流与互动，来扩大典型报道的影响力，让更多的人了解典型，感知典型。

关于增强典型报道亲和力的方法还有很多，鉴于前面的论述已有所涉及，此处不再赘言。

第十二章

经济报道亲和力

经济报道亲和力，在各种报道的亲和力中，是一个最复杂、最难说清但又必须理出头绪、必须说清的问题。原因无他，就是经济的领域极其广泛，经济的内涵极其丰富，并且，经济不但关乎国计，而且关系民生；不但牵扯生产、流通、消费、投资等诸多领域，而且涉及政治、文化、教育、体育、卫生等上层建筑和社会生活的方方面面。可以说，经济渗透于社会这个肌体中的每个细胞，无时不在，无处不在。与此相伴随，作为经济生活直接反映的经济报道，与每个人都有这样或那样的联系，经济报道的亲和力问题，也由此变得格外重要。

第一节 经济报道的拓展和演变

一提经济报道，人们会很自然地联想起工业生产、农业生产以及钢铁、煤炭、石油、电力等物质生产的行业或部门，联想起关于这些行业或部门的经营、管理、改革、发展等方面的情况。这也难怪。因为多年来的经济报道，一直是以上述内容为主体的。媒体内部的经济报道部门如城市经济、农村经济或财税商贸等部门，中心任务也是报道条条（行业）、块块（地区）的生产、流通等情况。更直接些说，媒体的经济报道，是与政府经济部门的设置相匹配、相对应的。政府设置哪些经济部门，媒体便也设置相应的部门，至少，也要将政府设置的部门纳入报道的范围或领域中去，以免漏报新闻。媒体的经济报道，究其实，是政府经济部门的工作反映。这种带有明显计划经济色彩的经济报道，在我国延续了很长时间，以至于一提经济报道，人们便会联想起工业、农业、交通等传统报道来。

经济内涵的极大扩展，经济报道内容的巨大嬗变，发生在改革开放尤其是进入 21 世纪的头 10 年中。

这不但是因为我国的经济体制已由计划经济转变为市场经济，而且，经济内容也由过去的生产、流通、分配转变到生产、流通、消费和投资上来。经济的内涵发生了根本性的变革，随之，经济报道的面目也为之大大改观。

这种改观，不但体现在经济报道的类别上，更体现在经济报道的受众以及视角的改变上。

一、经济报道的类型拓展

传统的经济报道，将生产作为主要内容，生产的结果如产量、质量、利润等，是报道的中心和主体，核心受众是负责管理生产的领导干部和企业负责人。这类报道，较少为普通受众关心和关注，因为其内容和普通受众关联度很小。试想，一个企业生产了多少产品，赚了多少钱，除了本企业以及某些管理者外，谁又有兴趣去予以更多的关注呢？

改革开放以来，随着"对内搞活、对外开放"政策的实施，我国的经济体制改革进入快速发展阶段。搞活国有大中型企业，发展个体私营企业，股份制改造、兼并、扩张等蓬蓬勃勃进行。与此同时，招商引资、到境外办企业等也全面展开，金融、财税体制改革等相继铺开。这些改革开放的重大举措，带来了经济的高速增长，我国的综合实力大大增强，人民的生活水平逐

步提高。

计划经济时代，人们的消费需求被抑制。什么都凭票供应，人们只能维持简单的生存需要。随着改革开放带来的一部分人先富、大部分人后富，人们的消费意识开始觉醒，消费选择的空间和自由度开始增加，人人都成了消费者。消费促进生产、生产满足消费。如此一来，庞大的消费市场形成，以消费者为核心受众的媒体雨后春笋般涌现出来。生产资料市场、要素（劳动力、资金等）市场以及各种各样的物质消费、精神消费市场遍地开花，各类针对不同市场的媒体如市场报、信息报、消费报、物价报等，纷纷瞄准不同的消费群体，进行细分化的定位和报道，消费报道成为经济报道的重要组成部分。

有了钱，人们总是先满足消费需求，继而便开始"以钱生钱"，进行各种投资。于是，证券、股票、基金、期货以及房地产业迅速崛起，各种各样的专业性财经媒体如证券报、保险报、期货报、房地产报也应运而生。期间，一批侧重分析财经现象、报道财经事件、研究财经走势的综合类财经媒体如《中国经营报》、《经济观察报》、《21世纪经济报道》以及后来的《第一财经日报》先后问世。其他综合性报纸，也开办财经专版。广播、电视的财经类节目，吸引了众多的听众和观众。财经报道，日益成为经济报道的主体。

从上述简要分析中可以看出：经济报道，绝不仅仅是关于工农业生产的报道，而是涵盖了产业经济、消费经济、财政经济以及政治经济在内的所有经济事件、经济现象、经济问题的报道。可以说，经济报道，就是对受众应知欲知而未知的经济事实、经济现象及其发展趋势的报道。

经济报道的基本类型可大致划分为产业经济报道、消费经济报道、财政经济报道和政治经济报道4种。

新闻
报道 亲和力

1. 产业经济报道

产业有广义和狭义之分。从广义上看，产业指国民经济的各行各业。从生产到流通、服务以至于文化、教育，大到部门，小到行业都可以称之为产业。从狭义上看，由于工业在产业发展中占有特殊位置，经济发展和工业化过程密切相关，产业有时特指工业部门。

产业的概念介于微观经济细胞（企业和家庭消费者）与宏观经济单位（国民经济）之间。现代经济社会中，存在着大大小小的、居于不同层次的经济单位，企业和家庭是最基本的，也是最小的经济单位。整个国民经济又称为最大的经济单位；介于二者之间的经济单位是大小不同、数目繁多的，因具有某种同一属性而组合到一起的企业集合，又可看成是国民经济按某一标准划分的部门，这就是产业。①

上面这段关于产业经济的解释，有些过于专业。通俗点解释，产业是由许多同一属性的企业组合到一起的企业群，和我们平常说的行业有些近似，如煤炭产业，船舶产业、文化产业等。产业是国民经济的支柱，是创造物质财富和精神财富的主体。在经济报道的语境中，产业的划分有时很宽泛，比如，第一产业，通常指农业；第二产业，通常指工业；第三产业，则指除了农业、工业之外的服务业、交通运输业等。

产业经济报道，以产业经济和区域经济为主要内容。尽管不同的区域会有不同的产业重点和产业支柱，如山西省的煤炭产业、河北省的钢铁产业以及其他许多地方的汽车产业、家电产业等，但由于如前所述，产业是国民经济的命脉，关系着国计民生，因而，产业经济报道还是不可缺少的。近些年，我国各大媒体关于

---

① 引自百度百科：产业经济。

搞活大中型企业的报道，关于发展机械制造产业、IT 产业等的报道，都属于典型的产业经济报道。

2. 消费经济报道

以消费者为核心受众的报道，可谓消费经济报道。人人都是消费者。消费，既是生产的目的和归宿，又给予生产以源源不断的动力。近几年，我国一方面扩大内需，不断满足人民日益增长的物质文化需求，一方面开辟国外市场，发展外向型经济，主要目的，就是通过刺激消费来带动产业经济的增长。因为，消费需求不旺，市场供大于求，许多产业便难以为继。近两年，我国通过财政补贴，鼓励家电下乡、汽车摩托车下乡，就是扩大农村消费的重要举措。

消费，分为物质消费和精神消费。物质消费，包括房地产、汽车、黄金饰品、服装、餐饮以及钢材、木材、玻璃、水泥等等；精神消费则包括娱乐、文化、旅游、教育等等。消费，又可以根据其特点和水准，分为高中端消费、低端消费以及男性消费、女性消费、中老年消费和儿童消费等等。

消费经济，是市场经济的产物。前面讲过，在计划经济时期，消费者没有选择的条件和机会，消费市场难以形成。在社会主义市场经济条件下，消费经济所占比重越来越大。与此相适应，有关消费的新闻报道比重，在整个经济报道中也越来越大。

3. 财政经济报道

以投资者为核心受众、以投资理财为主要内容的报道，谓之财经报道。

财经报道，既包括财政、税收报道，也包括金融、保险、证券等报道。

财政与税收是政府调控国民经济的重要手段，是保障国民经济正常运行的基础。金融作为现代经济运行中最基本的战略资源，

其作用就是聚集资金、分配资金，调节资源余缺，发挥其在市场资源配置中的核心作用；证券作为中国股份制改革的必然产物，对优化资源配置、优化产品和产业结构有极其重要的意义。对证券、资金、期货等报道，直接反映着银行利率的升降、上市公司的业绩起伏、股市行情的波动，是从事投资理财必须掌握的。证券市场，是国家经济运行状况的"晴雨表"，国家的经济政策变动，金融和资本市场的起伏涨落，都能非常快捷地在证券市场上得到反应。因此，证券报道受到了越来越多的关注。

4. 政治经济报道

政治与经济就像一对孪生姐妹，如影随形，常常紧密地结合在一起。表面上的经济事件，背后往往有政治；政治倾向、政治态度，也往往与经济利益相关联。美国和欧盟对中国的崛起和日益强盛感到担心，政治上有所顾忌，便通过经济手段如提高进口产品关税、进行反倾销调查等来遏制中国；同样，发端于美国，由次贷危机引发的全球性的金融危机，也对世界的政治格局产生了深远的影响。2010 年 5 月 24 日，第二届中美战略与经济对话在北京举行。此前，中美已分别于 2006 年 12 月、2007 年 5 月、2007 年 12 月、2008 年 6 月、2008 年 12 月和 2009 年 7 月举行了六次对话。从战略经济对话的内容来看，涉及金融、能源、旅游、食品、知识产权、汇率等多个领域。表面上，中美战略经济对话是中美两国在经济领域的利益博弈，实则更是两国在政治、文化等方面的关系调整和相互较量。

我国的经济布局、经济政策调整，也是在坚持科学发展观这个政治理念下进行的。无论是西部大开发、东北振兴，还是中部地区的崛起、沿海腾飞，都是促进经济又好又快发展的重要举措，同时也是缩小地区差距、城乡差距，坚持均衡发展、科学发展的必经之途。可以说，所有的经济活动，其背后都有政治上的影响，

而所有的政治理念、政治态度，也制约和影响着经济。从这个角度来说，政治经济的涵盖面更广，政经报道的影响更为深远。

产业经济报道、消费经济报道、财政经济报道和政治经济报道，构成了经济报道的 4 种基本类型。这 4 种类型，往往相互交叉和重叠，并且相互依存，互为条件。区别这 4 种类型报道的依据，是看其报道的立足点和着眼点即报道是从什么角度写并主要写给谁看。比如报道我国的钢铁产业，如果从产品的结构布局来写，主要反映如何优化品种，淘汰落后产能或者钢铁企业之间如何兼并、整合的话，那无疑是产业经济报道；如果从消费者的角度出发，报道钢铁企业如何通过市场调整，满足社会对新型钢材的需求，生产出适合市场（汽车、家电、建筑等）的特殊钢材，就属于消费经济报道；如果从投资的角度，报道上市的钢铁企业的利润、现金流量、资产负债等情况，则属于财政经济报道。而如果从钢铁企业如何联手，与铁矿石出口大鳄进行谈判，最终实现了降价目的，减少了成本支出，在一定程度上维护了企业利益甚至国家利益，则有可能成为政治经济报道。也就是说，报道的角度不同，着眼点不同，经济报道的 4 种类型是可以相互转换的。

二、经济报道的功能演变

传统的经济报道，领域狭窄，内容单一，不但缺少有用性，更缺少服务性、知识性。年长的人们都记得：那时的经济报道，不外乎是农业、工业、交通运输业方面的报道。而各种报道，又都形成了一定的报道模式。农业报道，基本上是春种、夏管、秋收、冬藏，再就是如何战胜天灾，夺得粮食丰收，基本上是随着节气的变化唱"四季歌"。工业报道，则基本上是年初开门红、年中"双过半"（时间过半、完成任务过半）、年末传捷报。而所有这些报道，基本上是围绕着当时的形势，为印证某种政治观点而进行的宣传。也就是说，传统的经济报道，往往不是在报道经济事件、经济活动、经济现象、经济问题，而是作为经济的附庸，以"经济"的名义、贴着"经济"的标签，为宣传政治服务。

经济报道的"经济味"，是在改革开放之后才逐渐浓厚起来的。经济发展了，综合实力增强了，消费的观点开始确立，消费者的地位日益凸显。"用户是上帝"，"一切为了消费者"，作为企业的宗旨，在越来越多人的心中扎下了根。抓质量、上档次、创品牌、增效益，成为生产者的目标和追求。此时的经济报道，开始从以往的以生产者为中心，逐步向以消费者为中心转移。换句话说，经济报道的中心，逐步由产业向消费转移。这是经济报道内容的第一次演变。

经济报道内容的第二次演变，是从消费经济中心向财政经济中心转移，也就是消费者向投资者转移。与此相适应，产权、国债、利率、汇差、A 股、B 股、指数、买盘、卖盘、牛市、熊市、转增股、配送股、按揭……大量专业名词、术语为越来越多的人熟悉，也越来越多地成为财经报道的主体内容。

综合分析经济报道内容的演变以及报道视角等的变化，可以发现，经济报道的功能，已得到了全面的提升。其受众对象、报道视角、信息传播、政策解读、趋势预测等，都有了非同寻常的变化，并呈现出如下几个鲜明特点。

1. 受众对象范围拓宽了

传统经济新闻，以党政机关的领导者、企业的管理者为主要的读者对象，和普通群众关系不大或基本没有关系。因而，这类经济报道就像飘在天上的云、浮在水上的萍。如今以消费和财经为主体的经济报道，和每个消费者、每个投资者都有密切关系。毫无疑问，人人都要进行消费，除了吃穿用住行等基本消费外，还要追求精神上的享受。并且，吃要讲营养，穿要讲时尚，住要

讲宽敞，行要讲快捷、用要讲方便。这样一来，关于食品、服装、住房、交通、通信工具及各种生产、生活用品的质量、价格、品牌等信息资讯，便成为人们瞩目的焦点。仅拿食品一项来说，各种蔬菜、各种肉蛋奶及各种水产品、各种粮食、各种高档食品的营养成分、搭配比例，这些食品的市场供求、环保状况等等，无不为人们关注。这样，关于这些内容的报道，便与每个消费者有了千丝万缕的联系。经济报道，其报道内容由狭窄、单一变得丰富多彩，因而从飘在天上的云、浮在水上的萍即只为少数领导者、管理者所关心变成了有基础、有根基的社会公众的生活必需品。

2. 报道视角变新了

传统的经济报道，大多为自上而下的灌输和自下而上的印证。自上而下的灌输，即宣传党和国家的经济政策，传达党和政府的声音。宣传政策、传达声音并没有错，错的是以灌输的形式进行宣传和传达。也就是说，对党和国家的政策宣传，缺少解读，缺少形象化的表述，而只是作为文件或讲话，空对空的层层转述。自下而上的印证，是通过一些事例，证明某项政策是正确的，证明经济形势是大好的。这些所谓的经济报道，因其采取的是俯视视角，并且大多是写给少数人看的，所以，并不能引起多数人的兴趣。

更有甚者，经济报道被当成是颂扬成绩或政绩的"表扬稿"。名为经济报道，并没有传递经济信息，解读经济政策，报道经济动态或进行经济形势分析，而只是"甲好乙不错"的表扬稿。这类稿件，除了被报道的单位及个人还稍稍关心一下，社会公众是不屑一顾的。

如今的经济报道，报道视角已逐步由俯视转为平视。具体来说，就是信息含量增多了，服务性、接近性增强了。且不说那些专门的消费类媒体、财经类媒体的经济报道，就连综合性媒体如党报、都市报和电台、电视台播出的经济类节目，也把传递最新的经济信息，进行经济政策解读等放在极其重要的位置。比如，每次银行涨息或降息，每次石油价格上涨或降低，媒体都会进行详尽、透彻的分析，甚至为消费者一笔一笔算账。这样，媒体便承担起了"信息管家"的责任，其细致入微的服务性赢得了受众的信赖。对于炒股的人、投资基金的人或进行期货贸易的人来说，相关媒体披露的各种信息，进行的有理有据的分析，就更不可或缺。可以说，当媒体的经济报道远离受众时，受众同样远离媒体；当媒体扑下身子、放平身段、全心全意为受众服务时，媒体也就成了受众的知心朋友。

3. 服务的功能提升了

经济报道，和其他类型的报道一样，具有传递信息、沟通情况、解疑释惑、预测分析等多种功能。这些功能概括起来，就是为受众服务，为经济建设服务。

让我们先来看几则报道：

2010年4月26日，《燕赵都市报》第12版的《经世济用·热点》版，刊登了这样几则经济报道。

其一，"倒春寒"致小麦苗情30年最差——60个亿的中央和省惠农资金立即下拨

报道说，持续倒春寒致使河北保定、石家庄和邢台等地的小麦主产地受到冻害影响，时近5月，本应"怀胎"的冬小麦长势不甚理想。与此同时，为了应对灾情，全省将近60个亿的中央和省的惠农资金将于近期下拨，让农民早点使用这部分资金搞好麦田管理，并对占全省麦田20%左右的三类苗追肥浇水进行补贴。

其二，渤海湾海产品减产一成——今年吃海鲜更"贵"了

报道说，五一前后，正是人们吃海鲜的好季节，而今年，环渤海区域的人们发现，海鲜的上市量明显减少，价格较往年持续

偏高。而海产品减产的主要原因和今年1—2月的海面冰冻有直接关系。

其三，**蔬菜价格高位运行——保定一棵大白菜身价20元**

报道说，今年春季以来蔬菜价格高位运行。其原因主要是从外地运进来的蔬菜批发价格上涨，持续低温及阴雨天气导致蔬菜运输及生长受到影响以及成品油价格上调导致运输成本增加。

上述三则经济报道，分别传递了小麦苗情30年来最差、渤海湾海产品减少和蔬菜价格偏高的信息。这些信息，均和老百姓的生活密切相关，可以说，都是"不好"的消息。而"不好"消息产生的原因，都和去年的"寒冬"和今年的"倒春寒"有关。实际上，这3则消息都起到了"预警"的作用，给读者打了"防疫针"。

在报道资讯的同时，3则消息又分别对事物的发展趋向进行了预测。比如，一棵大白菜身价20元的情况究竟能持续多久呢？报道说，由于近期天气回暖，与今年3月份相比，4月份的蔬菜价格整体回落5%左右，平均每斤下降0.45元。预计随着气温逐渐回升，各种蔬菜整体上市量将会明显增加，大部分蔬菜价格将呈逐步下降趋势。对于"倒春寒"造成的小麦苗情差，报道援引有关专家的意见说，毁种后可以结合土壤地力、种植技术水平、劳力情况等因素，因地制宜选择种植一些蔬菜、油料等经济效益较好的作物进行补救，或者种植一些春大豆、糯玉米、春甘薯等粮食作物。

这些报道既传递最新资讯，告诉人们发生了什么事情，提醒人们做好心理准备，又对这些事情发生的原因进行分析，让人们明白其中的缘由，释去心中的疑团。同时，还有针对性地引导人们采取相应对策，以最大限度地减少损失。在上述几篇报道中，是什么、为什么、如何办这几个问题，都得到了回答。也就是说，经济报道的传递信息、沟通情况、释疑解惑、预测分析等功能，在报道中基本得到了体现，这样，经济报道就有用了，就从过去只注重社会教育意义的信息传播，转变为具有强大的社会信息价值，能帮助受众在及时了解外部社会变动的同时，采取相应的对策和措施。

4. 知识含量增加了

当今的经济，已经不再是简单物质产品的生产，而是包含消费、投资等在内的各种经济活动、经济事件的总和。随着社会分工的不断细化，人们个性化需求的不断增长，许多新的领域被开拓出来，新的产品、新的形态被生产和展示出来。就拿手机来说，其功能不断增加，性能不断完善。人们使用手机，不仅作为通信工具，接听和拨打电话，而且能上网，能看报纸、听广播、看视频等等。可以说，在如今的信息社会，一部手机，便能和外部世界建立起千丝万缕的联系。人们的生活，也因此变得更加丰富多彩。难以想象，没有手机和网络的日子，人们将会怎样度过。科学技术的进步，不但给通信带来了日新月异的变化，给其他各行各业带来的变化也都是巨大的。而任何一点变化、一点进步，都伴随着新知识的增加。因此，学习新知识、接受新事物，便成为当今社会人们的必然选择。

经济报道知识含量的增加，对于人们理解和认识各种纷纭复杂的经济现象、经济热点和难点问题有极其重要的作用。房地产价格暴涨，部分一线城市新开楼盘的每平方米价格超过 2 万元，致使许多人望"房"莫及，究竟是为什么？相关报道纷纷对此进行解析：有的从投资、投机的角度，对某些人利用手中的资金和银行贷款成批购房，转手倒卖以争取巨大差价的事实进行披露；有的则从地方政府的"卖地"财政入手，剖析政府在抬升高房价中起了推波助澜的作用；有的从钢材、木材、水泥、玻璃等建筑

材料价格不断上涨方面，说明高房价具有一定合理性；还有的从房地产商和政府有关部门、有关人员勾结，投入巨额资金以"打通"关节，从而引发行贿受贿、助长腐败之风入手，剖析高房价的成因。所有这些，都让人们看到高房价的背后，是利益的博弈，是投资者、房地产商和某些政府部门等形成的利益集团，对购房者利益的盘剥。这些报道，都在一定程度上开拓了人们的视野，使人们对高房价现象的形成有了一个比较全面的认识。

经济报道的知识性，能帮助人们更深刻地理解某种经济现象、经济热点问题。尤其是在财经报道中，这种知识更是必不可少。比如，由美国次贷危机引发的全球性金融风暴，涉及金融、财税、股票、证券、进出口等各个领域、各个方面，以至于平时不太关心经济的人，在货币贬值、出口受阻、企业倒闭、民工返乡等如大潮袭来的严峻现实面前，也不得不追问一下：这究竟是怎么一回事，该如何应对？这样，就不得不去接触、学习金融知识。而从经济报道中学习知识，显然是一种最便捷、最有效的方法。因为，经济报道总是结合一些典型案例，在告诉人们事实的同时，也传播了各种相关知识。

经济报道类型的拓展及功能的演变，是与我国经济体制改革休戚与共、密切相关的。没有以经济建设为中心这个基本路线的确立，没有社会主义市场经济体制的确立，经济报道就不能发生上述根本性转变，经济报道亲和力的话题就无从说起。

第二节　经济报道最需要亲和力

"外行看不懂，内行不愿看"，是经济报道最受诟病的地方。

"外行看不懂"，是指某些经济报道专业性太强而又缺少通俗的解释，以至于让人并不清楚报道究竟在讲什么。"内行不愿

看"，是指对于某些经济管理者及专业人士来说，报道又过于肤浅，话说不到点子上，问题反映不到要害处，读后难以受益。"看不懂"和"不愿看"，都说明一个问题：经济报道缺乏亲和力，都带来一个后果，经济报道不受欢迎，传播效果不好。

传播学中的选择性定律①告诉我们：一种信息要想到达受众的认知领域，首先就得突破选择性接触这个防卫圈。也就是说，首先得引起受众的注意，使他对此发生兴趣。如果受众不喜欢，根本没有接触（阅读）的愿望，那么，后面的选择性理解和选择性记忆就无从谈起。这就像青年男女谈恋爱，如果根本不见面或见一面就走，没有来得及或不愿意作深入一步的交流，那么，双方就不会有感情。但如果双方愿意保持接触并有意识地深入了解对方，则有可能走进对方心里并产生爱情。在这里，愿意接触是第一个环节，也是最基础、最重要的环节。

经济报道让人"看不懂"，无异于在报道与受众之间设立了一道屏障。之所以"看不懂"，固然有经济事件、经济现象、经济活动本身专业性较强的原因，比如期货、汇率等专业名词术语，外行人一般就难以"看懂"，这就是所谓"隔行如隔山"。不掌握一定的经济知识，不从事经济理财工作，确实弄不清其中的含义或奥妙。再比如，在企业的股份制改革中，常常涉及"责任有限公司"、"公司治理"等最基本的名词术语，对此缺少研究的人也常常似懂非懂、一头雾水。经济报道，就是因为经常要涉及诸如此类的内容，故而有让人"看不懂"的印象。

然而，经济报道不是专业书籍，不是发表在学术期刊上的研

_____

① 选择性定律是就受众对信息的接受、理解和贮存而言的，包括选择性接触、选择性理解和选择性记忆三个层次。选择性定律的基本含义是指：受众在接收信息时，会根据个人的需要和意愿而有所选择，以便使所接受的信息同自己的意愿和喜好尽量地协调一致。

究性论文。经济报道，是刊发在传统媒体或网络等新兴媒体上的面向所有人的新闻，普适性是其最基本的特点。如果经济报道让大多数人"看不懂"，只能说明经济报道本身存在问题：或是采写报道的人自己也不懂，只能照抄照搬；或是故作高深，以显示自己的专业水准。不管怎样，经济报道如果总是让人"看不懂"，那就没办法赢得受众，相反，还会使原有的受众流失，这是一种十分危险的倾向。

另一种倾向就是专业人士"不愿看"。专业人士之所以"不愿看"，是因为有些经济报道就事论事，过于肤浅，针对性差，看了以后得不到启发。特别是对于经济发展趋势的预测、对经济现象的剖析等比较有深度、见功力的报道，更是少之又少。而这些内容，正是经济工作的领导者和实际工作者最需要了解的。因为，他们要对经济工作作出决策，就不能不充分考虑影响、制约经济工作的多种因素。

2009 年，我国的大蒜价格一路飙升，每市斤达到了十几元，价格严重背离了价值。某些经销大蒜的经销商一夜之间赚了上百万甚至几百万元钱。大蒜虽然不属生活必需品，但"疯狂"的蒜价也着实让人们担心，唯恐产生连锁反应，引起整个物价的大幅度上涨。尽管某种农产品（或其他产品）的价格涨跌是市场经济的正常表现，不足为奇，但上涨或下跌的幅度过大，就让人匪夷所思了。因此，剖析大蒜价格高得离谱的内在原因，揭示蒜价背后的投机行为，让人们明了究竟是哪些看不见的"手"，为蒜价的飙升推波助澜，就不仅为一般受众所关心，也为经济工作者们所关注。

2010 年第 11 期《半月谈》杂志刊登了半月谈记者撰写的题为《大蒜等价格疯涨 风险却要农民承担》的报道。报道说：近段时间以来，"疯狂"成了部分农产品的一个如影随形的修饰语，

"疯狂的大蒜"余音未了，辣椒、蒜薹、绿豆等农产品也"不甘寂寞"，价格迭创新高。

在我国大蒜主要产地之一的山东，眼下正值新蒜薹集中上市时节。半月谈记者在苍山、金乡、成武等地采访时发现，大蒜、蒜薹等部分农产品价格暴涨之后，辛勤劳作的农民并没有获得太多的实惠，囤积居奇的经销商、兴风作浪的炒作游资则获利颇丰。而"暴涨"往往孕育着"暴跌"，疯狂游戏过后，大部分风险将由处于弱势地位的农民承担。

报道指出，2009年底，大蒜零售价格同比上涨40多倍，北京等部分大城市的蒜价甚至每公斤高达20多元。"疯狂的大蒜"迅速造就了一批百万"富翁"。即使如此，经销商还在"跑马圈地"，积极备货。记者在苍山看到，通往大蒜种植区的道路上车水马龙，田间地头到处是蒜薹经销商的身影。

那么，是哪些因素拉动了大蒜和蒜薹价格的迅速提升呢？

业内人士分析，种植面积减少、种植成本提高，是造成大蒜、蒜薹涨价的一个原因，但一些"炒客"的疯狂炒作，人为放大了这种客观原因，这才是蒜价猛涨的原因。与"多收了三五斗"的蒜农相比，他们才是疯狂游戏的最大受益者。

"民间资本的炒作，首先是在种植环节重金圈地，尽可能控制蒜源"。鱼台县一名蒜商向记者透露，一些经销商早早挤入种植环节，与蒜农签订承包合同，提前出资圈占部分蒜地。自合同签订之日起，蒜农只负责浇水、照看蒜苗，收获的蒜薹和大蒜全归蒜商所有。

中间的流通环节，同样是层层"热炒"。经销环节的蒜商分多个等级，现在跑"包地方"订货的多是一级收货商，这些中间商收到大蒜后，会层层加价倒手，蒜价的三级跳由此疯狂上演。

上面这篇关于"疯狂蒜价"的报道，在描述了蒜价飙升的客

观现象之后，对其背后的原因进行了剖析，指出游资炒作是这一轮农产品涨价的主要推手。高位运行的农产品价格，已经明显违背价值规律。"菜比肉贵"带来的风险也不言而喻，这就是，人为炒作农产品，对整体的通货膨胀会产生助推作用，并且影响到农产品供给和价格的长期稳定。游资一旦撤走，农产品价格就会跌入谷底，从而为新一轮恶性循环埋下伏笔。

对于如何规避风险，报道借助专家学者之口提出了建议：国家应建立权威发布渠道，将每年各种农产品的种植面积、产量、销售量等信息向社会公布，稳定市场信心，并严厉打击误导消费者的虚假信息发布者以及囤积居奇行为，尽量压缩投机的生存空间。同时，提供多元化投资渠道，适当引导资金分流，避免资金过于集中炒作农产品。

上述报道，在各种报道蒜价的新闻中，是较为有深度的一篇。该报道既传递了最新信息：蒜价"疯涨"，北京等大城市每公斤大蒜已达到 20 多元。在大蒜种植地，一些经销商正在"跑马圈地"，千方百计控制蒜源；又分析了蒜价疯涨的原因：种植面积减少，种植成本提高，民间资本炒作，经销商层层加价；还指出了规避风险的渠道和办法。总体上看，这是一篇有事实、有分析、有预测的报道，不但一般读者能看懂，愿意看，即使是一些经济工作管理者（如政府物价部门、市场管理部门）甚至经济学界的有关专家、学者，也能从报道中获得新的信息，了解新的情况，以便于在作出决策或提出建议时参考。

"蒜价疯涨"的报道说明，经济报道，并非天生就缺少吸引力、感染力和亲和力。相反，经济报道，从小处来说和每个人的吃穿住用行都有着千丝万缕、密不可分的联系；从大处来说，和一个国家的经济发展、民族复兴息息相关。无论小处还是大处，无论微观还是宏观，经济报道作为经济运行的反映或者监测，都是不可或缺的。

经济报道最需要亲和力，还基于如下理由。

一、经济报道的比重越来越大

本章第一节《经济报道的拓展和演变》曾经谈道：改革开放以来，随着"以经济建设为中心"基本国策的确立，我国经济类报纸雨后春笋般地涌现出来。到20世纪末21世纪初，除原有的《经济日报》等泛经济类报纸外，以《21世纪经济报道》、《经济观察报》、《中国经营报》、《第一财经日报》为代表的财经类报纸迅速崛起，成为影响力较大的财经媒体方阵。与此同时，各级党报纷纷开设经济版，各类都市报、晚报相继设置财经专刊。电台、电视台也辟出经济频道，媒体经济报道热形成。

除专门的财经类媒体，其他各种媒体经济报道的比重也越来越大。这主要表现在：房地产、汽车、IT等热门行业，几乎在所有媒体上都有所反映；在许多报纸的头版上，产业经济、区域经济的内容，常常占据半壁江山。消费经济的身影，更是随处可见。经济报道，已成为媒体新闻报道的主角。

因此，经济报道亲和力的问题，日益突出地摆在所有媒体面前。如果大多数经济报道让人"看不懂"或"不愿看"，那么，媒体报道的影响力就会削减，媒体的公信力就会大打折扣。如此，媒体的生存处境便岌岌可危。

二、经济报道与普通受众的关系越来越紧密

在以生产者为中心的传统经济报道逐步演变为以消费者、投资者为中心的消费经济、财政经济报道后，经济报道与普通受众的关系，越来越紧密了。一个企业，生产了什么产品，这些产品是如何生产的，或许没有多少人关心。但这家企业生产的产品，

其质量、性能、价格、售后服务如何，就为许多消费者关心。如果这家企业成为上市公司，其业绩如何，发展前景如何，显然又为更多的投资者关心。也就是说，消费和投资，与普通受众有极其紧密的联系。当经济报道斩断了这种联系或根本不重视这种联系时，经济报道就只能孤芳自赏，正如我们曾对某些报道的传播效果作的形象比喻——"三人看"，即报道谁谁看、谁报道谁看，另外还有校对看。在社会主义市场经济条件下，在讲求效益、追逐利润的市场规律支配和心理作用驱使下，作为社会细胞的每一个单位和个人，都有趋利避害、弃短扬长的内在需求，都有变亏为盈发展壮大的主观愿望。而要做到这一点，就需要及时、广泛地了解和掌握外部世界的变动信息。一个闭目塞听、孤陋寡闻的人，不要说在千变万化、波诡云谲的市场博弈中脱颖而出，就连基本生存都难以维持。这一点，在 2008 年、2009 年的金融危机中表现得特别明显和突出。

2008 年底，我国南方地区尤其是广东、浙江的大批外向型企业裁减员工，成千上万的农民工因此失业返乡。2010 年初，世界经济展露复苏迹象，我国的经济形势趋暖，许多企业重新开工但一时难以招到工人。这两年多的经济危机使人们深刻认识到：世界经济已经越来越多地融合在一起，你中有我，我中有你，没有或很难找到不受任何影响的港湾。经济领域的任何风吹草动，都有可能像"蝴蝶的翅膀"那样，在遥远的地方掀起一场龙卷风。过去，类似的危机、风波可能只为少数决策者、管理者关心，现在，则迅速波及每一个员工以至员工的家人、亲友等。不要说国家的经济运行受到何种影响，因企业开工不足，就连废品收购的价格也一跌再跌，可谓"山雨欲来风满楼"。

经济的相关、相融性，使得中国与世界日益紧密地联结在一起，也使得经济事件、经济活动与老百姓的生存与发展联结一起。

如此，经济报道就成为受众了解外部经济信息，掌握各种经济政策变动的窗口和平台。透过这个窗口和平台，受众能够及时、准确地判断国际、国内的经济形势，判断自己的消费与投资是否理性。因而，受众对经济报道就有了较高的期望值。需求就是市场。经济报道近些年之所以越来越火，在整个新闻报道中的比重之所以越来越大，也正是因为满足受众的需求。如果因为经济报道自身缺少亲和力而使受众失望，那么，采集报道经济新闻的媒体就是没有尽到自己的职责。说严重一些，就是在渎职和犯罪。

三、经济报道对服务性的要求越来越高

经济报道与人们的工作、生活、投资理财息息相关。因而，提供各种经济信息，满足人们利用经济信息从事各种决策和活动的需要，增强服务性，便是经济报道的重要功能之一。不管是用来指导消费的市场商情、楼市车市或旅游信息，还是用来指导投资的金融、债券、股市信息，都要求有较强的实用性和可操作性，以便于人们从中获得有益的借鉴，并进而从整体上对经济发展进行把握。

经济报道的服务性，首先体现在对经济政策、法规的阐释和解读上。政策和法规，涉及利益格局的调整，牵动经济趋势的走向，是极其重要的。在某种程度上甚至可以说，政策就是效益，政策就是金钱。比如说，在房价节节攀升，许多人望"房"兴叹的时候，国家有关部门出台的抑制房价过快增长的政策以及经济适用房政策，就直接关系到千千万万低收入者的利益。对有关的经济政策、法规进行阐释和解读，使受众真正地理解政策，就能有效地监督政策的实施，也有利于低收入者根据政策来进行住房选择。再比如，我国推进的汽车、摩托车、家电等下乡补贴政策，也可以在一定程度上拉动农村消费。及时地对这些政策

进行解读，就可以发挥经济报道的释疑解惑作用，体现经济报道的有用性。

经济报道的服务性，更体现在对经济走势的分析和预测上。在社会主义市场条件下，竞争无处不在，无时不在。每一个行业，每一种产品，都不会是"仅此一家，别无分店"。趋利避害的本能，使得某种产品行情看好的时候，人们一哄而上，造成生产过剩，价格下跌；而当这种产品行情不好的时候，人们又纷纷退出，从而引发新一轮的价格上涨。如此循环往复，带来了极大的损失和危害。那么，如何避免重复生产，保障经济的有序进行？经济报道的分析和预测就显得分外重要。当然，这种报道首先是提供较为真实、客观的供求信息，并在此基础上进行冷静、理性的分析和判断，以作为人们是否从事某种产品生产的参考。如果能做到这一点，近几年屡屡出现的部分农产品价格猛涨等非正常情况，可能就会少许多。

经济报道的服务性，还体现在提供细致入微并具有很强的可操作性的办法、措施上。比如，某些报纸的旅游周刊、汽车周刊等等，就办得非常好。当报道推出某个旅游景点时，不但描绘出这个景点的风光特色，还把乘车路线、门票价格、餐饮美食、住宿标准以及近期天气等诸多相关情况都给予提示，使人们觉得格外便利。当银行存贷款利率发生变动时，许多相关报道便为读者一一算账，详细开列出这种变化所产生的影响，让读者感到理财专家就在自己身边。凡此种种，都拉进了经济报道与受众的距离，从而备生亲切之感。

经济报道是应该具有亲和力的。目前某些经济报道之所以让人感到疏远，并不是经济报道本身天然缺少亲和力，而是从事经济报道的媒体人还没有从传统的报道思维、报道模式中解脱出来，还没有真正找到提升经济报道亲和力的有效方法。因此，研究如

何改变传统的思维方式和报道模式，让经济报道活起来，是十分必要的。

第三节　不拘一格，提升经济报道亲和力

经济报道，与受众的关系最为紧密，也最需要亲和力。那么，如何改变经济报道目前存在的僵硬、呆板、陈旧等弊端，使经济报道鲜活起来、亲切起来，从而为广大受众喜闻乐见、入脑入心呢？

前面反复讲过，某些经济报道之所以缺乏吸引力、感染力，固然有报道对象的专业性较强，如若缺少必要的知识积累，便难以完全理解等客观原因，但是，经济报道存在的见物不见人、缺少故事、缺少情节、语言艰涩等问题，也是不可忽视、不容回避的。要提升经济报道亲和力，最重要的还是改变表达方式，采取多种措施，让经济报道从抽象变为具体，从僵硬变为鲜活。"事在人为"。只要痛下决心，经济报道的亲和力就能得到大幅度提升。

一、既要见物，更要见人

经济事件、经济活动、经济现象、经济问题等等，是经济报道的具体对象和内容，这些报道对象与内容，固然离不开"物"，但更离不开"人"。没有人的参与和影响，"物"便不能存在。即使是某些经济现象和经济问题，表面上看起来是专门反映"物"的，但归根结底是反映人的，因为某些经济现象要靠人来消除，所存在的经济问题最终也要靠人来解决。因此，采写经济报道，要立足于人，既要见物，更要见人。

经济报道之所以要立足于表现人，还因为人与人之间才能进

行情感交流。当受众在接触经济报道时，如果报道对象完全是"物"，就等于人和物在进行对话，而人与物的对话是不容易进行的。如果报道的对象是人或物中有人，那么，人与人的交流就比较容易进行。

2001年10月21日，《市场报》曾刊登一篇题为《即使一分钱也会捡起来——李嘉诚坦言致富"秘诀"》的报道。报道写道：

李嘉诚的钱在华人中是最多的，而他对钱的"吝啬"程度也是罕见的。据说，若是有一分钱掉在地上，他也会弯腰把它捡起来。面对公益事业需要，他时常慷慨解囊，但对于每一分钱的去向，他都要亲自过问。

不久前，李嘉诚基金会西部教育计划访问团一行到西宁访问。在青海大学座谈会上，当青海大学负责人谈到校园网络建设需资金800万元时，李嘉诚详细询问了光纤铺设等情况，没等校方介绍完，他便抓起桌前矿泉水瓶，走上前台，指着手中的水瓶说，本来生产这瓶水需8万，但在申请资金时却说需要10万，那么，多余的两万就是浪费，办多少事就该花多少钱。等李先生拿着水瓶走下台时，对迎上前来的青海省省长赵乐际说："要我马上拿出一个亿，我面不改色，但谁要在地上丢一分钱，我会立即捡起来的"。后来在胜利宾馆听取青海省政府介绍的几个项目时，李先生再次举起桌前的矿泉水对在场的人说："这个水瓶的厚度已完全够用，那么我们为什么还花钱把它加厚呢？再有钱，也不能浪费；再花钱，也要花到实处。"

闻其声，睹其形，知其人。香港富豪李嘉诚借瓶发挥，两次讲到投资要精打细算，锱铢必较，体现了一代富商虽然有钱但绝不乱花一分的商业道德和宝贵品格。李嘉诚亲自到青海考察投资，固然有很高的新闻价值。他准备投多少钱，打算在什么项目上与青海合作，人们也比较关心。但是，就其普遍的社会意义而言，上述这则新闻显然要更大一些。因为，李嘉诚虽是亿万富豪，却绝不像内地某些暴发户一样挥金如土，一掷千金。他该出手时就出手，马上拿出一个亿，也"面不改色"；不该出手时，即使丢在地上的一分钱，也会"立刻捡起来"。这样，就写出了李嘉诚的金钱观乃至世界观。人们不得不为此思考：一代富豪尚且如此，我们又有什么脸面"穷大方"呢？

经济报道要写人，首先因为人是经济报道的主体。伴随着我国经济体制的转型和经济增长方式的转变，企业家群体开始出现。企业家的成功与失败，往往是中国经济发展及其问题的缩影。因此，在反映我国经济发展的过程中，国有以及民营企业家也就此进入公众视野。比如，上个世纪80年代早期和中期实行厂长（经理）承包制之后，原石家庄造纸厂厂长马胜利等迅速走红，一夜之间成为家喻户晓的人物；90年代，《福布斯》在中国内地推出企业家排行榜，使得越来越多的企业家被推到大众媒体的"前台"，成为媒体报道和受众关注的热点人物。2003年，胡润开始制作自己的"中国百富榜"，从此，各个行业的佼佼者如家电行业的张瑞敏、互联网热潮中的张朝阳和王磊、网络游戏中的陈天桥、房地产行业中的王石等一批企业家明星，为千千万万的受众所熟知并成为效仿对象。

经济报道要写人，还因为人有情感、有故事，比较容易引起受众的共鸣。有些非事件性的经济报道，大多涉及问题观点、法规政策、机构行业状况等比较抽象的东西，往往令人感到枯燥乏味。而注入人的因素，特别是采用人性化、人情化与故事化的报道方式之后，这种状况便能得到有效的改变。当然，并不是所有的经济报道都必须以人为主体，但在报道经济事件或反映经济现象、经济问题时，如能从人的视角来透视和折射，将人物的活动及命运与社会、

时代背景联系起来，则能发掘到更深层的社会或时代意义。

《经济观察报》2004年11月22日刊发一篇题为《一代温州商人的背影》的报道。这篇报道，主要目的是对民营企业家的权力转移和传递机制进行探究。因为，国有企业的主要领导主要由政府任命，而民营企业家之间的权力转移又该怎样进行呢？

报道通过王均瑶的早逝，提出了对一代商人都具有重大现实意义的问题。

该报道的开头和结尾部分如下：

2004年深秋的温州，一连几个星期，人们都在谈论着这样一件事：在温州最早发达、拥有显赫声名的王均瑶，身患重病，生命垂危。尽管期间各方讳莫如深，但最终无法挽留这位均瑶集团董事长的生命。

年仅38岁的王均瑶是温州民营经济最具传奇色彩的开局人物。1991年，25岁的王均瑶首开私人包机先河，次年创办国内首家民营包机公司。当时温州刚刚从艰难的处境中挣脱出来，王均瑶的"胆大包天"，成为一代人挣脱意识形态桎梏的象征。从那时起，温州模式就不再是一个简单的地理经济名词，同样，王均瑶的坐标意义也远远超过他的经济价值。

然而，随着一个强势人物的消失，一个神话似乎也在消失。现在，人们普遍关心均瑶集团的债务以及权力的交接。很多人对均瑶集团的家族治理结构充满怀疑，无法摆脱观察问题的固有方向与牵引力：一个充满了兄长的个人英雄主义色彩的民营企业，能否顺利度过这个动荡的转折时期？

这是整整一代温州民营企业家们的问题，同时也是整个温州模式即将面对的问题。人们对王均瑶之死的高度关注，实际上是对温州商人能否建立一个正常的权力转移和传递机制的关注。由于普遍年龄较轻，温州少有企业出现代际之间的权力传递危机，现在，王均瑶的英年早逝为他们发出了群体预警。

其实，早在王均瑶去世之前，为温州民营经济开山的这一代人，就已开始出现各种各样的意外与危机，在几乎是过分传奇化的温州奇迹背后，在摆脱了意识形态的纠缠之后，这个群体面对的是依然严酷的考验。他们开始分化，有人激进，有人转型，有人失落，有人陷入悲剧，有人凭吊昔日的光荣。

……

据说王均瑶拥有15项社会头衔，应酬频繁。在人们眼中，他已经拥有了一个人一生所能拥有的任何东西。他的行事决策看上去有些浪漫色彩和英雄主义。也许时代需要这样的商业英雄，一个神话由此而产生，英雄也就在神话中生活。一个凡人进入神话生活，必然要付出巨大的代价。

温州市社科联副主席洪振宁认为，这一代企业家白手起家，许多事情从头做起来。在从计划经济向市场经济转换过程中，由于环境不够规范，压力来自各个方面。在摆脱了意识形态的风险之后，对他们的猜疑、非难依然很多，有些人甚至按照国外成熟市场经济的要求来衡量他们，所以他们这一代人特别辛苦。除非他们也像"八大王"那样回到市井，安于小康，否则必然成为一个社会活动家——社会需要他们出来做一个榜样，而为了让自己的企业少受行政干预，为了防止方方面面的"剥削"，他们也需要谋求一个人大代表或政协委员之类的身份。

王均瑶曾经被称为当代最开放的民营企业家，而在很多旁观者的眼中，温州也应该是中国最为开放的地区，但温州本地和浙江省内的一些人并不这样看。

浙江大学经济学院副院长史晋川说，在温州，政府官员往往介入具体交易方式，公共权力与私营经济两者不断地相互渗透，形成了一张"不可触摸的网"，造成了产权保护上的不公平，阻

碍了温州经济社会的对外开放，并导致了民间资本的大量外流。

史晋川所说的这张"不可触摸的网"，绝非温州独有。王均瑶从温州来到上海，面对的往往是同一张网。所以，当一个强势人物消逝，当一个民营企业面对权力传递，我们与其怀疑他们的家族治理结构，不如检省"公共产品"供给不足的问题。

温州市经济学会会长马律龙说，只有继续深化政府体制改革，才能为民营企业家减压，才能为民营经济创造更大的空间。否则，这一代人将注定成为历史的附庸者。他们像一群登陆的士兵，忍受着种种困惑与焦虑，步履沉重。

从这个角度说，王均瑶的英年早逝也为我们发出了体制预警。

仅从摘录的开头和结尾来看，这是一篇虽然有些隐晦，但却触及社会深层矛盾的剖析性报道。其基本脉络是：王均瑶早逝—权力转移—公共权力—体制预警。其中，没有直接说出来的话就是，某些权力部门并没有为民营企业发展创造良好的外部环境，王均瑶也不得不"入乡随俗"，通过多种方法为自己寻求保护。而这，恰恰是民营企业发展不得不面对的严峻现实。

王均瑶去世后，正面报道他敢闯敢干，勇于创新的稿件不少。但以王均瑶去世为由头，解析民营企业权力移交以及所面对体制障碍的较为有深度的报道却不多。前面所述的《一代温州商人的背影》就是借"人"写"事"、由"人"及"事"，既见人又见事的具有代表性的一篇。

二、跳出经济看经济

任何经济活动、经济事件，都是在一定的政治、社会和文化环境中发生的，都不可避免地打着政治、社会和文化的烙印。在报道经济活动、经济事件乃至经济现象、经济问题时，若将其与政治、社会或文化联系起来，从政治、社会或文化的角度去把握和剖析经济活动和经济现象，也就是跳出经济看经济，那么，不仅可以有效避免经济活动、经济事件、经济问题报道本身的枯燥乏味，而且可以获得新的观察视角，给受众以耳目一新的感受。

1998年7月20至27日，新华社曾推出一组8篇《餐桌经济》系列报道，这组系列报道，以城乡居民的餐桌为透视焦点，把农业、工业、交通运输业和老百姓的餐饮生活联系起来，视角新颖，观点鲜明，是跳出经济看经济的典范之作。

"民以食为天"。老百姓的"吃"，在中国始终是最具魅力的产业。过去，是供应什么吃什么，有什么吃什么。随着人民生活水平的提高，有什么吃什么的顺序被颠倒过来，饮食结构也发生了很大变化：在以植物性食品消费为主的基础上，增加了动物性食品消费；在保证必需的谷类食品消费的同时，水果、蔬菜、植物油和食糖的消费进一步增加；西方早餐中常见的营养成分比较均衡的快熟麦片配牛奶、果汁，也开始成为居民餐桌上的新食品。每一个新的餐饭品种的萌生和发展，都会为中国农民拓展上亿元、甚至几十亿元的大市场。据此，农业要从根本上调整种植和养殖结构，而调整的依据就是餐桌的变化和需求。

此后的几十年里，我国的餐桌经济引发了一系列新行业的诞生，牛奶、麦片、方便面产业快速崛起，各种时令蔬菜，各种精加工的肉、蛋及水产品制品，源源不断地涌上居民餐桌。可以说，餐桌经济，拉动了整个消费品市场，改变着种植、养殖结构，促进了加工业、运输业和市场配置业的发展。"饭碗越变越小了"，"胃口越来越差了"，就是人们在从"吃饱"到"吃好"这种转变过程中的切实感受。

从社会、生活的角度反映经济现象、经济问题，会引导人们在接触经济报道的时候，把自己的生活情景融入进去，不由自主地产生一种亲近感。经济报道越是能与受众的生活阅历、生活经

验相联系，就越能由此及彼，勾起受众对以往或现实情景的回忆或观照，也就越能引发阅读兴趣。

跳出经济看经济并非易事。首先，这需要有一种以受众为本的情怀。以往，有些经济报道，不要说读者读不懂，不愿看，就连记者自己，恐怕也是囫囵吞枣，并未弄懂报道的内容就匆忙下笔。此时，记者脑海里往往盘踞着这样一个念头：管他呢，能交差就行了。一个"管他呢"，就把读者抛到了九霄云外。其实，稍有责任感的记者，内心也会掠过一丝不安。如果媒体的把关人能追问一句：这样的稿子，你自己读得懂、愿意读吗？记者或许能就此改变这个毛病。但遗憾的是，媒体往往少有人进行这样的追问。如此一来，照抄照搬连自己都未弄懂的东西，就相沿成习，成为一种通病了。

看来，要把经济报道写透写活，除了记者自身必须"目中有人"，坚持像鲁迅先生说的搞不明白的绝不硬写以外，媒体把关人切实负起责任，不让那些似是而非的报道过关也是重要一环。

跳出经济看经济，还需要有较高的站位和较为丰富的社会、文化知识。站位高，才能看出经济现象背后的社会、文化内涵或社会、文化背后的经济内涵。相关的社会、文化知识积累丰富，才可能在采写经济报道时游刃有余，自觉地用社会、文化的眼光去审视和打量某些经济现象。

1994年4月26日，《中国青年报》曾刊登过一篇《豫南庄户纷纷举行交接仪式 取下神像挂地图》的报道，视角独特，可谓是从文化角度观照经济社会发展变迁的佳作。该报道全文如下：

本报讯（通讯员李均德 记者王方杰）东黑河是豫南一个只有100多户人家的小村庄，在县级以上的地图上从来不见踪影。但这个小村却有20多户人家在当地人觉得神圣的中堂位置取下神像挂上了各色各样的地图。

东黑河位于河南省上蔡县东北部，地势低洼，村民们因十年九涝一贫如洗，在茅草屋里度日月。不傍城不邻镇，谁要跑一趟五六十里外的县城，都是轰动全村的新闻。东黑河穷，东黑河闭塞，东黑河又很无奈。除了偶然看见别处的繁华产生瞬间的梦想，就是在家里挂一幅全神图。每逢春节，一把香火，几个响头，图的是万事如意，生财有望。然而，神仙求遍了，东黑河依然穷得叮当响，过着光嫁姑娘不娶媳妇的苦日子。

当外面的风终于吹来时，东黑河人开始探头探脑地闯世界。1986年春节过后，最远只到过县城，家里从未满过仓的李满仓，带着两个刚成年的儿子，拿着从当民办教师的邻居家借来的一幅河南省地图，徒步北上郑州。凭着庄稼人的吃苦耐劳和诚实守信，三年时间，他们学会了修理钟表家电的全套技术，到云海贩了一阵手表零件，瞅准农村黑白电视销售的空档，建了一个覆盖几个城市的家电经营网络。1989年春节，拥有10万元家产的李满仓，在全村第一个用地图换下自己敬了几十年的全神图。

李满仓这一惊世骇俗的举动，让村里的年轻人彻夜难眠。几天之后，他们不约而同地举行了神像和地图的"交接"仪式。此后，广州、大连、北京、新疆，到处都出现了三五结伴的东黑河人。地图把东黑河与外面的世界拉得越来越近，东黑河人的腿也越来越长。每到农闲季节，80%以上的青壮劳力都会拿着一张地图走出去，做木工，搞建筑，他们用勤劳的双手盖起了一座座钢筋水泥或红砖青瓦的楼房，挣来了儿女的学费，赡养了自己的老人。

青年木工李列到大连奋斗几年以后，在那里办起了自己的家具商场，被村民们戏称为"东黑河的常驻大使"。36岁的李世英从走村串户替公家收粮，到成立自己的农副产品购销公司，走南闯北，手头总离不开一本地图册。生意越做越火，他们家的地图也由县到地区到省次第更换，今年换了第四次，变成全国地图了。

在他家的《中国行政区图》上，有三分之一的省份用铅笔、钢笔、圆珠笔画上了各种记号。他说："咱也知道啥叫地大物博，知道东黑河到底在哪里了。凡是图上画过的，我都去过了。总有一天，我会把地图上的所有省市都画上几道。"

年过花甲的李陈氏，尽管没上过学，没学过地理，但她认识地图上的北京、新疆、西安、上海。儿行千里母担忧，她的四个儿子在那些地方打工或工作。看着地图上一片黄绿色包围着的西安，好像儿子就在身边。

东黑河周围的农民，也开始喜欢地图了。上蔡县新华书店说，1993年，农民从他们那儿买走了17500幅。

尽管过去了二十年时间，今天读起这篇报道来，仍倍感亲切，彼情彼景犹在眼前。报道从一个小村庄的农民自发地把神像换成地图这样一个小角度切入，反映了改革开放给我国农村、农民带来的深刻变化。过去，"日出而作，日落而息"，祈求神灵保佑过上好日子却不能如愿的农民，如今依靠自己，走南闯北去打工、做生意，眼界越来越宽，本领越来越大，日子越过越好。报道没有直接写我国的经济形势如何，但从取下神像挂地图这样一个小小的文化现象，间接地说明了我国的经济真正搞活了，农村的经济也开始搞活了。

类似的例子还有很多。比如，从养生保健的角度说经济，从乘飞机、坐动车旅游的角度看经济，从饮食起居谈经济等等。尽管这些都是一个个侧面，但"此时无声胜有声"，虽然是一滴水，也可映射出五彩斑斓的经济来。

三、带着情感写经济

许多人觉得，"经济"这个词非常理性，听上去冷冰冰的，很学术，很高深莫测。其实，"经济"本身也很通俗，很感性，

感性得和舒服、漂亮这样的词一样，不但看得见，甚至可以触摸。经济报道之所以常常让人觉得冷，有一个重要因素往往被忽略，那就是记者没有把自己的情感融进去，没有带着情感写经济。

带着情感写经济，并不是要把经济报道写成散文或像散文那样恣意描写和抒情，而是要把自己对经济事件、经济现象、经济活动等的理解，以浅显的文字，生动活泼地表现出来，让读者一接触到这些文字，就能感受到记者或褒或贬或喜或憎的情感以及为读者提供细致入微服务的良苦用心。

中央电视台著名主持人王小丫曾经说过这样一段人情味很浓的话："我喜欢量化这个词，这个常常运用在管理上的名词，我觉得它是沟通经济与百姓的一座桥梁。我试着在节目中去量化一些枯燥的数字，比如去年彩电全行业亏损 147 个亿，对老百姓来说 147 个亿是什么？我只对十万元有概念，因为可以买一辆小别克。所以我把它掰开揉碎，147 个亿可以建多少多少个西客站，或者多少多少座梅地亚宾馆，一目了然。我也迷恋汉语中'类比'这种修辞手法。把概念的、理性的东西，用大家熟悉的、感性的东西把它说清楚。"

把简单的事情说复杂了，不难；把复杂的事情说简单了，不易。要带着情感写经济，最主要的，是像王小丫所讲的"掰开揉碎"，以老百姓能懂爱读的语言，把看似复杂的事情解释得简单明了。这里，有一个诀窍，就是"以点带面"法，即先推出一个场面，介绍一个典型事例，然后由此及彼，反映面上的情况。比如：

新华社上海（1999 年）9 月 24 日电 一个从成都出差到上海的建筑师说，在上海办事，有时步行的路还没有上上下下的路长。他说的上上下下，是乘电梯。

改革开放以来，上海长高了，成了立体城市。人们的交通工具中，不知不觉添上电梯这个新成员。

……

这篇报道，是反映上海建设成就的。反映城市建设成就，作者却没有用上海近几年建了多少幢高楼，修了多少座立交桥，拓了多少条路等概括性语言去叙述，而是"避大就小"，从老百姓身边发生的事，而且是每天都经历的乘坐电梯这件事说起，可谓"别具匠心"。在从电梯看城市变化时，又刻意选择了一位从成都出差来上海的建筑师，通过外地人之口，引出了上海日新月异的变化。这个小例子，一下子抓住了读者，令其情不自禁地读下去，看看上海的电梯究竟有什么特点，这就是以点带面、典型引路的方法。

2010 年 7 月，华中科技大学校长李培根题为《记忆》的毕业典礼致辞被广泛传播，"根叔"也一下成为网络热词。16 分钟的演讲，赢得了 30 次掌声和 7780 名毕业生的共鸣。"根叔"让人们明白，毕业典礼致辞也一样可以精彩。

"根叔"的演讲何以能迅速走红？如果用一个字来加以概括，那就是"情"。用一位网友的话来说："这样的致辞真诚感人，有对学生深深的情感！"面对媒体和网络的热议，李培根校长则表示，他只想用心去和学生说话。可以想象，在念经式的演讲和八股文式的老套说教面前，"根叔"与学生进行心灵的交流，通过一些社会现象来引导学生从中记住"正义"、"责任"和"良知"，怎能不使学生受到震撼。真话可以服众，真情可以服众，这正是"根叔"穿透人心的力量。

带着情感写经济报道，经济报道也能像"根叔"的演讲词那样，征服受众，赢得受众的喜爱。

四、未雨绸缪测经济

这主要指的是要注重预测性经济报道的采写，及时向社会发

出经济预警，适时提醒人们防微杜渐，竭力避免经济过热或一哄
而起又一哄而散的现象发生。

前面提到的经济报道既要见物又要见人以及跳出经济看经济
和带着情感写经济，主要是为了增强经济报道的贴近性。未雨绸
缪测经济，则主要是体现经济报道的前瞻性。

为什么要提出前瞻性问题？前瞻性和亲和力又是什么关系呢？

近些年来，一系列经济事件，引发了人们对经济报道前瞻性
的高度关注。这些经济事件，最典型的莫过于国际石油价格波动
带来的国内各类油产品价格的调整。过去，人们常常用"广州感
冒，哈尔滨跟着打喷嚏"来形容国内某些经济事件、经济现象、
经济问题的密切相关和高度相融性，在世界经济逐步走向一体化
的背景下，人们对"国际市场感冒，国内经济跟着打喷嚏"，也
有了日益深切的体会。

不仅石油、钢铁、煤炭、药品、服装、食品等产业和产品的
国际市场变化，在国内引起了或正在引起种种连锁反应，就连种
植大葱、大蒜、生姜等蔬菜，板栗、核桃等干鲜果品的农民，也
莫不关注国际、国内市场价格行情的种种变化。一句话，昔日离
市场、离经济很远，离国际市场、国际经济更远的人们，今日也
不能不、不得不融入国际经济之中。与世界经济接轨，全球经济
一体化，这些存在于人们头脑中的名词、概念，已越来越由抽象
变得具体，由模糊变得清晰。发展外向型经济，到世界经济的大
潮中搏风击浪，便是人们在经历了最初的惊恐与不安，痛定思痛
之后作出的抉择。

经济形势及发展趋势的巨大变化，催生了受众对媒体经济报
道的新要求：在迅速传递最新经济政策、经济动态的同时，对一
些具有较高关联度的经济事件、经济现象和经济问题，做出深刻
的分析与解释，对某些领域、某些产业的发展走势，做出具有独

特视角的预测和判断。他们要求媒体的经济报道，打破狭隘的地域界限，用更加开放的眼光，把某些经济事件、经济现象和经济问题置于全国、全世界的大背景下去考量、去审视。一句话，人们要求媒体的经济报道，能够未雨绸缪，不但报道发生了什么事，而且还要报道有什么事情将要发生以及如何加快或者避免这种事情的发生。

2002 年，《经济日报》在一版显著位置刊出了系列报道《39条浮法玻璃生产线是咋冒出来的》。从标题来看，这是一组问题报道，因为自 1999 年以来，我国新建成投产以及在建和筹建的浮法玻璃生产线一共有 39 条，新增生产能力近 7000 万重量箱。重复建设的结果，导致全国玻璃行业供需严重失衡，价格连连下降，全行业经济效益也整体下滑。到 2001 年底，玻璃库存比上年增加67%，企业净利润同比下降 52%，近 1/3 的国有及国有控股企业出现亏损。

如何看待市场经济条件下各利益主体为了各自利益而新上马搞出来的"重复建设"？在市场经济条件下，既要给地方和企业一定的包括投资权在内的自主权，又要防止重复建设给经济带来的损失，这二者之间是否有一个平衡点？又如何找到这个平衡点？政府应该做些什么？企业又该做些什么？"放"与"管"的尺度，究竟应该怎样把握？

《经济日报》的系列报道，对发生在玻璃行业的重复建设这一经济现象，从多个层面进行了剖析，就事论理，条分缕析，在经济界引起了广泛的影响。类似的问题性报道，直接触及了经济生活最为敏感的神经，对如何提高经济运行质量，防止在市场已经或将要饱和，发展空间已十分狭小的情况下，为了本地或本行业的利益仍然搞重复建设，起到了振聋发聩的预警作用。这组系列报道，也可称之为预测性报道。

预测性报道，是指对尚未发生、有可能发生的"事情"进行预测的报道。一般来说，它报道的事情带有不确定性。但是，它可以提醒人们增强忧患意识，及早发现隐患并采取对策。预测性经济报道，就是要对经济运行的未来趋势进行展望，提前标示出暗礁，指出可行的航线，以利于决策者倾听关于未来的警告和建议。因此，预测性经济报道是有深度、有较大价值的报道。

预测性经济报道自然要有前瞻性，要站得高一些，看得远一些。及时采写预测性经济报道，更好地发挥这种报道的决策参谋和引导舆论作用，是提升媒体经济报道亲和力的又一举措，是应当努力为之的。

第十三章

科技报道亲和力

2010 年 7 月 19 日，中央电视台报道的京沪高速铁路进入全线铺轨阶段的新闻格外振奋人心。新闻说，2008 年开始建设并将于 2012 年通车的京沪高铁，设计时速最高可达 380 公里，从此北京到上海全程 1300 多公里，只要 4 个小时就可到达，比现在的动车还要快 7 个小时。联想起 2009 年 12 月开始运行的武（汉）广（州）高铁，时速也已达到了 350 公里，人们有理由相信：科技，确确实实改变着世界，改变着我们的生活。

人类文明的每一次前行，无不伴随着科学理性光芒的照耀，无不充满着人类的智慧。"科学技术是第一生产力"的著名论断，已被越来越多的新发现、新发明、新创造、新成果以及所带来的巨大的社会和经济效益证实。人们发现，科学技术，再也不是停留在科学家的实验室或书斋里令人望尘莫及、深不可测的东西；科学技术，就在我们身边，就在我们的生活中。社会对科学技术的巨大需求，使得科技报道有了用武之地，也使得科技报道的亲和力问题，成为一个至关重要的问题。

第一节 科技报道面临的突出矛盾

以传递科技信息、普及科学知识为己任的科技报道，越来越受到人民的重视和欢迎。也正因此，科技报道亲和力才愈显重要。

要增强科技报道的亲和力，就要弄清科技报道目前面临的主要矛盾及存在问题，"对症下药"方能事半功倍。概括而言，科技报道面临的主要问题有：

一、需求巨大与有效供给不足的矛盾

人们对科技、对科技报道的需求虽然早已有之，但真正被高度重视，却是在 2003 年。

2003 年春，一种名叫"非典型肺炎"即后来被广泛称为"SARS"的病毒自南至北在我国开始蔓延。起初，社会对这种闻所未闻的病毒并未当回事，因为人们由此联想到的"肺炎"，在现代医学高度发达的今天，几乎就不算什么大病。所以，那时的媒体对"SARS"的报道少之又少，甚至可以说是集体失语。直到 4 月中旬北京死了人，中央果断采取组织措施之后，媒体才像突然醒悟过来，铺天盖地、连篇累牍地进行报道。这时，有关 SARS 症状及体征临床诊断以及非典的预防和治疗等医疗科学知识，才真正被人们所掌握，医学科学以及科技报道的极端重要性才开始被认识。

此后，我国又相继发生过禽流感和由墨西哥、美国等地传入的甲型 H1N1 流感。这些流感，一次次地触动着人们敏感的神经，强化着人们对重大公共卫生事件的认识。2008 年、2009 年的三鹿奶粉事件，则又使人们知晓了三聚氰胺。无论是 SARS、甲型 H1N1 还是三聚氰胺，这些过去很少被世人所知的东西，反反复复进入人们的视听范围，一方面唤起了人们的高度警觉，同时也引发了国家对重大公共卫生事件的重视和防控，再加上此前的艾滋病防控等，可以说，对公共卫生事件的处置，从未像今天这样能上升为国家和政府行为。而这，是同科技报道密切相关的。

科技报道，首要的职责是传播科技领域的最新信息，追踪科

学技术的发展和进步。在此基础上，科技报道还承担着提高公民科技素养，加快科技成果向生产力转化的步伐以及鼓舞人心、振奋民族精神等职责。近些年来，我国的科学技术飞速发展，在许多领域已经达到或接近世界领先水平。除了前面提及的高速铁路建设之外，在航天航空领域，"神五"、"神六"、"神十"载人飞船相继升空；在医学科学领域，我国科学家不仅参与而且完成了1%人类基因组图谱的测序任务；在水稻改良方面，袁隆平的"人工杂交水稻"为世界瞩目……这些科技领域的重大成就，无不体现着我国综合实力的增强，对于提升人们的民族自信心、自豪感，发挥了极大的推动作用。

不仅如此，在工业、农业、国防、教育、交通、通信诸多领域，科技的提高效益、降低成本以及对环境监测与保护等作用也日渐显现。3G手机、高清晰电视、节能型电器等与人们生活密切相关的消费品相继问世。可以说，科学技术正渗透在社会生活的每一个方面，无论是谁，也无论干什么，都离不开科技的眷顾，都摆脱不了科技的影响。

正因为科技的作用如此巨大，所以公众对科技报道的需求也与日俱增。学科技、用科技，依靠科技的力量认识和改造世界，成为许多人尤其是青少年的追求。我国的"神舟"飞船上天，宇航员在舱外展开国旗的那一刻，许多人热血沸腾，千千万万少年儿童的航天梦被引发；当人们坐上飞驰电掣却平稳得几乎没有任何晃动的高速列车时，除了享受科技带来的便捷、快乐，也会由此触发许多的感想。科学技术，正以前所未有的速度，改变着世界的面貌，改变着人们的观念和思维方法。很难设想：没有了汽车，没有了手机，没有了电脑等现代化的交通和通信设施，今天的人们将如何工作和生活。

媒体是传播科技信息和知识的载体，科技报道是人们了解科

技世界变化的窗口。媒体的科技报道，日益成为人们学习、工作和生活的重要组成部分。巨大的市场需求，要求有更多的专门科技类媒体，要求媒体有更多的科技报道。

但从目前的情况来看，专门的科技类媒体还比较少。虽然央视和一些地方电视台开设了科教频道，尤其是央视的科教类节目做得有声有色，但从总体来看，科技报道的比重还比较小，这一点，已在相关的调研中得到证明。

2007 年 10 月 12 日，《科技日报》刊发报道：解读《2007 中国科普报告》。报道说，为了反映我国不同种类报纸的科学技术报道情况，今天发布的《2007 中国科普报告》对 2006 年中国部分报纸的科学技术信息进行了详细的调查。

调查结果表明，党报科技新闻报道占版面的比例为 7.5%，晚报仅为 1.9%，科技报的比例最高，为 25.3%。《农民日报》是党报中科技新闻占版面比例最大的，为 14.6%。其次是《人民日报》，为 10.2%。都市报在科技报道中的缺位严重，所占比例仅为 1.9%。

报道说，科技类报纸是科技报道的主战场，但是，科技类报纸对科技新闻的报道状况也不容乐观，科技报道平均占版面比例仅为 25.3%。其中，《北京科技报》中科技新闻的比例最高，为 50.5%；《科学时报》平均每天的报道条数在四份科技类报纸中最多，其科技新闻占版面比例为 22.9%。

报道还对报纸科技新闻存在的问题进行了分析。这些问题是：

（1）与其他版面报道相比，科学技术类报道一直处于十分困难的境地，得不到倾斜性的政策支持。

（2）由于与其他版面的经济收入相比相差很多等原因，科学技术记者队伍一直不稳定，科学技术报道的记者队伍很难积累起经验，培养出成熟的科技记者，影响科技报道的质量。

（3）科学家团体与科技记者之间交流存在制度上的障碍。遇到重大科学事件时，记者很难找到相关专家，很难直接获得想了解的科学技术的第一手信息。

（4）我国科技类报纸的管理体制仍然有计划经济模式的影响。专业的科技报纸一般很难成为广大读者享受的报纸。

《2007 年中国科普报告》的上述调查结果，源于对 20 家报纸的调查。这 20 家报纸中，既有位于世界日报发行量前 100 名的《参考消息》、《人民日报》、《新民晚报》、《北京晚报》等，也有影响力较大的《经济日报》、《光明日报》、《中国青年报》等，还有科技类报纸中最有代表性的《科技日报》、《科技时报》、《北京科技报》和《大众科技报》。应该说，调查结论具有一定的权威性和较大的可信性。

上述情况表明，受众对科技报道与日俱增的巨大需求，与科技报道有效供给不足的矛盾，目前较为突出。虽然重大科技事件，媒体一般都会有所反映，但在科技信息传播、科学知识普及等方面，仍存在相当大的缺口和不足。特别是都市报和晚报，其科技报道的比例仅有 1.9%，实在是少得可怜。都市报和晚报是比较贴近百姓、贴近生活的报纸，这类报纸的科技报道比例若能增加，将会有效缓解需求巨大和供给不足的矛盾。

二、专业性强与可读性弱的矛盾

科技报道的基本特点是专业性强，名词术语多，不加以解释或提供必要的背景资料，一般人很难读得懂。而如果解释得不准确，则有可能伤害科技报道的严肃性和权威性。

这一点，给采写科技报道带来了很大的难度。如何在科技报道的专业性与可读性之间找到一个结合点，使其既不损害科学性，又能让受众读懂、听懂，是一个必须解决的问题。

2000 年 8 月 15 日,《中国商报》曾刊登一篇题为《南海发现巨大宝藏"可燃冰"》的报道。报道全文如下。

本报讯 "可燃冰"这个大自然为人类子孙后代备下的丰厚礼品,最近在祖国的南海被发现。日前,从中国科学院广州能源研究所传来消息说,经初步判定,南海海底有巨大的"可燃冰"带,能源总量估计相当于全国石油储藏总量的一半。

"可燃冰"外形似冰,能够燃烧,学名叫"天然气水合物"。与石油和天然气相比,"可燃冰"的优点更为突出。1 立方米的"可燃冰"所释放的能量相当于 164 立方米的天然气。目前,在全球公认的"可燃冰"总能量是所有煤、天然气、石油总和的两到三倍。

除了南海以外,在我国的东海也发现了"可燃冰"的踪迹。据悉,国家已经开始组织力量就全国"可燃冰"资源进行勘察。

这则科技报道,写得通俗易懂。乍一听,"可燃冰"这个专业名词有点让人匪夷所思:冰怎么能燃烧?报道的第二段专门对此解释,既说明它的学名叫"天然气水合物",外形似冰,能够燃烧,以保持它的科学性,又把它与石油和天然气对比,使人们对"可燃冰"的巨大能量有了初步认识,从而较好地解决了专业性与可读性之间的矛盾。

科技报道和经济报道在专业性强这一点上有许多相近之处。非专业记者,对此往往望而生畏。在采访科技工作者时,为了维护自己的"面子",不肯"打破砂锅纹(问)到底",因而在似懂非懂的状态下写稿,只好照搬科技工作者的原话。这样,准确性有了,可读性丢了。专业性记者,科技知识掌握得多一些,也能够和科技工作者进行某种程度的对话,但往往"钻得进"却"跳不出"。这两种情况都表明:科技报道,不讲专业不行,只讲专业也不行。

三、学术色彩浓与生活色彩淡的矛盾

科技报道，因涉及科学发现、科技发明、创造等，因而，学术色彩往往浓厚一些，而生活色彩则淡薄一些。这样一来，一般受众就失去了阅读或了解的兴趣。科技报道往往让人退避三舍，主要是这个原因造成的。

在论述经济报道亲和力时，笔者曾指出：新闻报道不是学术文章，不是面向少数专业工作者的"阳春白雪"。它的受众，是文化水准千差万别、兴趣爱好各有不同的普通人。要让众多的普通人产生兴趣，就必须把阅读门槛放置得低一些，从他们的需求和爱好出发，把他们最关心、最想知道的东西以最朴实的语言生动活泼地表现出来。射箭要对准靶子，如果不顾及受众的需求，那就只能自说自话，难以收到理想的传播效果。一句话，科技报道不仅要使人"可受"，还要尽量使其"易受"。

中央电视台对我国"神舟"飞船的直接报道，有许多经验值得借鉴。

在失重的情况下，航天员的饮食起居会发生什么样的变化？航天员的情绪、情感如何？这些生活化的内容，显然更为普通受众关心。在"神六"升空的直播报道中，央视从普通的平民视角解答了人们比较关注的问题。通过央视节目主持人白岩松与央视记者的连线，观众了解了航天员生活和训练的"问天阁"公寓（直播节目的前两天，白岩松与台湾东森电视台首席女主播卢秀芳一起进驻位于北京航天城的直播间，全面体验航天员的训练以及吃饭、喝水、如厕、睡觉等太空生活。这一做法尤其值得借鉴），理解了"问天"的真正含义，也通过短片看到了对生活在地球上的人来说，再简单不过的吃饭喝水这些生活琐事，在太空失重环境下如何复杂。这样一来，当观众看到航天员自由发挥的四个前

滚翻、听到航天员和家人进行的天地对话时，心灵就会产生巨大的震撼。

无论是科学发现还是科技发明、创造，都是由人来进行的，而人又都是有情感、有思想的。我们报道科技成果，也不能将目光仅仅聚集在这些成果的研制过程及某些原理的说明上，而是要将这些成果能带来什么好处、发挥什么作用，尤其是科技工作者经历过的挫折、磨难表现出来。这样，科技报道就能在人与人之间实现交流，就能引发人的好奇，满足人的情感需求。

日本在机器人研究上居于世界领先地位。2010 年 7 月 29 日，中央电视台的一则日本研制成功家庭保姆机器人的报道，格外吸引眼球。这则报道说，保姆机器人有很强的记忆能力，你对着它说出某种物品的名称，下一次，它就能准确地把这种物品拿来，不用劳神费力地再输入信息。这则报道，从家庭生活的角度来解读保姆机器人，趣味性很强。

在报道科技人物时，从生活、情感的角度切入尤其重要。不论多么伟大的科学家，也首先是个有血有肉、有七情六欲的人。他的研究内容，可能没有多少人能理解，但他在研究过程中的酸甜苦辣，他的性格、他的意志、他的精神，却能在人的心灵上激起巨大涟漪。这一点，在徐迟的《哥德巴赫猜想》中得到了极好的证明。

上个世纪 70 年代末，党中央决定召开全国科学大会，动员和组织科学家的力量，投入祖国"四个现代化"建设。《人民文学》编辑部的同志准备借此契机，推出一期有关科学家的报告文学。写谁好呢？他们想起当时流传的一个民间故事，即有个外国代表团来华访问，成员中有人提出要见中国一名大数学家陈景润教授。因为，他从一本权威性科学杂志上看到了陈景润攻克世界数学难题"哥德巴赫猜想"的学术论文，十分敬佩。我国有关方面千方

百计寻找，终于在中国科学院数学研究所发现了这位数学家。

谁也不知道陈景润取得了这一了不起的成果。陈景润慑于"文革"对他所谓"走白专"道路的严厉批判和打击，甚至一度想自杀，但他挺了过来，冒着风险，埋头潜心于论证。平日，他将自己封闭在一间仅六平方米的宿舍里，趴在床上日夜演算，反复印证，刻苦钻研，悄悄攻关，不事张扬。

他领先突破了一道世界难题的成果，惊动了国际数学界。《人民文学》杂志编辑部决定采访陈景润，并由曾当过新闻记者、写过不少通讯特写的著名诗人、报告文学作家徐迟担纲这一任务。

开始，徐迟只答应"试试看"。一是他觉得数学这门学科他不熟更不懂；二是听说陈景润是个"科学怪人"，尽管在突破"哥德巴赫猜想"上有贡献，成就是了不起的，但这样的"怪人"好采访吗？

后来的事实证明，徐迟不仅深入地采访了陈景润，而且在写作报告文学《哥德巴赫猜想》的过程中，很好地处理了陈景润学术成就与生活态度的关系。陈景润所以能引起巨大轰动，成为家喻户晓的人物，不仅是因为他在 60 年代就研究出了"1＋2"，离摘取数学皇冠上的明珠"1＋1"只有一步之遥，更是因为他是在常人难以想象的极其艰难困苦的环境下，凭着对数学的挚爱，凭着他那"怪人"的倔犟性格和顽强意志完成这项研究的。

让我们摘取《哥德巴赫猜想》中的部分文字，来说明这个问题。

有一次，老师给这些高中生讲了数论之中一道著名的难题。他说，当初，俄罗斯的彼得大帝建设彼得堡，聘请了一大批欧洲的大科学家。其中，有瑞士大数学家欧拉（他的著作共有八百余种），还有德国的一位中学教师，名叫哥德巴赫，也是数学家。

一七四三年，哥德巴赫发现，每一个大偶数都可以写成两个

素数的和。他对许多偶数进行了检验，都说明这是确实的。但是这需要给予证明。因为尚未经过证明，只能称之为猜想。他自己却不能证明它，就写信请教那赫赫有名的大数学家欧拉，请他来帮忙作出证明。一直到死，欧拉也不能证明它。从此这成了一道难题，吸引了成千上万数学家的注意。两百多年来，多少数学家试图给这个猜想作出证明，都没有成功。

说到这里，教室里成了开了锅的水。那些像初放的花朵一样的青年学生叽叽喳喳地议论起来了。

老师又说，自然科学的皇后是数学。数学的皇冠是数论，哥德巴赫猜想，则是皇冠上的明珠。

同学们都惊讶地瞪大了眼睛。

老师说，你们都知道偶数和奇数。也都知道素数和合数。我们小学三年级就教这些了。这不是最容易的吗?

不，这道题是最难得呢。这道题很难很难。要有谁能够做了出来，不得了，那可不得了呵!

青年人又吵起来了。这有什么不得了。我们来做。我们做得出来。他们夸下了海口。

老师也笑了。他说，"真的，昨天晚上我还作了一个梦呢。我梦见你们中间的一位同学，他不得了，他证明了哥德巴赫猜想。"

高中生们轰的一声大笑了。

但是陈景润没有笑。他也被老师的话震动了，但是他不能笑。如果他笑了，还会有同学用白眼瞪他的。自从升入高中以后，他越发孤独了。同学们嫌他古怪，嫌他脏，嫌他多病的样子，都不理睬他。他们用蔑视的和讥讽的眼神瞅着他。他成了一个踽踽而行，形单影只，自言自语，孤苦伶仃的畸零人。长空里，一只孤雁。

第二天，又上课了。几个相当用功的学生兴冲冲地给老师送

上了几个答题的卷子。他们说，他们已经做出来了，能够证明那个德国人的猜想了。可以多方面地证明它呢？没有什么了不起的。哈！哈！

"你们算了！"老师笑着说，"算了！算了！"

"我们算了，算了。我们算出来了！"

"你们算啦！好啦好啦，我是说，你们算了吧，白费这个力气做什么？你们这些卷子我是看也不会看的，用不着看的。那么容易吗？你们是想骑着自行车到月球上去。"

教室里又爆发出一阵哄堂大笑。那些没有交卷的同学笑话那几个交了卷的。他们自己也笑了起来，都笑得踩脚，笑破肚子了。唯独陈景润没有笑。他紧锁着眉头。他被排除在这一切欢乐之外。

第二年，老师又回清华去了。他现在是北京航空学院副院长、全国航空学会理事长沈云。他早该忘记这两堂数学课了。他怎能知道他被多么深刻地铭刻在学生陈景润的记忆中。老师因为同学多，容易忘记，学生却常常记着自己青年时代的老师。

这是一段充满情趣的精彩故事。故事借老师之口，介绍了哥德巴赫及其猜想的内涵，突出了哥德巴赫猜想在自然科学领域所具有的至高无上的地位（自然科学的皇后是数学。数学的皇冠是数论。哥德巴赫猜想，则是皇冠上的明珠——这几句精辟的论断，不知让多少人浮想联翩，热血沸腾），为陈景润后来冲击哥德巴赫猜想埋下了伏笔。同时，这段故事也对陈景润中学时代的处境作了入木三分地刻画：两次哄堂大笑，陈景润却没有笑——他不能笑，他笑不起来，因为同学们瞧不起他，他性格内向，没有朋友，形单影只。然而，恰恰是他，走上了摘取数学皇冠明珠的艰难历程。

那么，陈景润的工作条件是怎样的呢？报告文学对他那仅有6平方米的卧室兼工作室进行了描写。

　　小小房间，只有六平方米大小。这房间还缺了一只角。原来，下面二楼是个锅炉房。长方形的大烟囱从他的三楼房间中通过，切去了房间的六分之一。房间是刀把形的。窗子三楄，糊了报纸，糊得很严实。尽管秋天的阳光非常明丽，屋内光线暗淡得很。纱窗之上，是羊尾巴似的卷起来的窗纱。窗上缠着绳子，关不严。虫子可以飞进飞出……

　　这房间里还没有桌子。六平方米的小屋，竟然空如旷野。一捆捆的稿纸从屋角两只麻袋中探头探脑地露出脸来。只有四叶暖气片的暖气上放着一只饭盒。一堆药瓶，两只暖瓶，连一只矮凳子也没有。

　　这是真正的陋室！不要说一位从事着最伟大事业的科学家，就是一位普通人，这样的生存环境也足以让人唏嘘感叹了。何况，这间小屋里还没有电灯。陈景润搞科研，是在煤油灯下，在撩开褥子露出的床板一角进行的。

　　那么，陈景润是如何痴迷地搞科研呢？报告文学写道：

　　他废寝忘食，昼夜不舍，潜心思考，探测精蕴，进行了大量的运算。一心一意地搞数学，搞得他发呆了。有一次，自己撞在树上，还问是谁撞了他？他把全部心智和理性通统献给这道难题的解题上了，他为此而付出了很高的代价。他的两眼深深凹陷了。他的面颊带上了肺结核的红晕。喉头炎严重，他咳嗽不停，腹胀、腹痛，难以忍受。有时已人事不知了，却还记挂着数字和符号……

　　这就是陈景润，一个完全没有了"自我"，完全没有了"生活"的怪人。

　　他只知攀登，在千仞深渊之上；他只管攀登，在无限风光之间。一张又一张的运算稿纸，像漫天大雪似地飞舞，铺满了大地。数字、符号、引理、公式、逻辑、推理，积在楼板上，有三尺深。

忽然化为膝下群山，雪莲万千。他终于登上了攀登顶峰的必由之路，登上了"1＋2"的台阶。

弹指一挥间，时光已过去了30多年。如今，陈景润和报告文学作家徐迟都已逝去。然而，发表在1978年的《哥德巴赫猜想》，仍然可以算得上科技人物报道的一座里程碑。这篇报告文学，表现的是一个学术性极强的世界数字难题，反映的是一位大师级的科学"怪人"。但是，报告文学却并不枯燥乏味。尽管有些章节是一些普通人很难看懂的数学符号和公式（这些也是必需的），但绝大部分文字是在讲故事，讲陈景润的"怪诞"性格，曲折经历；讲陈景润的矢志不移，痴心难改。这些故事，这些性格、环境、心理描写，无一不吸引人、感染人。人们在阅读报告文学，在了解陈景润的时候，会情不自禁地联想到自己：假如是我，在这样的环境中还能不能工作、生活下去？假如是我，有没有陈景润这样的毅力和韧劲？如此一来，报告文学的教育功能、感化功能就在不知不觉中实现了。

科技报道的上述三个矛盾即需求与供给、专业性与可读性以及学术色彩与生活色彩的矛盾，在一定程度上制约着科技报道的亲和力。供给不足、专业性强和学术色彩偏浓，就像三道屏障，阻碍着科技报道与受众的贴近。在科技作用日益凸显、科技地位日益提高的今天，要扫除"科盲"，不断强化全社会的科技意识，首先需要做的，是加大科技新闻的报道密度。除了现有的部分科技媒体之外，党报的科技报道，无论是在数量还是质量上，都还要增多和提升。都市报、晚报目前1.9%的比例，明显是太低了。作为与受众关系最密切、最为老百姓所喜闻乐见的报纸，都市报、晚报的科技报道比例若能再加大一些，则科技报道与受众接触的机会就会更多，科技报道的传播就会更加广泛。

让科技报道走进受众，最根本的，是改变其报道方式，褪去

其专业性过强的神秘色彩，让其灵动起来，鲜活起来。科技报道
的亲和力要从根本上得到增强，唯此，人们才会更喜爱科技报道，
更珍视科技报道。

第二节　四大措施提升科技报道亲和力

要让科技报道走进受众心中，赢得受众喜爱，可以采取的主
要措施有以下几点。

一、立足于"服务"，让受众感到有用

科技报道主要分为信息型和实用型两种。信息型报道，基本
功能是告知，即告诉受众最新发生的科技信息，如新的科学发现，
新的科技发明、创造，科学技术的最新成果与动态等。这类报道，
可以开阔受众的视野，增长受众的知识。另一类是实用型报道，
基本功能是服务，如家庭用药常识，如何防雷防电防中暑、汽车
如何保养、怎样辨认假币等。信息型报道，新闻性强；实用型报
道，服务性强。当然，也有把两者结合起来，既传播重大科技信
息，又指导人们具体怎样做的报道。这类报道，尤其受到人们的
欢迎。比如，2009 年 7 月 22 日，我国长江流域出现"500 年一
遇"的日全食。对此，从报纸、广播、电视到网络，从中央到地
方，几乎所有的媒体都上演了现代版的"夸父追日"。这些报道，
不但告诉受众日食形成的原因、原理，传播给人们许多天文知识，
而且还告诉受众如何观测，在哪里观测最佳以及如何保护眼睛等，
让受众感到非常实用。

一般来说，信息型科技报道的内容比较重要。凡国际、国内
的重大科技活动、科技动态、科技事件或人物，都会通过信息型
科技报道来反映。这类报道时效性很强，新闻价值较高，尤其是

涉及科技动态、科技政策的报道，更为受众所关注。比如，中国科学家完成1%人类基因组测序任务的报道，"嫦娥"号卫星探测月球的报道等。虽然这类报道的实用性暂时还谈不上，但它可以使人们看到科学发展的美好前景，增强人们对科技的信赖感。就拿"人类基因组计划"来说，"人类基因组计划"是由美国科学家、诺贝尔奖获得者达尔贝科提出的，其目标是测定人类23对染色体图谱，破译人类全部遗传信息。这项宏伟任务完成后，人类遗传方面的许多疾病，如先天性心脏病、糖尿病等就可以得到很好的治疗。这是多么振奋人心的消息呵！由此看来，信息型科技报道，也从根本上体现了服务性。

至于实用型科技报道，服务性的特点就更加明显。这类报道，可操作性强，效果立竿见影。科技报道之所以受到广泛欢迎，就因为这类报道所传授的经验、方法非常实用。这方面的例证，尤以农业科技类报道在农村最受青睐为典型。

科技报道要立足于服务，以服务生活，指导工作、学习为要义。科技报道越能体现服务性，越贴近社会，贴近群众，就越能体现其价值。因此，在采访科技报道时，心中要装着受众，并时常进行换位思考：假如我是读者，我最需要了解什么，最希望媒体提供什么？有了这样的思考，科技报道的对象感就会增强，服务性就会增加。

二、着眼于"通俗"，让受众易读

专业术语是普通受众最难读懂的。一两个术语读不懂，还可以"跳过去"，专业术语多了，受众就难有兴趣读下去。有时候，这一两个术语弄不懂，也会让受众如坠五里雾中。因此，科技报道要尽可能地做好"翻译"工作，竭力用浅显的文字、生动的比喻或者老百姓熟悉的语言来讲述、表达或说明报道中的内容。比如,《人民日报》就曾以《不怕火烧的"棉花"》为题,报道"硅酸铝耐火纤维"这种鲜为人知的新产品。这种形似棉花、俗称"岩棉"的东西,笔者也曾在一个矿上见到过,其特点是不怕火烧,主要用来阻燃。但"硅酸铝耐火材料"这一专业术语,却极少有人知道。记者把它比喻为"不怕火烧的棉花"后,立即就能引起读者的联想,因为棉花是大家都熟悉的。

有些科技发现或发明,其工程特别浩大,过程特别复杂。如果单就这一工程或过程进行说明,花费的笔墨虽然不少,但读者获得的印象却仍是模糊的。那么,能否化繁为简,化抽象为具体,让受众一下子便能理解和接受呢?能,其办法也是通过形象的比喻。

仍以前面反复提到的"人类基因组计划"为例。这个工程,其目标是测定人类23对染色体的遗传基因图谱、物理图谱和DNA序列。换句话说,要测出人体细胞中23对染色体全部30亿个碱基(或称核苷酸)的序列,把总数约10万个的基因都明确定位在染色体上,破译人类全部遗传信息。

天啊,30亿个碱基序列都要测出来,这是多么宏大的工程。有关报道在介绍到这里时,唯恐受众不明白,特地加了这样一段比喻:"这一过程,就好像以徒步的方式,画出从北京到上海的路线图,并标明沿途的每一座山峰与山谷。虽然很慢,但非常精确"。从北京到上海有1300多公里,徒步走下去,耗时多长可想而知。这样一比喻,人类基因组计划的繁杂程度便不言而喻了。

2003年11月3日,新华社播发了一篇题为《微型"金弹"可抗癌》的消息,介绍了美国研究人员研制出一种纳米的微型"金弹"(由黄金制成的微型小球,小球中心含有少量云母,可对付癌症)。那么,这个"金弹"究竟有多大?消息中写道:"5000粒加起来才与一粒芝麻大小相当"。芝麻谁都见过,这样一比,

"金弹"的纳米形象就会很自然地浮现在读者的脑海中。

化繁为简或化大为小、化小为大，其目的都是为了使受众获得一个可感知的形象。并且，这个形象要能与受众的已有经验联系起来。人们都徒步走过路，也都见过芝麻，这就是人们的既有经验。在报道人类基因组计划和纳米级微型"金弹"时，用徒步和芝麻来比喻和指代，就比较清晰，容易读懂了。

不仅是比喻，说明和对比也能凸显事物的特征或特点。有时，一个比较难懂的专业名词或术语，用较为通俗的语言加以说明，也能收到拨云见日、令人眼前豁然一亮的效果。

比如《西安发现两千多枚封泥》这则消息（新华社 2000 年 2 月 14 日电），"封泥"是人们碰到的第一个阅读障碍。什么是封泥？秦代封泥是什么样子？用处是什么？一连串的疑问，涌上读者心头。为此，消息专门对此进行了说明：

封泥是古代用胶质黏土封缄于竹木简牍文书、进贡物品的包装之上，然后在封缄之粘土上盖上印章的遗存。它起始于东周，秦汉最盛，终于南北朝。

噢，明白了！封泥就好比今天的封条。往外寄送东西时，用胶质黏土糊上，然后再在黏土上盖章。这种盖章的粘土块就叫封泥。这样一说明，"封泥"就容易被理解了。

对比，也能令事物的特点变得更加突出。俗语说："不比不知道，一比吓一跳"，"没有比较就没有鉴别"。比较，可以分为横比和纵比。横比，即在具有可比性的同类事物之间比较；纵比，是把同一个事物的现在和过去比较。比如："据悉，标准普尔给宝钢的评级比日本最优秀的钢铁企业新日铁还要高一级"是横比，而"京沪高速铁路建成后，列车最高时速可达 380 公里，从北京到上海只要 4 个小时，比现在的动车提前 7 个小时"就是纵比。

无论采取何种方法，目的都是使科技报道通俗易懂，便于受众理解和接受。

三、把好"准确"关，适当留有余地

在日常生活中，人们常常会有这样的感受：某些科技报道之间互相矛盾，公说公有理、婆说婆有理，不知究竟该听谁的。比如，有人在熬牛奶时，喜欢打上一两个鸡蛋，这样做好不好？有的报道说好，有的报道说不好；或者，今天的报道说好，过上一段时间，又说不好，这种出尔反尔，不能自圆其说的情况往往让受众逆反：这样的报道，信不得。

之所以出现这样的情况，原因大致有二：一是信息来源不同，张医生从营养学的角度说好，李医生从药理学的角度说不好，两人的看法相左，各执一端，便产生了矛盾，致使报道前后不一；二是由于科技的发展和研究的深入，原来没有发现的情况现在发现了，而在报道时没有提及原来的情况，造成了报道的错位。2010 年 8 月初，新华社记者就《加碘问题还需更多科学解释》发表评论。评论全文如下：

针对卫生部（2010 年）7 月 26 日公布的《食用盐碘含量（征求意见稿）》中有关补碘量变化引起的关注，卫生部碘缺乏病专家 7 月 27 日称，降低食盐中碘含量的上限并不意味着我国人群补碘过量。

权威部门相关专家的表态本是为了解疑释惑，消除公众对加碘问题的疑惑，但是其对复杂问题的简单解答，却让公众更加疑惑。

公众对食盐加碘问题的关注早已有之。近年来有多位全国人大代表和全国政协委员在两会上提出意见和建议，认为一些地区补碘过量，食盐加碘应该因地制宜，并提供无碘盐与加碘盐，由

群众自主选择。

卫生部门此次拟将我国食盐碘含量的上限值由每千克60毫克下调至30毫克，同时全国不再统一碘盐浓度，体现了对舆论的积极回应和对群众意见的采纳。但是，对"补碘过量的标准如何认定"、"过度摄取碘是否对人体有害"等关键性问题，却始终没有权威明确的解释。一些专家学者和地方有关部门的说法彼此矛盾，无法释疑。

根据卫生部此次公布的2005年全国碘营养监测结果，北京补碘量大于标准适宜量，广西则属于碘过量。然而广西疾控部门负责人对此回应称，该区居民的碘摄入量处于适宜范围。北京市卫生局今年5月发布的通报称，北京城乡居民尿碘中位数一直保持在160微克/升至220微克/升之间，完全符合世界卫生组织推荐的碘营养适宜水平。有的专家提出碘过量将导致甲状腺功能减退，使甲状腺癌的发病率显著增加。但也有专家表示，目前尚无确切数据证明甲状腺疾病的患者增加和碘摄入过多有关。如此矛盾的信息，容易引起群众恐慌和抵触情绪。

实际上，全民加碘已经实行了近16年，卫生部门理应掌握大量调查数据和资料，面对群众疑虑，应当运用科学数据进行说明，对群众关心的问题多一些细致解释。把复杂问题简单化，无助于问题的解决。

食盐加碘，是为了防止俗称的"粗脖子病"。加碘过量，会产生什么后果？各地的碘含量究竟有多少？究竟过量不过量？这些问题，是人们最为关心的。但是，对这些问题的解释，有关方面却含糊其辞，模棱两可，正像新华社短评所说的那样，始终没有权威明确的解释，有些说法甚至自相矛盾。这虽然不是科技报道自身的问题，但也说明，科技报道的"准确"问题何等重要。

适当留有余地，不把话说满，是讲求准确性的基本要求。科学不是文学，科学最讲究实事求是，一就是一，二就是二，来不得半点虚假和浮夸。对某项成果的作用和意义的评价，一定要以权威人士的意见或鉴定结论为准，不能随意拔高，把一般科技成果说成是"世界级难题"、"具有国际先进水平"或把应用前景说成即可实现的现实，也不能在报道中说"过头话"。对于拿不准的，要请专业人士核准；一时没有定论的，干脆弃之不用。

尽可能少用高级形容词。有些科技报道，滥用形容词，特别是那些缺乏事实依据，经不起推敲和检验的高级形容词。比如，在描写科技人物进行某项发明所经历的磨难时，为了把人物写得高大、完美，有的通讯这样描述："在长达半个世纪的时间里，他痴心不改，不舍昼夜，始终心无旁骛，把全副身心都投入在了他的发明中"。乍听起来，这确实很感人，但仔细一推敲，却发现这根本不是事实。其一，长达半个世纪的时间自然包括十年"文革"，那时，天天搞"运动"，怎么可能"不舍昼夜"地搞发明创造？其二，主人公当时不过是个少年或青年，许许多多事情要做，怎么可能"心无旁骛"，把"全副身心"都投入科研？这样经不起推敲的描写，看起来是"歌颂"，实际上，是把科技人物置于一个完全不可信的"神"的境地，是在贬低科技人物。在这里，"痴心不改"、"不舍昼夜"、"心无旁骛"和"全副身心"的使用，就是不恰当、不准确的。

在一些媒体工作者的认识中，存有一种误区：辞藻越华丽就越能感动人，越有表现力。事实并非如此。语言文字大师老舍先生说过："世界上最好的文字，就是最亲切的文字。所谓亲切，就是普通的话，大家这么说，我也这么说，不是用一大车大家不了解的词汇字汇"。老舍先生是这么说的，也是这么做的。2010年6、7月间，央视播出的由老舍先生《茶馆》改编的电视连续剧，再次使人们感受到老舍语言的魅力。科技报道，尤其是科技人物

报道，少用形容词，多用一些朴实无华的极富表现力的动词，是既准确、又生动地表现科技事件和人物的诀窍之一。

四、有理有据，揭露伪科学

传播科技信息，普及科技知识，提高受众的科技素养，是科技报道的基本功能。在发挥这个功能过程中，揭露封建迷信和打着"科学"旗号的伪科学，也是科技报道必须履行的一项重要职责。

在市场经济条件下，一些人利欲熏心，不择手段地骗取钱财。其中的一个手法，就是假借科学的名义，诱使人们上当受骗并从中获利。科技报道有理有据地揭露伪科学，可以澄清事实，既维护科学的严肃性，又普及科学知识，是一件一举两得的事情。

科学，是关于自然、社会和思维的知识体系。伪科学，是指把没有科学根据的非科学理论或方法宣称为科学或比科学还要科学的某种主张，如星占学等。伪科学不同于一时的科学错误，它是一种社会历史现象。其要害在于，它在特定的时间和地点冒称科学，把已经被科学界证明不属于科学的东西当做科学对待，并且长期不能或拒绝提供严格的证据。

伪科学经不住科学常识的检验，其基本特征主要有：其一，没有实验证据就进行断言；其二，在存在矛盾实例的情况下进行断言；其三，不能进行重复性实验；其四，断言不合逻辑；其五，在存在多种可能解释的情况下仅取其一。

在上个世纪末，曾广泛流传过一个最具蛊惑性的预言，即1999年8月18日的"天体大十字"，将会给地球带来劫难。一时间，人们疑虑重重。但事实上，这是一个子虚乌有的谎言。

400多年前，法国的诺查丹玛斯写了一本名叫《大预言》的书，其中提到1999年地球将出现大劫难。到了20世纪70年代，日本人五岛勉对这本书进行了解释，说在 1999 年 8 月 18 日，太阳、月亮和九大行星将组成一个十字架的形状，并称这种"恐怖大十字"将给地球带来毁灭性灾难。

1999 年 8 月初，新华社国际部就给国外分社去电，要求他们针对这个所谓的预言进行跟踪报道。8 月 18 日当天，新华社发出一篇题为《"天体大十字"预言宣告破产》的重要稿件。报道让事实说话，让科学说话，让科学家说话，层层递进，有理有据。报道首先指出，8 月 18 日这一天并没有发生任何特殊的天文现象，"各地的人们像往常那样度过了平静的一天"。接着，援引法国、日本、英国、美国和我国一些科学家的话，说明 8 月 18 日这一天，九大行星的排列并没有构成十字架的形状。即使九大行星排列成十字架，也不会对地球产生什么影响。它们对地球的引力远不及月球对地球的引力。最后，报道还借用我国科学院院士何祚庥的话指出：地球是一个十分稳定的体系，已经稳定地存在了 46 亿年，而且还将稳定地存在很长时间。《"天体大十字"预言宣告破产》，是一篇揭露伪科学的典型之作。在第十届中国新闻奖评选中，该报道获一等奖。

在我国，封建迷信主要是指那些神汉、巫婆和迷信职业者利用封建社会遗留下来的巫术，装神弄鬼，骗财害命的行为。如请神降仙、驱鬼治病、相面揣骨、测字算命、看风水等。这类封建迷信活动，扰乱社会秩序，毒化人们心灵。尤其是在一些比较偏僻、落后的地方，封建迷信有时还有一定市场。科技报道，有必要对这类活动进行揭露，拆穿隐藏在封建迷信活动中的种种骗局，以血淋淋的事实提醒人们相信科学，抵制迷信。

迷信本质上是有神论。但也不可否认，迷信还和经济、文化环境、精神心理状况有着极其密切的联系。

一般来说，商人的迷信，源于巨大精神压力的缓解和对商业

利益的追求。凡经商贸易者，必须求顺风顺水，大吉大利，开门见喜之类。有了这层需求，便时时处处想逢凶化吉，遇难呈祥。于是，选址要请风水先生，开业要看黄道吉日，就连车牌号码，也要不惜重金挑选谐音是"发"或"顺"的；某些官员为企求升官发财，在激烈的官场竞争中胜出，也求神拜佛，希冀上苍暗中保佑，使其得遂心愿；某些偏僻、落后地方的百姓，为摆脱厄运或困境，也把希望寄托在一些神灵上。凡此种种，都为封建迷信的沉渣泛起创造了条件。

科技报道，不但要揭露封建迷信活动中的"巫术"和种种骗人把戏，更要分析迷信活动产生的社会、经济、文化、心理原因，引导人们真正认识世界上根本就没有鬼怪神灵。要改变命运，最根本的是改变自己。同时，还要引导社会和公众，相信科学，相信政府，依靠科学的力量和政府的帮助去排除困难，从而发挥科技报道的正面教化作用。

增强科学报道亲和力的办法还有很多，如故事化的叙事方式，"点石成金"般的精彩点评等。但最重要的是上述四条，即立足于"服务"，着眼于"通俗"，把好准确关和揭露伪科学。努力做到了这几点，科技报道就会从高深莫测的神秘殿堂中走出来，带着微笑，带着诚意与受众相拥相抱。此时的科技报道，就会在科技兴国的征程中，发挥更大的作用。

责任编辑:孙兴民

装帧设计:盛世华光

责任校对:张 彦

图书在版编目(CIP)数据

新闻报道亲和力/杨秀国,张筱筠 著.

　-北京:人民出版社,2014.7

ISBN 978-7-01-013537-3

Ⅰ.①新…　Ⅱ.①杨…②张…　Ⅲ.①新闻报道-研究

　Ⅳ.①G212

中国版本图书馆 CIP 数据核字(2014)第 098802 号

新闻报道亲和力
XINWEN BAODAO QINHELI

杨秀国　张筱筠　著

人民出版社 出版发行

(100706　北京市东城区隆福寺街 99 号)

保定市北方胶印有限公司印刷　新华书店经销

2014 年 7 月第 1 版　2014 年 7 月北京第 1 次印刷

开本:880 毫米×1230 毫米 1/32　印张:10

字数:241 千字　印数:0,001-3,000 册

ISBN 978-7-01-013537-3　定价:36.00 元

邮购地址 100706　北京市东城区隆福寺街 99 号

人民东方图书销售中心　电话 (010)65250042　65289539